예술의 역사와 함께하는 문화예술경영

김승준 전드린

피앤씨 에듀

머리말

예술은 인간의 감정과 사유를 표현하는 가장 오래된 언어이자, 시대의 흐름을 비추는 사회적 거울입니다. 고대 그리스의 디오니시아 축제에서부터 오늘날의 NFT 기반 디지털 아트에 이르기까지, 예술은 끊임없이 진화하며 인간과 사회를 연결해 왔습니다. 『예술의 역사와 함께하는 문화예술경영』은 이러한 예술의 역사적 흐름과 더불어, 문화예술경영의 실천적 지식을 통합적으로 조망하며, 예술을 통해 사회와 소통하고자 하는 이들에게 깊은 통찰과 실질적인 방향성을 제시합니다.

이 책은 문화예술학, 경영학, 사회학, 커뮤니케이션 등 다양한 분야의 관점을 아우르며, 예술 경영의 본질을 입체적으로 탐구합니다. 고대 아고라의 공공축제, 중세 수도원의 필사본 제작, 르네상스 시대의 메디치 가문 후원, 산업혁명 이후의 예술 시장화, 그리고 디지털 시대의 플랫폼 기반 예술까지 예술의 생산과 소비 방식이 어떻게 변화해왔는지를 통해 예술경영의 구조와 철학을 이해할 수 있습니다.

문화정책의 변화 또한 이 책의 중요한 축입니다. 한국의 문화예술진흥법, 프랑스의 '문화적 예외' 정책, 일본의 '쿨 재팬' 전략 등 다양한 국가의 사례를 통해, 공공기관과 민간기업이 예술을 어떻게 지원하고 운영하는지를 살펴볼 수 있습니다. 이러한 정책들은 예술의 공공성과 지속가능성을 제도적으로 뒷받침하며, 문화예술 생태계의 다양성과 안정성을 확보하는 데 기여하고 있습니다.

공연예술 기획과 마케팅 전략에 대한 실무적 통찰도 풍부하게 담겨 있습니다. 뮤지컬, 콘서트, 연극 등 장르별 특성과 관객 개발 전략은 실제 현장에서 적용 가능한 지식으로, 예술기획자와 마케터에게 유용한 길잡이가 됩니다. 1인 관객의 증가, 브랜드 중심 기획, STP 전략(세분화, 타겟팅, 포지셔닝) 등은 변화하는 관객의 행동을 이해하고 대응하는 데 중요한 요소이며, 이러한 지식은 관광, 문화유산, 지역사회 등 다양한 분야에도 확장 적용될 수 있습니다.

기업의 메세나 활동에 대한 분석 역시 이 책의 또 다른 강점입니다. 예술 후원이 단순한 기부를 넘어 브랜드 가치와 사회적 책임을 실현하는 전략임을 보여주는 다양한 사례들이 소개됩니다. KT&G의 '상상마당'은 인디 문화 지원을 통해 젊은 세대와의 소통을 강화하고 있으며, 아모레퍼시픽은 문화 마케팅을 통해 지역 개발과 기업 이미지 제고를 동시에 실현하고 있습니다. 이러한 사례는 예술과 기업이 어떻게 상생할 수 있는지를 보여줍니다.

이 책은 단순한 이론서가 아닙니다. 예술경영의 역사적 흐름을 바탕으로, 오늘날의 문화예술 환경에서 실제로 작동하는 기획, 운영, 마케팅, 정책, 후원 모델을 구체적으로 제시합니다. 디지털 시대의 예술은 더 이상 전문가만의 영역이 아니라, 관객이 직접 콘텐츠를 생산하고 큐레이션하는 참여형 구조로 변화하고 있습니다. 이러한 변화는 예술의 사회적 역할을 더욱 다층적이고 역동적으로 확장시키고 있습니다.

예술은 시대를 비추는 거울이자, 미래를 여는 열쇠입니다. 이 책을 통해 예술의 역사와 경영을 통합적으로 이해하고, 문화예술의 새로운 가능성을 탐색하는 여정을 시작하길 바랍니다. 그리고 그 여정 속에서, 창의적이고 공공적인 예술경영의 비전을 발견하길 기대합니다.

차 례

Chapter 1 예술경영의 역사와 변천사

1. 역사적 관점에서의 예술경영 변천사 ······ 2
2. 고대 아고라 예술경영과 공공제의 ······ 16
3. 산업혁명과 예술의 만남 ······ 39
4. 산업자본 시대 예술 상업화·표준화 ······ 40
5. 1970년대 공연장의 다목적 활용 전략과 실행 방식 ······ 41
6. 다목적 운영 전략의 대표 사례 5선 ······ 43
7. 4차 산업혁명: 디지털 전환과 예술경영의 재정의 (2000년~현재) ······ 45
8. NFT가 예술경영에 끼친 영향 ······ 49
9. 종합 정리 및 미래 예술경영의 방향성 ······ 52

Chapter 2 문화예술의 공공성

1. 문화예술의 정의 ······ 54
2. 공공성이란 ······ 58
3. 문화예술과 경영: 전통 경영과의 차별점, 공공성 전략 및 성과 평가 ······ 65

Chapter 3 문화예술 정책

1. 문화 정책이란? ··· 73
2. 한국의 문화정책 ··· 89
3. 문화정책 지원단체 ··· 94
4. 해외 우수 문화정책 사례 ··· 99

Chapter 4 한국의 문화예술조직과 예술단체의 예산과 재원조성

1. 공공 문화예술 조직 vs 민간 문화예술 조직 ··· 114
2. 문화예술 조직의 구성요건과 운영 ··· 126
3. 문화예술단체의 예산과 재원조성 ··· 142

Chapter 5 공연예술 기획

1. 공연기획이란 무엇인가: 개념 정의와 해석 ··· 151
2. 공공성과 사명: 기관의 목적이 이끄는 기획 ··· 162
3. 예술적 타당성: 작품성과 창의성의 기준 ··· 171
4. 공연정보탐색 ··· 179
5. 관람공연 선택 및 결정 ··· 181
6. 공연관람후 평가 ··· 182
7. 관객 형성에 영향을 미치는 요인 ··· 183
8. 관객의 형성 ··· 186
9. 관객의 변화 ··· 189
10. 관객개발 ··· 193
11. 공연기획서 작성 ··· 214

Chapter 6 공연무대 종류

1. 프로시니엄 무대(proscenium) ······ 227
2. 돌출 무대(Thrust Stage) ······ 230
3. 원형 무대(Arena Stage, Theatre-in-the-Round) ······ 232
4. 블랙박스 극장(Black Box Theatre) ······ 234
5. 오픈 스테이지(Open Stage / Variable Stage) ······ 235
6. 야외무대(Outdoor Stage / Amphitheatre) ······ 237

Chapter 7 공연예술 기획과 기업 메세나

1. 공연예술 마케팅의 이해 ······ 241
2. 기업 메세나 활동의 이해와 사례 분석 ······ 255
3. 기업 메세나 사례 분석: 금융권과 신(新) 산업을 중심으로 ······ 269

참고문헌 ······ 279

Chapter 1 예술경영의 역사와 변천사

예술경영(藝術經營)은 말 그대로 예술과 경영의 접목을 뜻하는 개념이다. 즉, 예술 창작물이 예술가의 손을 떠나 관객에게 가 닿기까지의 모든 과정을 체계적으로 관리하는 것을 의미한다. 예술가(생산자)가 고유한 창작 과정을 거쳐 만든 예술작품을 하나의 상품으로 만들어 소비자인 관객에게 전달되도록 매개하는 활동 전반이 예술경영에 해당한다. 여기서 상품이라 함은 단순히 경제적 가치로 환산되는 물건만을 뜻하지 않는다. 오히려 예술경영에서는 경제적 가치를 수단으로 삼아 예술의 본질적 가치를 더 많은 사람들에게 전파하고 향유하게 하는 데 초점을 둔다. 다시 말해 예술을 경영하는 것이 아니라 예술을 위한 경영 예술경영의 핵심이다. 예술 고유의 창의성과 미학적 가치를 존중하면서도, 이를 사회적으로 가치 있게 만들도록 돕는 문화적 촉매 역할이 바로 예술경영이라 할 수 있다. 이러한 본질적 의미에서 볼 때 예술경영은 예술과 관객의 만남을 효과적으로 주선하는 일이며,

예술 조직이나 프로젝트를 효율적이고 합리적으로 운영하는 제반 방법론을 포함한다. 결국 예술경영은 예술 창작물의 가치 창출을 위한 체계적 관리 프로세스로서, 예술 작품이 지닌 미적·문화적 가치를 최대화하고 지속시키는 실천적 경영방법이라 정의할 수 있다. 이러한 예술경영을 역사적 관점과 사회변화에 따른 관점으로 나누어 알아보도록 하겠다.

1 ▶▶ 역사적 관점에서의 예술경영 변천사

1-1 고대 아테네 아고라 시대의 예술 경영

고대 그리스, 특히 기원전 5세기경 아테네는 민주정치와 더불어 조직적인 예술 운영 체계를 갖추었던 것으로 주목된다. 아테네에서는 디오니소스 축제를 국가적 행사로서 운영했는데, 시민 전체가 참여하는 문화행사로 극장 인프라와 후원 시스템이 체계화되었다. 아테네의 집정관(Archon)이 축제의 총 책임을 지고, 부유한 시민에게 합창단을 후원하게 하는 코레기아(Choregia) 제도를 시행한 것은 공공 예술행사 관리의 효시로 볼 수 있다. 이때 예술경영의 목표는 폴리스의 단결과 신에 대한 예식을 성공적으로 이끄는 것이었다. 따라서 연극 경연의 기획, 배우와 무용수(합창대)의 훈련, 무대 장치와 의상 준비 등이 도시 주도의 행정과 민간 후원의 협력을 통해 이뤄졌다. 오늘날의 시각으로 보면, 아테네는 이미 공공 행정 내에 예술 담당 관료를 두고 민관 파트너십으로 문화행사를 운영한 셈이다.

또한 승자에게 화환과 명예를 수여하고, 우승한 극작가와 후원자의 이름을 비석에 새겨 기념함으로써 성과에 대한 인센티브와 기록 관리까지 행했다. 이러한 시스템 덕분에 소포클레스, 에우리피데스와 같은 위대한 극작가들이 다수의 작품을 발표하고 경쟁할 수 있는 지속 가능한 예술 환경이 조성되었다. 아고라(시민 광장)와 극장은 예술과 여론 형성의 장이 되었고, 예술은 폴리스 시민들의 교육과 오락의 핵심으로 자리 잡았다. 요컨대 고대 아테네의 예술경영은 직접 민주정 체제 속에서 시민들이 누리는 공공재로서의 예술을 보여준다.

이 책의 1장에서는 이러한 고대 예술경영의 태동과 구조를 상세히 살펴볼 것이다. 고대 그리스의 원형극장(에피다우로스의 극장)은 아테네 등 도시국가에서 예술 행사가 제도화된 공간으로 활용되었다. 시민들은 이곳에서 극예술을 향유하며 공동체의 문화생활을 영위했다. 고대 그리스의 아고라 시대(기원전 5세기경)는 예술 지원과 예술경영의 초기 형태가 나타난 중요한 시기다. 당시의 예술 지원 사례로 대표적인 것은 아테네의 디오니소스 축제(Dionysia)를 들 수 있다.

Case Study

- 아테네의 디오니소스 축제(Dionysia) -

디오니소스 축제는 연극과 공연예술이 국가 차원에서 후원받고 운영된 대표적인 사례다. 아테네 정부는 매년 봄마다 이 축제를 공식적으로 개최하며, 시민들의 참여를 독려하기 위해 다음과 같은 체계적인 지원 방식을 제공했다.

1. 국가 지원의 형태:

아테네 정부는 공연을 위한 무대 시설을 제공하고, 공연 준비에 필요한 경비를 국가 예산에서 충당했다.
유한 시민(코레고스, Choregos)을 지명하여 축제의 재정적 후원을 담당하게 했다. 이들은 자신의 자산으로 배우들의 의상, 훈련, 무대장치를 비롯한 다양한 제작 비용을 부담했다.

2. 코레고스 제도의 특징:

코레고스는 부유한 시민 중에서 선정되었으며, 축제를 지원하는 것은 의무였지만 명예로운 일이었다.
시민들은 이 의무를 명예롭게 생각했고, 자신의 후원을 자랑스럽게 여겼다. 이들은 개인적 영광과 사회적 지위를 얻기 위해 경쟁적으로 후원을 확대했다.

성공적인 공연을 후원한 코레고스는 국가로부터 기념비적 영예(예를 들어 기념비적인 석상, 명예로운 비문)를 받았다.

3. 예술 지원과 사회적 효과:

디오니소스 축제를 통해 고대 그리스 연극은 급속히 발전했다. 이 축제는 아이스킬로스(Aeschylus), 소포클레스(Sophocles), 에우리피데스(Euripides)와 같은 위대한 극작가들이 활동할 수 있는 기반을 마련했다.

국가의 재정 지원과 개인의 명예욕이 결합되어 예술의 지속적 발전을 유도했으며, 예술 후원과 경영의 초기 모델을 형성했다. 이 사례는 고대 그리스에서 예술 지원이 단순한 개인적 후원을 넘어 국가와 사회의 체계적이고 제도적인 차원에서 이루어진 대표적인 예로 평가된다.

디오니소스 축제

1-2 중세 수도원과 교회의 예술 운영

중세 유럽 시대는 사회 전반이 기독교 세계관에 지배되었고, 봉건제를 기반으로 한 위계질서 사회였다. 자연스럽게 예술 역시 교회와 영주의 영향 아래에 있었다. 중세 예술경영의 특징은 종교기관이 예술 활동을 주관했다는 점이다. 대표적으로 수도원은 중세 문화의 중심지로서, 예술 인재를 양성하고 예술품을 제작·보존하는 기능을 했다. 수도원의 스크립토리움에서 성서와 고전 문헌의 필사본을 제작한 일은 당시로서는 지식 예술(서예와 삽화 예술)을 관리하는 일종의 문화 경영

활동이었다. 또한 대성당 건축은 중세 예술경영의 초대형 프로젝트로, 교회는 건축가, 석공, 유리공, 화가 등 수많은 예술 장인들을 조직하여 수십~수백 년에 걸친 공사를 진행했다. 이러한 사업에서는 길드를 통해 인력을 조달하고 훈련시키며, 후원금(헌금)과 영주 지원으로 재원을 마련하는 체계가 있었다. 이렇듯 교회조직은 계획 수립, 자원 조달, 인력 관리 측면에서 당시 예술경영의 핵심 주체였다.

중세의 공연예술 역시 교회의 틀 안에서 운영되었다. 종극(宗劇, Mystery Play)이나 기적극(Miracle Play)처럼 성서 이야기를 연극으로 연출한 공연들은 성당 앞 광장에서 거행되었는데, 이는 교회 축일 행사의 일부로서 지역 사제들이 대본을 검열·지도하고, 길드 조합원들이 배우와 스탭으로 참여하여 이루어진 것이었다. 결국 중세 예술경영은 종교적 목표 실현에 봉사하면서, 엄격한 위계질서 속에 예술 생산을 조직화한 형태였다.

1-3 르네상스와 궁정 예술경영

14세기 후반 이탈리아에서 시작되어 16세기까지 유럽 전역으로 확산된 르네상스는 예술 후원 양상에 큰 변혁을 가져왔다. 르네상스의 메세나(Mecenas) 전통, 즉 예술 애호적 후원은 체계적이고 광범위하게 펼쳐졌다. 도시 국가의 통치자들과 교황, 그리고 부유한 상인들은 경쟁적으로 예술가들을 후원했고, 이를 통해 도시의 명성을 높이고 자신의 권위를 드러내고자 했다. 이 시기 궁정 예술행정은 현대의 문화정책과 유사한 면이 있었는데, 후원자들은 도시나 궁정에 상주 예술가 레지던시를 운영하거나 예술 학교(아카데미)를 설립하여 인재를 양성했다.

1563년 피렌체에서 바사리 등의 주도로 설립된 미술 아카데미(Accademia delle Arti del Disegno)는 국가 차원의 예술육성 기관의 효시로 꼽힌다. 또한 르네상스 후기에는 예술 작품의 유통에도 변화가 생겼다. 교회 제단화나 궁정 장식품 외에, 초상화나 소품화 등이 사적인 의뢰로 많이 제작되고, 미술품 수집이 상류층 사이에서 유행하면서 예술품이 교환되고 축적되는 프로토-컬렉터 시장이 형성되었다.

이러한 변화는 예술경영 측면에서 수익 다각화와 평판 관리의 개념을 낳았다. 즉, 예술가들은 한 후원자에 예속되기보다는 여러 후원자와 의뢰를 조율하며 자신의 브랜드 가치를 높이는 전략을 쓰기도 했다. 예컨대 라파엘로나 티치아노 같은 화가는 유럽 여러 궁정으로부터 작품 의뢰를 받아 명성을 떨쳤고, 이는 국제적 예술 네트워크의 시초라 할 수 있다. 궁정과 도시 행정이 예술을 장려한 결과, 르네상스 시대에는 축제와 퍼레이드 같은 이벤트도 화려하게 기획되었다. 군주의 결혼식이나 승전 축하연 등에서 도시 축제 감독관들이 무대 장치와 퍼포먼스를 총괄했고, 미술가(레오나르도 다빈치도 축제 기획을 맡은 적이 있다)와 기술자들이 협업하여 오늘날 축제경영에 해당하는 활동을 펼쳤다. 이는 르네상스 시대에 이미 이벤트성 예술경영의 초기 형태가 나타났음을 보여준다. 르네상스의 말미에는 프로테스탄트 종교개혁(16세기)과 과학혁명의 영향으로 예술 후원 지형에도 변화가 생긴다. 구교권에서는 바로크 미술에 대한 가톨릭 교회의 후원이 강화된 반면, 신교권 국가에서는 세속 통치자나 시민계층의 후원이 상대적으로 늘어났다.

1-4 근대 미술관 시스템과 공공문화의 확립

근대에 들어 확립된 미술관·공연장 시스템과 공공 문화 정책에 대해 살펴보면. 18세기 계몽주의 시대와 19세기 산업화 시대를 거치며, 예술경영은 중세·르네상스와는 또 다른 길을 걷게 된다. 시민사회(public sphere)의 성장은 공공 박물관과 미술관의 탄생으로 이어졌다.

과거에는 예술품이 교회나 귀족의 저택에 소장되어 제한된 사람만 향유했지만, 루브르 박물관(1793년 개관)을 필두로 왕실 컬렉션이 국민에게 개방되고, 대영박물관(1759)처럼 지식인들의 수집품이 공공기관으로 전환되는 사례가 나타났다. 이는 예술의 공유재산화라는 커다란 흐름으로, 국가나 도시가 문화기관을 설립·운영하며 일반 시민에게 예술을 교육·향유 시키는 모델이 자리 잡은 것이다.

예술경영 역사에서 이 시기는 박물관 경영과 공연장 경영의 출발점으로 볼 수 있다. 19세기에는 유럽 각국에 국립미술관, 공립 도서관, 오페라 하우스, 교향악단 등이 속속 설립되었고, 그 운영을 위한 행정 조직과 법제가 마련되었다. 예를 들어 프랑스에서는 혁명 이후 미술 행정을 담당하는 국가 미술위원회가 생겼고, 영국에서는 예술위원회(Arts Council)가 1940년대에 설립되어 정부의 문화지원 모델을 정립하였다.

미국도 1960년대에 들어 연방 정부 차원의 국립예술기금(NEA)을 설립하여 공공예술 지원에 나섰다이러한 국가 지원은 예술의 공공재 성격을 강조한 것으로, 모든 계층의 시민들이 예술을 누릴 수 있도록 접근성을 높이고자 한 목적이었다. 근대의 예술경영은 또한 예술행정(arts administration)이라는 개념을 분화시켰다.

유럽에서 복지국가 차원의 문화지원이 강화되면서, 행정 관료들이 예술가와 관객을 양 방향으로 지원하는 체계가 자리 잡았다. 한편으로 시장 경제가 발전한 지역(예: 미국)에서는 민간의 후원과 기업 메세나가 중요한 축으로 등장했다. 19세기 후반부터 미국의 철도 재벌, 석유 재벌 등 부호들은 미술관과 공연장을 세우고 예술단체를 후원하며 사적 매세나 전통을 구축했다. 이러한 이중 구조 유럽형 공공행정 모델과 미국형 민간 후원 모델은 오늘날까지 문화정책과 예술경영 전략의 두 축으로 남아 있다.

근대에 들어 확립된 또 하나의 시스템은 예술교육과 출판/비평 제도이다. 미술 아카데미나 음악원 등 공식 교육기관이 생겨 전문 예술경영 인력을 배출하였고, 한편으론 신문과 잡지를 통한 예술 비평과 여론 형성이 예술계에 큰 영향력을 미치게 되었다. 이는 예술경영에서 이해관계자로 평론가와 언론, 학계가 등장했음을 의미한다. 4장에서는 이처럼 근대 공공문화의 확립과 제도화 측면에서, 미술관 경영의 시작, 공연 예술 조직의 상업화와 대중화, 정부의 문화정책 태동 등을 상세히 다룰 예정이다.

1-5 사회구조 변화에 따른 예술경영 변화 요소와 후원 방식의 진화

예술경영의 모습은 시대마다 다르게 나타났는데, 그 배경에는 세 가지 큰 변화의 요소가 존재해왔다. 기술의 발전, 사회 구조의 변화, 그리고 문화 소비 패러다임의 전환이 바로 그것이다. 이 세 가지 요인은 각각 예술의 제작과 유통, 지원 체계, 관객의 역할을 바꾸어 놓으며 예술경영의 변천을 이끌어왔다. 예술경영의 또 다른 동인은 사회 구조의 변화이다. 정치·경제 체제와 계급 구조가 어떻게 되어 있는가에 따라 예술을 누가, 무엇을 위해 지원하고 관리하는지가 크게 달라졌다. 고대에서 현대까지 예술 후원 모델은 직접민주제 사회에서의 시민 참여형 지원부터 전제군주나 교회 권위에 의한 후원, 그리고 시민사회와 시장 주도의 체계로 변화해왔다. 먼저 고대 그리스의 도시국가, 특히 아테네는 예술 후원의 사회구조를 이해하는 데 중요한 출발점이다.

사회 지도층 시민이 사비를 들여 공공의 예술 행사를 책임지는 구조였다. 이렇게 함으로써 예술 행사는 국가(도시)와 시민이 함께 만드는 문화 행사가 되었고, 후원자에게는 명예가 돌아갔다. 어쩌면 지금의 메세나의 시초라고 할수있다. 이러한 고대 그리스의 사례는 예술경영의 원형 중 하나로 볼 수 있다. 공공 재정과 민간 후원이 결합된 형태로, 예술이 종교적 제의와 공동체 삶의 핵심으로 조직되었던 것이다. 즉, 사회 구조 측면에서 시민이 곧 관객이자 후원자로 참여하는 민주적 예술 운영 체계가 존재했다고 할 수 있다.

중세 시대로 넘어오면, 사회 구조가 봉건제와 교권 중심으로 바뀌면서 예술 후원의 주체도 변화한다. 중세 유럽에서는 교회(성직자 계층)와 수도원이 예술 생산과 보급을 주도했다. 문맹률이 높고 종교가 사회를 결속시키던 시대에, 예술은 주로 종교적 목적에 봉사하였다. 교회는 성경의 가르침을 전하기 위해 성상(聖像)화나 스테인드글라스, 벽화 등의 시각예술을 활용했고, 미사를 위해 성가대 음악을 발전시켰으며, 수도원의 스크립토리움(scriptorium)에서 수도사들이 필사본에 정교한 삽화를 그려 넣는 필사본 조명(illumination) 예술을 꽃피웠다.

이러한 작업들은 대부분 교회의 후원과 관리 아래 이루어졌다. 다시 말해, 예술경영의 측면에서 중세는 종교 권위 체계 내에서 예술이 관리된 시대였다. 예술은 영적인 교훈과 의례 수행을 위한 도구였고, 후원자도 교황, 주교 등 성직자나 영주(세속권력과 결탁한 귀족)이였다.이 시기 예술가는 오늘날처럼 자유롭게 창작하는 개인이라 기보다, 교회나 군주의 지시에 따라 제작을 수행하는 장인에 가까웠다. 그럼에도 중세의 예술경영은 나름의 조직적 시스템을 갖췄는데, 예를 들어 길드(guild)라 불리는 동업 조합이 생겨나 장인 교육과 품질 관리를 담당하기도 했다.

르네상스 시기(14~16세기)에는 사회 구조가 중세와 달라지면서 예술경영 방식도 크게 변화한다. 르네상스는 인문주의와 세속 권력의 부상으로 특징지어지며, 궁정과 도시국가의 귀족 계층이 새로운 예술 후원자로 등장한다. 이 시기에는 예술이 교회의 엄격한 제약에서 상당 부분 벗어나 세속 권력자들의 정치·사회적 도구로도 활용되었다. 이탈리아 도시 국가들(피렌체, 로마, 베네치아 등)의 영주와 교황, 부유한 상인 가문(메디치 가문 등)은 화가, 조각가, 음악가들을 적극 후원하여 자신의 권세와 문화를 과시했다. 르네상스 예술가들은 종종 특정 궁정(court)에 소속되어 활동했는데, 궁정 예술 행정은 현대의 예술경영과 유사한 면이 있었다. 예를 들어 레오나르도 다빈치는 밀라노 공작의 궁정에서 군사 기술자 겸 예술가로 고용되었고, 미켈란젤로는 교황의 의뢰를 받아 시스티나 성당 천장을 그렸다. 이처럼 계약과 주문 생산의 형태로 예술이 이루어졌으며, 후원자는 작품의 주제와 재료, 완성 기한, 대가 등을 계약서에 명시하여 관리했다. 당시 작성된 예술 작품 의뢰 계약서들을 보면, 작품의 내용과 재료(금, 청금석 등의 사용량)까지 세세히 규정하고 있어, 지금으로 치면 프로젝트 스펙과 예산을 관리한 셈이다. 르네상스의 메세나티즘(mecenatismo), 즉 예술 후원 문화는 훗날까지 회자될 만큼 예술 진흥에 크게 기여했다. 다만 이때의 예술경영은 어디까지나 권력자와 부유층의 취향과 목적에 예술이 봉사하는 구조였고, 이러한 후원 패턴이 유럽 각지의 왕실과 귀족 사회로 퍼져 나가, 바로크 시대까지 절대군주와 귀족이 예술가를 거느리며 위세를 과시하는 전통이 이어졌다. 그 결과 예술가의 창의적 자율성은 제한되는 경우가 많았지만, 후원 경쟁이 일어나면서 예술 생산이 크게 활발해지는 효과도 있었다. 17세기 이후에는 사회경제 구조에 중대한 전환이 찾아온다. 근대 시민사회와 자본주의 시장의 형성이 그것이다. 네덜란드 등지에서 상공업으로 부를 축적한 신흥 부르주아 계층이 등장하면서, 예술품의 수요와 공급 방식도 변화하기 시작했다.

특히 17세기 네덜란드 황금시대에는 과거처럼 특정 귀족이나 교회의 주문이 아니라, 불특정 다수의 시민 소비자들을 겨냥한 미술 시장이 발달했다. 화가들은 시장에서 팔릴 법한 작품들을 자유롭게 그려서 화랑이나 경매에 내놓았고, 예술시장의 탄생으로 예술의 자율성이 한층 확대되었다. 이는 예술가들이 더 이상 오로지 특권계급의 기호에 의존하지 않고, 대중의 취향과 시장 논리를 고려하게 되었음을 의미한다.

1-6 문화 소비 패러다임의 전환

예술경영 변화의 세 번째 축은 문화 소비 방식의 패러다임 전환이다. 무엇을 위해, 어떻게 예술을 소비하는가에 대한 관점 변화는 예술 조직과 기획의 방향을 크게 좌우했다. 이를테면 예술 소비의 목적이 공동체의 종교 의례였는지, 개인의 미적 향유였는지, 혹은 참여와 체험이었는지에 따라 예술경영 전략은 달라졌다. 인류 역사에서 오랫동안 예술 소비는 종교 의례와 공동체 행사 중심으로 이뤄졌다. 고대부터 중세까지 음악, 미술, 무용, 연극 등은 신을 찬양하거나 제의를 수행하기 위한 수단인 경우가 많았다. 앞서 언급한 고대 아테네의 연극제도 디오니소스 신을 기리는 종교 축제였고, 중세의 미술과 음악도 예배와 설교의 한 부분이었다. 이처럼 문화 소비가 집단적이고 의례적이었다는것은, 관객들이 자신의 개별적 취향보다는 공동체의 신념과 전통에 따라 예술을 받아들였다는 뜻이다. 그러나 근대 이후로 오면서 개인의 탄생(르네상스 인문주의와 계몽주의를 거치며 개인주의의 부상과 함께 예술 소비의 개인화가 일어났다. 인쇄술로 책이 보급되자 사람들은 각자 집에서 독서를 즐길 수 있게 되었고, 18~19세기에는 살롱 음악회나 가정용 피아노의 유행으로 개인이나 소규모 모임 단위로 예술을 감상하는 문화가 자리 잡았다. 또한 도시의 공공 공연장과 미술관이 등장하고 입장료를 내는 대중 관객 개념이 확립되면서, 사람들은 자신의 취향에 따라 오페라나 전시회를 선택적으로 소비하기 시작했다.

예술이 반드시 종교적이거나 공적인 임무일 필요가 없어지고, 오락과 교양 쌓기라는 개인적 동기로 소비될 수 있게 된 것이다. 이는 문화소비 패러다임이 개인 중심으로 전환된 것을 뜻하며, 예술경영도 이에 맞춰 마케팅 기법을 도입하고 티켓 판매, 회원 제도 등 현대적인 관객 관리에 나서게 되었다. 이후 21세기에 접어들면서 문화소비는 다시 한번 큰 변화를 맞이하고 있는데, 바로 플랫폼 기반의 참여형 소비로의 전환이다. 디지털 시대의 관객은 더 이상 수동적인 소비자가 아니다. 인터넷과 소셜미디어 플랫폼 위에서 관객은 콘텐츠를 선택하고 평가를 공유하며 때로는 직접 생산에도 참여한다. 예를 들어 영화나 공연에 대한 리뷰를 남기고 별점을 매기는 관객 참여는 제작자에게 실시간 피드백으로 작용하여 다음 기획에 영향을 준다. 또 한편으로, 현대의 많은 관객들은 인터랙티브 아트나 참여형 공연처럼 직접 체험하고 상호작용할 수 있는 예술을 선호하기도 하며 이를 반영한 가상현실 전시나 체험형 전시는 관객이 작품의 일부가 되어 능동적 역할을 하도록 되는데 이러한 현상은 디지털 기술과 예술을 접목시키는 기폭제 역활을 하였다. 최근의 문화 소비는 일방적 전달에서 쌍방향 소통과 참여로 패러다임이 바뀌고 이러한 흐름 속에서 예술경영자들은 플랫폼을 통한 관객 커뮤니티 구축, 크라우드펀딩을 통한 제작비 확보, 온라인 이벤트로 팬 참여 유도 등 참여형 소비에 부응하는 전략들을 구사하게 되었다. 이는 예술의 향유 방식이 단순 관람을 넘어 경험하고 공유하는 행위로 확장되었음을 보여주며, 예술경영의 관점에서도 관객 개발(audience development)과 커뮤니티 관리의 중요성이 그 어느 때보다 커졌음을 의미한다.

1-7 기술의 발전과 예술시장변화

기술 발전과 예술경영의 진화기술 혁신은 예술경영의 환경을 크게 바꾸어 왔다. 대표적인 예가 15세기 중반 구텐베르크의 인쇄술 발명이다. 금속 활자로 책과 이미지 복제가 가능해지면서 예술 작품과 정보의 대량생산과 보급이 획기적으로 확산되었다.

인쇄술의 등장은 지식과 예술품을 소수 엘리트만이 아닌 대중도 향유할 수 있게 하여 예술 소비의 대중화를 촉진했다. 특히 판화 기술을 통해 미술 작품의 복제본인 아트 프린트가 대량으로 제작되어 판매되면서, 사람들은 큰 비용이나 박물관을 직접 방문하지 않고도 가정에서 아름다운 예술 작품을 감상할 수 있게 되었다. 인쇄술의 발달은 책과 예술 이미지의 대량 복제를 가능케 하여 예술 유통 구조를 혁신했다. 이후 18~19세기의 산업혁명은 예술의 생산과 전파 방식에 또 한 번 큰 변화를 가져왔다. 증기기관과 기계화로 악기나 인쇄물의 대량 생산이 용이 해졌고, 철도와 증기선 같은 운송 혁신으로 공연 예술의 순회와 예술품의 유통 범위가 전 세계로 넓어졌다.

사진기의 발명(19세기 중엽)과 영화(1890년대) 등 새로운 매체 기술은 예술 표현 형태를 다 변화시켰으며, 전신과 라디오 등 통신 기술은 소식을 실시간으로 전달하고 원격지에서도 예술을 접할 수 있는 기반을 마련했다. 이러한 기술 발전으로 예술경영자들은 더 넓은 시장을 상정하고 대중을 상대로 하는 전략을 구사하게 되었다. 20세기 후반의 디지털 기술 혁명은 예술경영의 지형을 다시 한번 바꾸어 놓았다. 컴퓨터와 인터넷의 등장으로 음악, 영상, 공연 등 모든 예술 콘텐츠가 디지털화되어 새로운 유통 경로(예: MP3 음악 스트리밍, 온라인 미디어 플랫폼)를 통해 전달되기 시작했다. 디지털 기술은 기존 유통의 중개자들을 약화시키고 예술가가 직접 관객과 만날 수 있는 길을 열어주었다. 예컨대 소셜 미디어와 동영상 플랫폼을 통해 예술가들은 전통적인 매니지먼트나 유통사에 의존하지 않고도 작품을 알리고 수익을 창출할 수 있게 되었 이러한 소셜미디어와 온라인 플랫폼을 통해 유동중계자 없는 예술가와 관객들과의 직접적 연결을 할수있게되었다. 21세기 들어 부상한 메타버스(Metaverse) 기술은 앞으로의 예술경영에 새로운 시대를 열고 있다. 메타버스란 현실과 가상이 융합된 3차원 가상세계로, 사용자들이 아바타를 통해 참여하는 디지털 공간을 뜻한다. 메타버스의 기술적 발전은 시공간의 제약없는 새로운 예술 활동과 소비를 촉진시키고 다양한 관객들은 이제 물리적 공간이 아닌 자신의 공간에서 다양한 예술을 시공간의 제약없이 즐길수 있는 시대가 도래하고 있다. 실제로 2021년에는 미국의 디지털 아티스트 비플(Beeple)의 NFT 작품이 약 6930만 달러에 경매 낙찰되는 등 디지털 아트가 전통 예술 시장 못지않은 가치를 인정받았다. 이러한 기술 발전들은 예술경영자에게 가상 공간에서의 전시 기획, 온라인 커뮤니티 관리, 디지털 저작권 관리 등 새로운 과제를 안기는 동시에, 새로운 창작과 수익 모델을 발굴할 기회를 제공하고 있다. 요컨대 기술의 진보는 매 시대 예술경영의 무대와 도구를 변화시켜 왔으며, 그에 따라 예술을 전달하고 조직하는 방법도 진화해왔다.

1-8 현대 예술 시장의 산업화와 예술경영

20세기 이후 예술은 전 지구적 시장의 일부가 되고, 산업화와 상업화의 거센 물결을 맞이하였다. 이는 예술경영이 하나의 산업 경영으로 간주되기 시작한 시대이기도 하다. 현대 예술시장은 크게 두 범주로 나눠볼 수 있다. 하나는 순수예술(fine art) 분야의 시장으로, 미술품 경매, 아트페어, 갤러리 네트워크 등이 이에 속한다. 다른 하나는 공연/미디어 예술 분야로, 영화, 음악, 공연 산업처럼 저작권을 기반으로 한 대중문화 산업이 해당한다. 두 범주 모두에서 세계화와 자본의 집중화 현상이 두드러졌다. 순수미술 시장을 보면, 뉴욕과 런던, 홍콩 등지에 거대 경매 회사와 블루칩 갤러리가 등장하면서 미술품이 투자 상품이자 국제적 사치재로 취급되었다. 이 과정에서 억대의 작품 거래가 빈번해지고, 상위 1% 부호들의 컬렉션이 미술 트렌드를 좌우하는 경향이 생겼다. 이는 예술경영 측면에서 마케팅과 브랜딩, 그리고 네트워킹의 중요성을 한층 높였다.

현대 미술관들은 유망한 작가를 발굴하여 시장에 소개하는 큐레이터 전략을 구사하고, 아트 페어에서는 거래와 홍보를 융합한 이벤트 경영이 이루어진다. 또한 예술가 개인도 자신의 이름을 브랜드 화하여 경매 기록과 평판을 관리하는 등 기업가적 예술가 모델이 나타났다. 한편 공연예술과 미디어예술 산업에서는 대중문화의 폭발적 성장이 있었다. 헐리우드 영화산업, 글로벌 음악 레이블, 브로드웨이와 웨스트엔드 뮤지컬 등은 모두 표준화된 대량생산과 세계 배급망을 통해 막대한 관객층을 확보했다.

이때 예술경영은 철저히 산업 경영 논리를 적용하여, 흥행 예측, 스타 마케팅, 지적재산권 관리, 멀티플랫폼 유통 등을 활용한다. 예를 들어 한 편의 뮤지컬이나 영화는 제작 후 티켓판매 뿐 아니라, OST음반, 캐릭터 상품, 2차 저작물 등 다각적 수익 창출 모델로 경영된다. 오늘날 엔터테인먼트 산업 속 예술경영은 프로젝트 매니지먼트, 금융투자, 글로벌 마케팅을 포함하는 거대한 비즈니스로 확장되었다. 이러한 예술의 산업화는 순기능과 역기능을 함께 가져왔다. 긍정적으로는 예술의 파급력 과 경제적 기반을 확대하여 더 많은 예술 생산과 고용을 가능케 했고, 예술가들이 전문경영인의 도움을 받아 창작에 전념할 환경이 조성되었다. 그러나 부정적으로는 자본 논리에 의한 예술의 종속이나 상업성에 치우친 기획 등의 문제가 제기된다. 1980년대 이후 신자유주의(후기 자본주의) 흐름 속에서 영국, 프랑스 등지에서 정부의 예술지원 예산이 삭감되고 (예: 대처 정부의 예산 축소예술의 공공성보다 시장성과 효율성이 강조되는 경향이 강해졌다. 이러한 상황은 예술경영의 딜레마, 즉 예술적 가치와 상업적 가치의 균형이라는 오래된 문제를 더욱 부각시켰다. 5장에서는 현대 예술시장의 구조 (경매, 갤러리, 아트페어, 공연 산업의 제작·유통망 등)를 분석하고, 후기 자본주의 사회에서의 예술경영 전략예술경영인의 전문화, 예술 행정과 기업 경영의 협업, 문화산업 정책등을 살펴볼 것이다.

1-9 21세기 메타버스 기반 아트 플랫폼 시대

마지막으로 6장에서는 21세기 최신 예술경영 트렌드를 조망한다. 특히 메타버스 기반의 아트 플랫폼으로 대표되는 디지털 전환 시대의 예술경영을 다룬다. 2020년대 들어 코로나19 팬데믹과 맞물려 가속화된 온라인화는 예술계에도 새로운 국면을 열었다. 많은 공연과 전시가 온라인으로 옮겨갔고, 이는 단순한 비상대책을 넘어 새로운 관람 방식의 정착으로 이어졌다. VR 전시 투어, 스트리밍 공연, 유튜브 미술 강연 등은 이제 익숙한 형태가 되었다. 이에 따라 예술경영자들은 디지털 플랫폼에서의 관객 경험 디자인에 주력하고 있다. 예를 들어 온라인 공연의 경우 실시간 채팅으로 관객 피드백을 수렴하거나, 멀티카메라 앵글을 제공하여 관객이 시점을 선택하게 하는 등 쌍방향 요소를 강화하고 있다. 메타버스 환경에서는 아예 가상공간 자체가 무대이자 갤러리가 된다. 세계 각국의 미술관들이 메타버스 플랫폼에 가상 전시관을 개설하고 있으며, 가상현실 상에서 아바타들이 미술품을 감상하고 구매하는 디지털 아트 페어도 등장했다.

이러한 플랫폼에서는 사용자 경험(UX)과 커뮤니티가 핵심이 되며, 예술경영은 IT 전문가들과의 협업을 통해 새로운 형태의 예술 서비스를 개발하는 방향으로 나아가고 있다. NFT를 통한 디지털 소장품 거래 시스템 구축, 블록체인으로 예술가에게 직접 수익 분배 모델 설계, 인공지능(AI)을 활용한 개인맞춤형 전시 가이드 제공 등 과거에는 상상하기 어려웠던 일들이 현실화되고 있다.

또한 21세기의 예술경영은 참여형 문화의 정착으로 인해 관객을 넘어서 사용자/창작자 커뮤니티 전체를 관리하게 되었다. 예를 들어 대중음악 분야에서는 팬들이 자발적으로 홍보활동을 하거나 온라인 커뮤니티에서 2차 창작 콘텐츠(팬아트, 커버 영상 등)를 만들기도 한다. 이를 촉진하고 지원하는 것 역시 현대 예술경영의 영역이다. 메타버스 콘서트 (예: 2020년 미국 래퍼 트래비스 스콧의 포트나이트 콘서트)처럼 수천만 명이 동시 접속해 함께 체험하는 거대 이벤트를 기획하는 등, 디지털 시대의 예술경영은 규모와 범위 면에서 글로벌하고 분산적인 특성을 보인다.

2 ▶▶ 고대 아고라 예술경영과 공공제의

고대 그리스의 아고라 시대(B.C. 500~B.C. 300)는 예술이 단순한 개인의 표현이 아니라, 공공영역의 핵심적인 구성요소로서 정치, 종교, 교육, 시민사회 전반과 긴밀히 연결되어 있었던 시기이다.

이 시기의 예술경영은 오늘날 우리가 이해하는 예술시장 중심의 자본주의적 운영 방식과는 전혀 다른, 종교적 신념과 민주주의 정치구조, 공동체적 책무 위에 구축된 체계였다. 예술은 신성하면서도 교육적이고 정치적인 기능을 동시에 수행했으며, 이로 인해 그 조직과 운영 방식 또한 철저히 제도화된 공공 시스템에 의해 지탱되었다.

도시국가의 정치와 예술: 공공성이 만든 예술경영의 기반

당시의 대표적 도시국가 폴리스(polis), 특히 아테네는 직접민주주의 체제를 운영하고 있었다. 아고라(Agora)는 단순한 시장이 아닌, 시민들이 정치·경제·문화적 결정을 함께 내리는 공론의 장이자 예술행위가 수행되는 실천적 공간이었다. 이러한 정치 시스템은 예술의 기능을 자연스럽게 공공의 이익과 집단 정체성 형성에 복무하도록 만들었고, 이에 따라 예술경영은 국가 전체의 행정 시스템 안에 편입되었다. 아테네는 매년 디오니소스 제전(Dionysia)을 통해 예술행사를 개최하였고, 이 과정은 종교 제의, 시민 교육, 정치 이념의 재확인이라는 세 가지 목적을 동시에 수행하는 복합적 체계였다. 이 축제는 단순한 연희가 아닌, 도시국가의 존립과 통치 정당성을 확인하는 수단이었다.

예술의 조직화 방식: 삼자적 협력 시스템

아고라 시대의 예술경영은 세 가지 핵심 주체가 참여한 삼자적 협력 시스템으로 구성되었다.

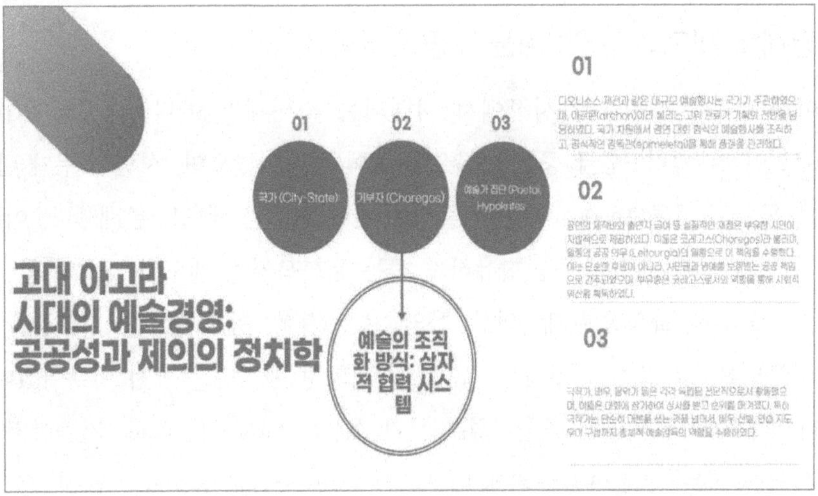

국가 (City-State): 디오니소스 제전과 같은 대규모 예술행사는 국가가 주관하였으며, 아르콘(archon)이라 불리는 고위 관료가 기획의 전반을 담당하였다. 국가 차원에서 경연 대회 형식의 예술행사를 조직하고, 공식적인 감독관(epimeletai)을 통해 품질을 관리했다.

기부자 (Choregos): 공연의 제작비와 출연자 급여 등 실질적인 재정은 부유한 시민이 자발적으로 제공하였다. 이들은 코레고스(Choregos)라 불리며, 일종의 공공 의무 (Leitourgia)의 일환으로 이 책임을 수행했다. 이는 단순한 후원이 아니라, 시민권과 명예를 보장받는 공공 책임으로 간주되었으며, 부유층은 코레고스로서의 역할을 통해 사회적 위신을 획득하였다.

예술가 집단 (Poetai, Hypokrites 등): 극작가, 배우, 음악가 등은 각각 독립된 전문직으로서 활동했으며, 이들은 대회에 참가하여 심사를 받고 순위를 매겨졌다. 특히 극작가는 단순히 대본을 쓰는 것을 넘어서, 배우 선발, 연습 지도, 무대 구성까지 총체적 예술감독의 역할을 수행하였다. 이러한 구조는 예술을 시민 공동체 전체가 책임지고 후원하는 집단 프로젝트로서 기능하게 하였으며, 사회 각 계층이 예술에 참여함으로써 공통의 가치와 정체성을 재생산하게 만들었다.

경제와 제도의 통합: 예술의 공공재적 성격

아테네에서는 예술이 시장에서 거래되는 소비재가 아니라, 공공재(public good)로 인식되었다. 연극 공연은 무상 관람이 원칙이었으며, 시민 모두가 관람할 수 있도록 테오리콘(Theorikon)이라 불리는 관람 보조금 제도도 존재했다. 이는 경제적 여건과 상관없이 예술을 향유하게 하는 문화복지적 제도의 시초라 할 수 있다. 공연을 위해 필요한 무대, 의상, 음악, 조명(횃불) 등도 국고와 기부금을 통해 조달되었으며, 그 조직과 실행은 고도로 체계화된 행정망 속에서 이루어졌다 .또한, 디오니소스 극장 같은 공공시설은 국가 소유의 예술 인프라로 기능하였으며, 여기서의 공연은 단지 예술행위에 머무르지 않고 시민교육(paidia)과 정치적 토론 의장으로까지 확장되었다.

고대 그리스: 파르테논 신전의 건축과 시민 참여

공공 예술 사업의 선정과 시민 투표

아테네는 직접 민주주의 체제 하에서 중요한 공공 사업을 시민들의 투표로 결정하였습니다. 파르테논 신전의 건축도 이러한 절차를 거쳤으며, 이는 시민들이 도시의 문화와 종교적 상징물의 건립에 직접 참여했음을 보여준다.

파르테논 신전 건축 예산과 현대 가치 환산

파르테논 신전의 건축 비용은 약 469 탈렌트로 기록되어 있다. 1탈렌트는 당시 삼단노선(trireme) 한 척의 건조 비용에 해당하며, 이는 상당한 금액이었습니다. 현대 가치로 환산하면 약 3,000억 원에 해당한다고 추정된다.

로마 제국: 콜로세움의 운영 시스템과 검투사 경기

콜로세움의 운영과 관람 시스템

로마의 콜로세움에서 열리는 검투사 경기와 다양한 공연은 주로 황제나 고위 관료의 후원으로 이루어졌으며, 시민들에게 무료로 제공되었다. 이는 황제가 시민들의 지지를 얻고, '빵과 서커스' 정책의 일환으로 대중을 만족시키기 위한 방편이었다.

티켓 시스템과 좌석 배정

관람객들은 테세라(tesserae)라 불리는 도자기, 뼈 또는 납으로 만든 디스크 형태의 티켓을 통해 입장하였습니다. 이 티켓에는 좌석 정보가 새겨져 있었으며, 무료로 배포되었지만, 특정 계층이나 단체에 우선권이 주어졌다. 예를 들어, 원로원 의원들은 황실로부터 직접 티켓을 받았으며, 일반 시민들은 후원자나 조직을 통해 티켓을 받았다.

경제적 영향과 자립성

검투사 경기는 대규모 관중을 끌어모았으며, 이는 로마 경제에 상당한 영향을 미쳤다. 경기와 관련된 상품 판매, 주변 상업 활동의 활성화 등으로 경제적 효과를 누렸습니다. 그러나 콜로세움 자체의 운영은 황제의 재정 지원에 크게 의존하였으며, 티켓 판매를 통한 직접적인 수익보다는 정치적 목적과 대중의 만족을 위한 수단으로 활용되었다.

[사진:테세라]

중세 수도원의 미술학교와 필사본 제작

중세 유럽에서 예술은 궁정이나 도시보다는 오히려 수도원에서 중심적으로 보존되고 발전되었다. 이 가운데 독일 남부 보덴호(Bodensee) 인근의 라이헨아우 수도원(Reichenau Abbey)은 9세기 후반부터 11세기 초까지 유럽에서 가장 영향력 있는 미술교육 및 필사본 제작 중심지로 기능을하였다. 이 수도원은 단순히 수도사들의 수행 공간이 아니라, 교육기관이자 예술 제작소이며, 종교적 상징 체계를 시각적으로 구현하는 국가적 문화기관의 역할을 동시에 수행하였다.

수도원의 역사적 배경과 설립

라이헨아우 수도원은 724년, 프랑크 왕국의 성 피라민(Saint Pirmin)에 의해 설립되었으며, 이후 10세기경 신성로마제국 황실의 적극적인 후원 아래 급속히 성장하였다.

특히 오토 왕조 시기(919~1024년), 황제 오토 1세와 오토 3세는 이 수도원을 황실의 공식 필사본 제작처로 지정하며 제국의 이념과 종교적 권위를 시각적으로 구현하는 임무를 맡겼다. 이에 따라 수도원 내에서는 성서, 복음서, 묵시록 등 중요한 종교 문서뿐 아니라, 황제의 권위를 찬미하는 문서들이 제작되었다.

스크립토리움(Scriptorium)의 구조와 운영 체계

수도원 내에는 스크립토리움이라는 전문 필사본 제작소가 존재했다. 이곳은 수도사들이 모여 필사와 장식, 채색, 도금, 장정 작업을 분업적으로 수행하는 조직이었다. 스크립토리움은 단순한 필경의 공간이 아니라 예술 제작을 위한 공방이자 교육기관으로, 예술적 기술을 체계적으로 전수하는 역할도 수행하였다. 스크립토리움의 작업은 다음과 같은 체계로 운영되었다.

필경사(Scribe): 원문을 정확히 필사하는 역할로, 라틴어를 자유롭게 구사하고 정교한 서체를 구사할 수 있어야 했다. 작업은 규칙적인 기도와 병행되며, 하루 6~8시간 동안 진행되었다.

일러미네이터(Illuminator): 필사본에 삽화와 채색을 더하는 역할. 성경의 장면이나 성인의 초상, 대문자 장식 등에 금박(gold leaf)과 채색을 입혀 시각적 효과를 극대화하였다.

정리 및 교정 담당자(Corrector): 문법적 오류나 철자 오류를 확인하고 수정하였다.

장정사(Binder): 작업이 끝난 필사본을 가죽이나 목판으로 제본하여 보관하거나 운반할 수 있게 하였다.

이 과정에서 작업자는 엄격한 수도 규율에 따라 행동하였으며, 침묵과 정결을 지키며 작업에 임했다. 스크립토리움은 정해진 기도시간 외에는 철저히 노동과 학문에 집중하는 공간으로 운영되었으며, 각 작업자는 **철저한 전문 분업 시스템** 아래 배치되었다.

대표 작품과 예술 양식

라이헨아우 수도원은 오토 왕조 양식(Ottonian Style)의 대표적 중심지로서, 그 양식은 후기 카롤링거 미술의 전통을 이어받으면서도 보다 화려하고 상징적인 채색을 특징으로 한다. 특히 배경에 금박을 사용하고 인물을 정면으로 단순화하여 성스러움을 극대화하는 특징이 있다. 대표적인 작품은 다음과 같다.

《헨리 2세의 복음서 발췌본》(Pericopes of Henry II, ca. 1012): 신성로마제국 황제 헨리 2세의 명으로 제작된 복음서 장면을 담은 고급 필사본으로, 오늘날 독일 뮌헨 국립도서관(Bayerische Staatsbibliothek)에 소장되어 있다. 이 책은 황제를 예언자처럼 묘사하여 그의 신적 정당성을 부각하는 데 집중하였다.

《밤베르크 묵시록》(Bamberg Apocalypse, ca. 1000): 요한계시록의 전 장면을 시각화한 필사본으로, 강렬한 색채와 상징적인 구도가 특징이다. 현재는 독일 밤베르크 국립도서관에 보관되어 있다.

《성 마르코 복음서》와 **《성 에메람 복음서》** 등 다수의 장엄 복음서가 이 시기에 제작되었다. 이러한 작품들은 단순한 예술작품을 넘어 **종교적 상징 체계의 시각화**, 즉 텍스트를 이미지로 재해석하여 문맹이 다수였던 중세 사회에 신의 뜻을 전달하는 **비언어적 커뮤니케이션 도구** 역할을 하였다.

인력 운영의 지속 가능성과 외부 교류

흥미로운 점은 라이헨아우 수도원의 스크립토리움이 단순한 자급자족 체계를 넘어서, **유럽 전역과 필사본을 통해 소통**했다는 점이다. 수도원은 프랑스, 이탈리아, 로마 교황청 등과도 서신 및 필사본 교류를 했으며, 당대 지식인들과의 교류도 활발히 진행되었다. 또한 수도사 양성 프로그램이 체계화되어 있어, 내부에서 새로운 인력을 계속 배출하며 필사와 미술 기술이 대대로 전수되었다.

여성 수도사들도 필사 작업에 참여하였다는 증거도 존재한다. 독일 힐데스하임 근처의 한 여성 수도원에서는 채색 과정에서 사용된 **남동석 라피스라줄리(lapis lazuli)** 성분이 여성 수도사의 치아에서 검출되어, 이들이 고급 일러미네이션 작업에 참여했다는 사실이 과학적으로 입증되기도 했다.

수도원 내 교육 시스템

중세 유럽에서 수도원은 교육과 예술의 중심지로 기능하였습니다. 수도사들은 성경과 신학, 예술을 배우며, 이는 후에 대학의 전신이 되는 교육 기관의 형태로 발전하였다. 이러한 교육 기관은 문학, 철학, 예술 등 다양한 분야의 지식을 전수하였다.

필사본 제작과 인력 관리 체계

수도원 내 스크립토리움(scriptorium)에서는 필사본 제작이 이루어졌다. 이곳에서 수도사들은 필사, 채색, 제본 등의 작업을 분업하여 수행하였다. 각 작업은 전문성을 요구하였으며, 수도사들은 엄격한 규율 아래 체계적으로 관리되었다. 또한, 여성 수도사들도 필사본 제작에 참여하였으며, 일부 여성 수도사들은 고급 채색 작업을 담당하기도 하였다. 이러한 사례들은 각 시대의 예술 경영이 그 당시의 사회, 정치, 경제적 배경과 밀접하게 연관되어 있음을 보여줍니다. 예술은 단순한 창작 활동을 넘어, 사회 구조와 문화의 산물로서 조직되고 관리되었다.

2-1 예술 경영의 역사적 사례 연구

메디치 가문(1400~1700)의 예술경영적 영향

르네상스 시대 피렌체의 메디치 가문은 개인 후원을 통해 예술 발전을 혁신적으로 이끌었다. 중세까지 주로 교회나 길드가 예술을 의뢰했던 것과 달리, 메디치가는 막대한 부를 예술에 투자하여 유능한 예술가들을 직접 후원했다.

예를 들어 메디치의 지원으로 보티첼리의 비너스의 탄생(1485년경)이나 도나텔로의 다비드 상(1430~1440년경) 같은 걸작들이 탄생했다. 메디치가는 재능 있는 예술가들을 어린 시절부터 발굴해 주요 작업을 맡겼고, 심지어 저택에 거주하게 하며 생활을 보장해 주었다. 미켈란젤로는 십대에 메디치 궁에서 지내며 가문의 일원처럼 대우받았고, 레오나르도 다 빈치는 메디치가의 살롱에서 류트를 연주해 손님들을 즐겁게 했다고 전해진다.

이러한 지속적 후원은 젊은 예술가들에게 안정감을 주어 창작 역량을 마음껏 펼치게 했고, 결과적으로 예술품의 품격과 규모가 한층 높아졌다. 메디치가의 후원 방식은 예술가들의 사회적 지위 역시 크게 끌어올렸다. 르네상스 이전에 화가나 조각가는 일반 장인으로 취급받았으나, 메디치 후원 하에서 뛰어난 예술가들은 생존 시부터 "천재"로 칭송받으며 존경을 받았다. 실제로 15~16세기 피렌체에서는 예술가들이 시민의 자부심을 높이는 공공 기념물이나 성서 이야기 벽화 등을 의뢰받아 창작했고, 메디치가의 지지를 등에 업은 예술가들은 당대에 명성과 호사를 누릴 수 있었다. 예컨대 메디치가의 적극적 후원 덕분에 미켈란젤로나 레오나르도 같은 예술가들은 군주나 교황과도 교류하는 위치에 올랐고, "Il Divino(신성과 같은 자)"라는 별칭으로 불릴 만큼 사회적 위상이 높아졌다.

메디치가는 정치권력과 예술을 접목하여, 예술가에게 작품 활동의 자율성과 지속적 후원을 보장해 주고 그 대가로 도시의 위신과 가문의 권위를 높이는 성과를 거두었다.메디치 후원 아래 제작된 예술품들은 가문의 부와 위엄을 과시하는 일종의 홍보 수단이기도 해서, 메디치 일가를 신화적 인물로 묘사한 초상화처럼 정치적 선전 효과를 노린 사례도 많았다.

메디치 가의 피렌체 중심 예술경영 모델은 도시 국가인 피렌체를 르네상스 예술의 중심지로 만들었다. 메디치 가는 도시 행정과 예술 후원을 결합하여, 피렌체를 거대한 미술 작품 갤러리로 탈바꿈시켰다. 도심에 웅장한 성당과 공공조각을 세우고 건축가들을 지원하여 (브루넬레스키의 피렌체 대성당 돔 등) 도시 경관 자체가 예술이 되도록 했다.

이러한 전략은 시민들의 문화적 자부심을 높여주었고, 메디치가에 대한 지지도 역시 강화하는 효과를 냈다. 메디치가는 또 예술가 양성 시스템의 제도화에도 기여했는데, 1563년 코시모 1세 데 메디치는 조르조 바사리의 건의로 유럽 최초의 공인 미술 아카데미인 디자인 아카데미를 설립했다. 이 아카데미는 전통적 길드와 달리 예술 이론 교육과 체계적인 훈련을 제공하여 예술가의 전문성과 위상을 높인 기관이었다. 요컨대 15~17세기 메디치가의 후원 덕분에 피렌체에서는 예술이 정치·경제와 긴밀히 연계된 경영 모델이 확립되었다. 이는 예술가에게 창작의 터전을 제공하고 사회적 신분을 격상시켰으며, 후원자는 예술을 통해 문화적 패권과 정치적 영향력을 확보하는 윈윈 관계였다.

2-2 미켈란젤로의 1508년 바티칸 연봉 계약서

배경: 1508년 교황 율리우스 2세는 미켈란젤로 부오나로티에게 바티칸 시스티나 성당 천장화 제작을 의뢰했다. 미켈란젤로는 원래 조각가로서 이 과제를 꺼렸

으나, 결국 르네상스 최고 화가로 명망 높은 그의 역량을 믿고 교황이 강력히 요청하여 프로젝트가 성사되었다. 1508년 5월 10일부로 계약서가 체결되었고, 미켈란젤로는 즉시 선금으로 500 두카트를 지급받았다.

이 계약 문서에서 교황청은 미켈란젤로에게 연봉 형태의 보수를 약정하였는데, 총 3,000 두카트에 달하는 거액을 몇 년에 걸쳐 지급하기로 한 것이었다. 당시 3,000 두카트는 일반 장인의 30년치 임금에 맞먹을 정도로 엄청난 액수로, 미켈란젤로에 대한 파격적인 대우였다. (2021년 가치로 환산하면 약 60만 달러에 해당)이는 재료비와 조력자 인건비까지 모두 미켈란젤로가 부담하는 조건이었지만, 그가 작업에 전념할 수 있도록 충분한 금전적 보장을 해준 것이다. 실제로 교황은 계약과 함께 작업에 필요한 석고, 안료 등의 재료 구입비 일부를 미켈란젤로에게 선지급하기도 했다.

계약 조건과 작업 의무: 최초 계약안에 따르면 미켈란젤로는 시스티나 성당 천장에 열두 사도의 상을 네 귀퉁이에 그리고 내부는 기하학적 장식 무늬로 메우는 비교적 단순한 구성을 맡기로 되어 있었다. 이 계획은 교황청 담당 추기경(알리도시 추기경)과 맺은 공식 계약서에 명시되었으며, 합의된 디자인에 따라 일정 기간 내에 완수해야 하는 의무가 있었다.

그러나 창작상의 자율성을 중시한 미켈란젤로는 이 초기 구상을 "보잘것없는 것"이라 여겨 곧바로 폐기하고자 했다.그는 교황에게 천장 전체를 보다 웅장한 이야기 그림으로 채우는 방안을 제시했고, 다행히도 율리우스 2세는 그의 예술적 식견을 받아들여 전면적인 수정을 승인해 주었다. 이로써 미켈란젤로는 작품 내용에 대해 사실상 Carte blanche(전권 위임)를 얻어, 자신의 구상대로 성경 창세기의 장면들을 포함한 방대한 구도를 천장에 펼칠 수 있게 되었다. 이러한 변경으로 계약상의 작업 범위는 애초보다 크게 확대되었지만, 교황은 추가 보수를 흔쾌히 허락하여 미켈란젤로의 창의력이 최대한 발휘될 수 있도록 배려했다.

계약의 핵심 조항 중 하나였던 작업 완성 시한은 정확히 알려져 있지 않으나, 교황이 4년 내 완성을 기대했던 것으로 보인다. 실제로 미켈란젤로는 1508년부터 약 4년간 천장화를 그려 1512년에 완성했는데, 이 동안 교황은 조바심을 내며 미켈란젤로를 재촉하기도 했습니다 (한때 교황이 "공사비를 줄 테니 제때 끝내라"고 압박하며 농담 반 진담 반으로 그를 비계에서 떨어뜨리겠다고까지 했다). 그러나 미켈란젤로는 작업 중 외부 간섭을 철저히 차단했고, 교황마저도 진행 과정을 직접 보지 못하게 하며 온전히 자신의 페이스대로 일을 진행했다. 이러한 고집은 계약 조건에 명문화된 사항은 아니었으나, 교황은 끝내 이를 묵인했고 결과물에 만족함으로써 예술가에게 상당한 창작 자유가 보장되었음을 증명했다. 계약의 예술경영적 분석: 미켈란젤로의 1508년 계약은 당시로서는 매우 파격적인 연봉제 커미션이었다. 중세까지 예술 의뢰는 완성 후 일시에 보수를 지급하거나 소규모 할부로 지불하는 경우가 많았지만, 교황 율리우스 2세는 중요한 프로젝트인 만큼 예술가에게 안정적인 연간 급여 형태로 보수를 제공했다.

이는 현대적인 개념의 프로젝트 파이낸싱과 유사한 선진적 방식으로, 대규모 예술품 제작에 필요한 시간과 비용을 공식적으로 인정한 사례였다. 또한 계약을 통해 작업 내용, 기한, 보수 외에 세부 조건(예: 필요한 발판 공사나 보조 인력 지원 등)도 협의되었을 것으로 보이는데, 이러한 명시적 계약 관행은 예술가의 권익을 보호하면서도 후원자의 요구 사항을 분명히 함으로써 대형 예술 프로젝트를 관리 가능하게 만든 장치였다.

실제 이 계약의 집행 과정에서 볼 수 있듯이, 후원자는 충분한 재원을 투입하되 예술적 결정은 전문가인 예술가에게 위임함으로써 최고의 성과를 얻고자 했다. 결과적으로 시스티나 천장화 프로젝트는 예술경영 측면에서 후원자와 예술가 간의 성공적 협업 모델로 남게 되었다. 교황청은 거액의 투자와 신뢰를, 미켈란젤로는 천재성을 발휘한 걸작을 통해 서로 만족을 얻었고, 이 작품은 훗날까지도 예술 후원의 모범 사례로 언급되고 있다.

2-3 르네상스 도제 시스템과 예술가 공방 운영

르네상스 시대에는 도제 제도가 예술가 양성과 관리의 핵심 구조였다. 이는 유망한 청소년을 숙련된 거장의 공방에 도제로(apprentice) 받아들여 수년간 훈련시키고 점차 조수(assistant)로 성장시켜 결국 마스터(master), 즉 독립적인 장인 예술가로 배출하는 계층적 사다리 시스템이다.

도제 (Apprentice): 보통 나이 11~15세에 유망한 소년이 도제로 공방에 들어간다. 계약 기간은 통상 3~5년이었지만 개인의 재능과 진척 속도에 따라 더 길거나 짧을 수도 있다. 이 기간 동안 도제는 임금을 거의 받지 않는 대신 숙식과 기본 의복을 제공받았고, 그 대가로 공방의 잔심부름부터 시작해 점차 기술을 배워나갔다.

처음에는 안료 갈기, 아교 접착제 만들기, 붓 만들기처럼 재료 준비와 잡무를 익혔고, 스케치 복사나 밑그림 채색 등 단순 작업을 도우며 기본기를 다졌다이후 석고반죽 제작, 캔버스 내장 등 그림이나 프레스코 준비 작업, 간단한 조각 다듬기 등을 배우며 서서히 예술적 실습으로 나아간다. 공방에서는 도제들에게 소묘 교육을 중요시하여, 석탄이나 잉크로 대가의 데생을 따라 그리게 하고 석고상 모형을 보고 사생하도록 훈련시킨다. 최종 단계에서는 인체 비례와 해부학 이해를 위해 살아있는 모델(동료 도제가 목동이나 천사 복장 모델이 되거나, 때로는 시신을 구해와 해부 관찰하는 일까지 함)로부터 직접 인물화를 그려보기도 한다. 이러한 실기 위주의 도제 수업을 통해 젊은이는 공방 특유의 양식과 기법(하우스 스타일)을 몸에 익히게 된다. 도제 기간 동안은 공식적인 금전 보수는 없었지만, 그 대신 장인의 가르침을 받고 장차 조합 승인을 통한 자격 취득이라는 보상을 얻게 되므로 사회적으로도 그 가치가 인정되었다.

조수 (Assistant/Journeyman): 도제로서 전 과정을 수료하면 조수로 승급되었다. 조수가 되면 비로소 정기 급여를 받으며 공방 내에서 일정한 지위를 갖게 된다. 숙련된 조수는 스승인 거장(마스터)이 수주한 작품의 제작을 실질적으로 분담하는 데, 보통 부수적인 부분을 맡아 제작한다. 예를 들어 대형 제단화 제작 시 거장이 인물들의 얼굴이나 가장 중요한 부분을 그리면, 조수는 배경 풍경이나 인물의 손발, 의상의 일부, 금박 장식 등 상대적으로 덜 중요한 요소들을 그린다. 재능이 뛰어난 조수일수록 중요한 부분을 맡을 수 있었고, 경우에 따라 거장의 스타일을 완벽히 모방하여 대작(代作)을 하기도 했다.

다만 계약 조건에 따라 중요한 핵심 요소는 반드시 거장 본인이 작업해야 한다고 명시되기도 했는데, 이는 작품의 질과 권위를 보장하기 위한 장치였다. 조수는 해당 도시의 장인 조합(guild)에 가입할 자격을 얻었고, 일부 유능한 조수는 계속 스승의 공방에 소속되면서도 자신의 이름으로 작은 의뢰 작업을 병행하기도 했다. 특히 르오나르도 다빈치는 베로키오의 공방에서 조수로 일하며 자체 작품 활동도 했던 사례로 알려져 있다. 조수가 자신의 독립 공방을 열어 마스터가 되고 싶을 경우, 조합에 걸작(masterpiece)을 제출해 승인받아야 했다. 이 때 일정 심사 비용(가입금)을 조합에 납부하면 비로소 독립 자격이 주어졌다.

마스터 (Master, 독립 장인): 최고 단계인 마스터가 되면 자신의 공방을 열고 도제와 조수를 거느리며 작품을 제작할 수 있다. 마스터는 해당 지역 조합의 정식 구성원으로서, 시민권과 세금, 공공 프로젝트 입찰 자격 등을 부여받아 사회적으로 독립된 예술 경영자로 활동했다. 마스터의 역할은 순수한 창작자에 그치지 않고 경영자로서의 능력도 요구되었다. 큰 공방을 운영한 거장들은 동시에 여러 도시에서 지점을 운영하거나다른 거장과 협업하여 경비를 절감하기도 했다 (예: 도나텔로와 미켈로초는 대리석 운송 비용을 줄이고자 피사와 피렌체에 공동 공방을 운영했다.)

마스터는 작품 계약을 체결하고 의뢰인의 요구를 협상하며, 공방 식구들을 관리·훈련하고, 원자재를 구매해 품질을 감별하며, 예산을 짜고 수익을 분배하는 등 현대의 기업가와 같은 다양한 경영 업무를 수행했다. 실제 기록에 따르면, 르네상스 시대의 성공한 거장들은 투자와 저축에도 능하여 공방 운영으로 번 돈을 재투자하거나 금융 자산으로 불리기도 했다.

수익 배분 측면에서 보면, 마스터는 의뢰인으로부터 받은 작품 대금을 우선 재료비와 운영경비로 충당한 뒤 남은 몫을 가져갔다. 조수들에게는 약정된 급여를 지급했고도제들에게는 급여 대신 숙련 교육과 생활 유지를 책임지는 방식이 일반적이었다. 이처럼 이윤의 대부분은 최종 책임자인 마스터의 몫이었으며, 이는 마스터가 작품의 품질과 평판에 대한 책임을 지는 대가이기도 했다. 일례로 어떤 공방들은 주문이 폭주하면 조수들에게 추가 수당을 주거나 다른 공방의 조수를 임시 고용하기도 했지만, 완성된 작품에는 어디까지나 마스터의 서명만 들어갔다. 이러한 공방 체계 덕분에 르네상스 미술계는 연속적인 인재 양성이 가능했다.

한 거장의 조수로 배운 예술가는 훗날 또 다른 거장이 되어 새로운 세대를 가르치는 식으로 전통이 이어졌다. 가령 안드레아 델 베로키오의 피렌체 공방에서 페루지노, 보티첼리, 레오나르도 다 빈치가 도제로 수학했고, 페루지노는 나중에 라파엘로를 자신의 공방에서 길러냈다. 이처럼 사제(師弟) 관계의 예술적 계보가 형성되며 기술과 양식이 발전했고, 유명 공방 출신이라는 경력이 예술가의 사회적 신용을 높여주기도 했다. 예술경영적 관점에서 본 도제 제도: 르네상스 도제 시스템은 오늘날 인적 자원 개발과 지식 전수의 체계로 볼 수 있다. 공방은 단순 생산 현장이 아니라, 미래 예술가를 키워내는 훈련 기관 역할을 수행했다.

도제→조수→마스터로 이어지는 승급 구조는 기술 숙련도와 책임 범위에 따라 보상과 권한이 단계적으로 주어지는 인사 관리 시스템이었다. 이는 장인 개인의 성장 경로를 제시함과 동시에, 공방 운영자가 인건비를 효율적으로 통제하고 재능을 선발·육성할 수 있게 해주었다. 도제에게는 숙련 지식을 전수하는 대신 임금을 절약하고, 숙련된 조수에게는 그만한 대가를 주어 핵심 인재로 활용하는 구조였다.

또한 길드(조합)는 이러한 체계의 품질 관리 역할을 했는데, 표준을 충족한 자만 마스터로 승격시키고 자격 없는 공방이 난립하지 않도록 통제했다. 이를 통해 예술 생산의 표준화와 신뢰가 확보되었고, 후원자들은 조합 소속 마스터에게 안심하고 작품을 의뢰할 수 있었다. 더불어 공방 내에서는 거장과 제자들이 함께 창의적 아이디어를 교류하기도 했는데, 고대 조각이나 드로잉 자료를 함께 연구하거나 작업 과정에서 토론을 하며 새로운 기법을 개발하는 등 오늘날 스튜디오형 창작 기업과 비슷한 면모도 보였다. 일부 대형 공방은 판화를 대량 제작·판매하여 부수입을 올리거나 예술 스타일을 널리 퍼뜨리기도 했는데, 이는 현대 예술가들이 MD 상품이나 프린트 에디션으로 수익을 다각화하는 전략과도 통하는 부분이다. 정리하면, 르네상스 도제 제도는 체계적인 인력 양성, 품질 유지, 지속 가능한 예술 생산을 가능케 한 경영 구조로서, 이후 시대의 예술 교육 기관(미술 아카데미 등)과 예술 시장 형성에 큰 영향을 미쳤다.

2-4 합스부르크 왕실 오페라단의 운영 방식

합스부르크 왕가가 지배하던 유럽에서는 왕실 오페라 단체가 예술경영의 중요한 한 축이었다. 특히 합스부르크 가문의 오스트리아 (빈) 지부와 스페인 지부는 각기 독자적인 궁정 오페라 운영 전통을 발전시켰는데, 공통적으로 왕실 후원 아래 웅장한 음악극을 제작하면서도 지역적 차이를 보였다.

<u>오스트리아(빈)궁정 오페라</u>: 합스부르크 왕가의 본거지인 빈에서는 17세기부터 이탈리아 오페라가 중심 예술로 자리잡았다. 이는 만토바 출신의 엘레오노라 공주 등 이탈리아 계 왕비들이 오스트리아 궁정에 오페라 문화를 전파한 덕분이었다. 실제로 이탈리아 바로크 오페라의 개척자 몬테베르디의 후원지였던 만투아와 합스부르크 가문이 혼맥으로 연결되면서, 1620년대 빈 궁정에 오페라가 소개되었다.

이후 합스부르크 황실은 이탈리아인 작곡가와 가수들을 대거 초빙하여 궁정 악단을 구성했는데, 17세기 후반부터 18세기까지 빈 궁정의 음악감독(카펠마이스터)과 주요 성악가들은 거의 모두 이탈리아 출신일 정도였다. 이를 통해 이탈리아 오페라 양식이 합스부르크 영토에 뿌리내려, 웅장한 이탈리아어 오페라가 바로크 시대 왕실 예술의 정점으로 인정받았다. 다만 오페라는 막대한 비용이 드는 종합

예술이었기 때문에, 1618~1648년전쟁 등으로 재정이 어렵던 시기에는 지속적인 상연 전통을 세우지 못했다.

전쟁이 끝난 후인 1650년대 이후로야 비로소 상설 오페라 공연 체계가 자리를 잡았다. 합스부르크 황제들은 결혼식, 대관식, 황제 생일과 같은 국가 행사에 맞춰 성대한 궁정 오페라 공연을 기획했다. 예컨대 1625년 2월 페르디난트 2세 황제의 생일에는 빈 궁정에서 오페라 공연이 기록되어 있는데, 이는 현존하는 빈 궁정 오페라의 최초 사례로 꼽힌다. 이러한 공연은 왕궁 내 대연회장에 임시 목조 무대를 설치하여 거행되었고, 무용수와 기계장치, 합창과 관현악이 동원된 화려한 볼거리였다. 17세기 후반에 접어들어 황제 레오폴트 1세 등은 자체적으로 오페라 작곡에 참여하거나 전용 극장을 짓는 등 오페라 열정을 보이며, 사실상 궁정 전속 오페라단을 운영했다.

무대 미술가 로드비코 부르나치니 등의 첨단 무대장치가 동원된 빈 궁정오페라는 유럽 최고 수준의 스펙터클로 명성이 자자했고, 기획 시스템 면에서도 매년 수회 이상의 정기 공연이 이루어져 왕실 행사 외에도 귀족층을 위한 정기 오페라 시즌이 형성되었다. 다만 이 시기에도 일반 시민이 관람객으로 참여하는 것은 제한적이었고, 티켓 판매보다는 황실 초청의 형태로 운영되었다. (궁정 귀족이나 외교 사절 등에게 좌석을 하사하는 방식재정은 전적으로 황실 재무에서 부담하였으며, 경우에 따라 황족이나 귀족이 특정 공연의 후원자가 되어 의상비나 무대비 일부를 대기도 했다.)

황실 오페라단의 인력 구성을 보면, 이탈리아 출신 가수(특히 카스트라토)들과 작곡가들이 핵심을 이루고 오스트리아 출신 연주자들이 관현악단을 받치는 형태였다.또한 황실 예배당 성가대(합스부르크 Hofkapelle)의 소년 합창단 등 궁정 음악 인력들이 오페라 합창에 동원되어 인건비 효율을 높였다. 즉, 빈의 왕실 오페라단은 상설 악단과 성악진을 두고 운영된 전문 예술단체로, 오늘날의 오페라 극장처럼 연중 여러 작품을 준비·공연하는 체제를 18세기 초까지 갖추고 있었다.

18세기 마리아 테레지아 여제 시기에는 궁정극장(Burgtheater)을 개선하고 일부 공연에 일반인 유료 입장을 허용함으로써, 왕실 오페라가 점차 공연 비즈니스로 확장되는 움직임도 나타났다. 하지만 근본적으로 17세기 합스부르크 오페라는 절대군주제 프로파간다 성격이 강했기에, 공연의 목적은 흥행 수익보다는 황실의 위엄 과시와 정치적 의례의 완성이었다.

스페인 궁정 오페라(마드리드): 스페인 합스부르크 왕가(1516~1700년경) 역시 음악과 연극을 후원했지만, 오스트리아와 양식 면에서 차별화된 발전을 보였다. 스페인에서는 스페인어 음악극, 즉 사르수엘라(zarzuela)라는 독자적 오페라 양식이 궁정에서 발전했다. 17세기 초중반 펠리페 4세 국왕 치세에 예술이 귀족 사회에서 각광받으면서, 왕은 마드리드 근교의 사냥용 별장 라 사르수엘라에서 종종 희극풍의 단막 음악극 공연을 열곤 했다. 이때 연주된 짤막한 노래+대사 결합극들이 훗날 공연 장소 이름을 따 사르수엘라라고 불리게 되었다. 사르수엘라는 노래와 대사가 교차하고 스페인 민속춤과 노래요소를 가미한 것으로, 이탈리아의 본격 오페라보다는 가벼운 궁정 오락극 성격이 강했다.스페인 궁정은 이러한 작품들을 통해 스페인의 고유 문화를 표현하고자 했고, 희극적 줄거리와 스페인풍 음악이 어우러져 왕실과 귀족들을 즐겁게 했다.

17세기 후반에 이르면, 마드리드 왕실 공연에서도 이탈리아 오페라 양식을 부분적으로 도입하여 반쯤 노래로 이루어진 신화극이나 완전한 오페라도 상연되기 시작했다. 사실 펠리페 3세, 4세 시대부터 이탈리아 가수와 음악가를 스페인 궁정에 초빙하는 시도가 있었지만, 언어 장벽과 스페인 고유 극음악 전통 때문에 이탈리아 오페라가 즉각 뿌리내리지는 못했다. 대신 후안 이달고와 같은 스페인 작곡가와 극작가 페드로 칼데론이 협업하여, 스페인어 가사와 연극 양식에 이탈리아 음악어법을 부분적으로 결합한 스페인 궁정 오페라를 만들어냈다.

대표적으로 1660년 마드리드 궁정에서는 칼데론 대본에 이달고가 작곡한 셀로스(Celos, 일종의 스페인 초기 오페라)가 상연되었는데, 이 작품은 여성 배우들이 노래를 모두 외워서 공연해야 했기에 연습 기간이 길어져 상연이 지연되었다는 기록이 있다. 이를 통해 당시 스페인 궁정에서는 직업 배우-가수(여성)들이 공연의 주축이 되었음을 알 수 있다. 이는 여성 배역을 주로 남성 카스트라토가 맡았던 이탈리아/오스트리아와 달리, 스페인 무대에서는 여배우들이 노래하는 전통이 이어졌다는 차이로 나타났다. 1701년 스페인 왕위계승전쟁 무렵, 합스부르크 왕가가 단절되기 직전의 시기에 사르수엘라 공연은 공식적인 왕실 행사로 격상되었다.

궁정에서 정식으로 인정한 왕실 연희로 자리잡아, 왕과 귀족만을 위한 폐쇄적 오락이자 스페인 국가 정체성의 홍보 수단 역할을 한 것이다.예컨대 필리프 5세 즉위 전후로 상연된 사르수엘라들은 스페인 왕국의 위광을 과시하고 합스부르크 치세를 미화하는 내용으로 꾸며져, 예술이 정치 선전에 활용되기도 했다. 스페인 궁정 오페라단(정확히는 연극-음악 공연단)은 상설 조직이라기보다, 궁정 연극단과 음악가들이 필요 시 협업하는 형태였다. 마드리드에는 이미 프로 극장(코랄)에서 활약하던 배우 집단이 있었고, 왕실은 이들 중 뛰어난 인물을 발탁하거나 후원하여 궁정 공연에 투입했다.

음악은 왕실 악장과 예배당 악단이 맡았으며, 무대 제작은 국왕이 직접 지시하거나 이탈리아인 무대 기술자를 초빙해 화려하게 꾸몄다. 재정은 빈과 마찬가지로 전적으로 왕실이 부담했고, 티켓 판매 개념은 없었다. (공연은 전적으로 초청제였고, 일반 시민은 참석 불가)대신 17세기 스페인 합스부르크 왕들은 연극계에 관대한 후원을 베풀어, 주요 배우들에게 연금을 지급하거나 궁정 직책을 내리기도 했다. 이는 오스트리아가 음악가 중심 후원을 한 것과 달리, 스페인은 극작가와 배우까지 포괄하는 공연예술 전반에 대한 후원을 전개했음을 뜻한다.

공통점과 구조적 특징: 빈과 마드리드의 왕실 오페라 운영에는 몇 가지 공통적인 요소가 있었다. 우선 국가 예산으로 운영되는 국왕 직속 예술단체로서, 상업적 이윤과 무관하게 최고의 예술적 완성도를 추구했다. 두 궁정 모두 오페라(혹은 유사 음악극)를 권력 과시와 문화 정체성의 도구로 활용했으므로, 흥행 수입보다는 공연의 의식적 의미와 예술적 장엄함에 초점을 맞추었다. 따라서 티켓 정책도 현대적 의미의 판매보다는 초청 시스템이었고, 공연 비용은 대부분 왕실 후원이나 귀족들의 협찬으로 충당되었다.

또 하나의 공통점은 기획·제작 시스템에서 볼 수 있는데, 모두 궁정 행사 일정에 맞춰 오페라를 제작했다는 점이다. 새해 축하, 결혼, 승전기념일 등 중요한 궁정 이벤트가 공연 스케줄을 결정했고, 작품의 내용도 그 행사에 부합하도록 주제와 대본이 선정되었으며, 왕이나 왕비가 직접 공연기획에 관여하는 경우도 많았다. (스페인의 경우 펠리페 4세가 희극 대본을 검열하고, 오스트리아의 엘레오노라 황후는 발레 안무를 짜기도 했다.) 또한 두 궁정 모두 무대 기술의 발전을 이끌었는데, 복잡한 무대장치와 특수효과(천체 회전 장치, 날아다니는 신 등를 도입하여 관객(주로 귀족층)을 놀라게 했고, 이로써 왕실의 위엄과 부를 과시했다.

차이점: 그럼에도 불구하고 오스트리아와 스페인의 왕실 오페라 운영에는 문화적 배경에 따른 차별성이 있었다.

첫째, 공연 양식과 언어에서 차이가 뚜렷했다. 빈에서는 줄곧 이탈리아어 오페라(정통 오페라 세리아)가 상연되어 국제적(이탈리아) 양식을 선호한 반면, 스페인에서는 스페인어 음악극(사르수엘라 혹은 스페인어 오페라)이 발달하여 자국어와 토착 요소를 강조했다. 이는 각각 자국 관객층의 선호와 문화 정체성에 부응한 결정으로, 오스트리아 합스부르크는 신성로마제국의 일원으로서 이탈리아 문화를 동경했고, 스페인 합스부르크는 이베리아만의 전통을 유지하고자 했던 데에 기인한다.

둘째, 조직 운영 측면에서 오스트리아 궁정오페라단은 보다 상설화된 전문 단체로 발전한 반면, 스페인 궁정 공연단은 필요에 따른 임시 편성의 성격이 강했다. 즉, 빈에서는 연중 여러 작품을 준비하는 전속 가수·오케스트라가 있었지만, 스페인에서는 행사 때마다 극단 배우와 음악가를 모아 공연을 올리는 경우가 많았다. 셋째, 관객층과 공개 여부 면에서, 빈의 궁정극장은 18세기에 일부 일반 귀족층에 공개되어 공연 공공성이 증가한 반면, 마드리드의 궁정 공연은 철저히 궁정 내부 관객(왕족·귀족)만을 대상으로 폐쇄적으로 진행되었다.

이러한 차이는 이후 왕조가 바뀐 뒤에도 이어져, 18세기 중엽 합스부르크의 빈에서는 모차르트 같은 작곡가의 오페라가 도시 시민에게도 공개된 데 반해, 스페인에서는 19세기까지도 궁정과 대중 극장이 분리되어 운영되는 경향을 보였다. 종합적으로, 합스부르크 왕실 오페라단은 절대군주제 아래 예술조직의 전형을 보여준다.

최고 통치자가 직접 예술을 후원·통제하면서도, 각 지역의 문화적 맥락에 맞게 예술 형태를 발전시킨 사례이다. 빈과 마드리드 모두 예술경영 측면에서 볼 때, 국가 브랜드로서의 예술을 전략적으로 활용했다. 왕실 오페라단은 오늘날 국립예술단과 같이 정부 예산으로 운영되며 국가 이미지를 대내외에 드높이는 역할을 했다. 또한 이들 오페라단의 운영 경험은 이후 시민 공공극장의 탄생과 오페라 예술의 세계적 전파에 밑거름이 되었다. 무엇보다 합스부르크 왕실의 예술 후원 사례는, 충분한 재정 지원과 체계적 기획이 뒷받침될 때 예술이 얼마나 풍성하게 꽃피울 수 있는지를 역사적으로 보여주는 중요한 예술경영의 선례라 할 수 있다.

2-5 파리 살롱 공개 경매의 전환점

1737년, 프랑스 왕립 회화·조각 아카데미(Académie royale de peinture et de sculpture)는 루브르 궁에서 첫 공식 '살롱전(Salon de Paris)'을 개최했다. 이 전시는 단순한 귀족을 위한 비공개 평가의 장에서 벗어나, **일반 시민에게 공개된 최초의 공공 미술 전시**라는 점에서 중요한 전환점을 이룬다. 전시회는 점차 대중적 규모로 확대되었고, **전시 이후 일부 작품은 공개적으로 판매되거나 경매에 부쳐지기 시작**했다.

공개 미술경매는 기존의 왕실이나 귀족 후원자에게 비공식적으로 판매되던 방식과 달리, **중산층 대중이 직접 예술작품을 구매자로 나설 수 있는 구조**를 창출했다. 이 경매는 보통 전시 종료 직후 살롱 내부나 인근의 경매장에서 이루어졌으며, 출품 작가와 경매 주최 측(아카데미 또는 민간 경매업자)이 일정 수수료와 조건을 합의한 뒤 경매가 진행되었다. 작품의 가격은 입찰자 간 경쟁을 통해 결정되었고, 이는 작품의 **시장 가치와 작가의 인기 척도**로 간주되었다. 또한 경매 절차에는 인쇄된 카

탈로그가 배포되어, 작품 제목, 작가명, 크기, 소재, 출품 위치 등이 명시되었다.

이러한 출판물은 당시의 **미술 마케팅 수단**으로 기능하였고, 후원자 및 중산층 수집가들이 정보를 얻는 데 기여하였다. 일부 작가들은 자신의 작품을 보다 유리한 위치(예: 중앙 벽면, 조명 근처)에 배치하거나, 경매 참여자들에게 선집을 돌리는 등 **자체적 마케팅 전략**을 시도하였다. 이는 현대 갤러리에서의 포지셔닝 전략과 유사하다. 예술경영적으로 보았을 때, 파리 살롱의 공개 경매 시스템은 다음과 같은 구조적 변화를 유도했다.

첫째, 예술가가 시장과 직접 연결되는 유통 채널이 열렸다. 이는 아카데미나 귀족을 거치지 않고 자율적으로 작업을 생산·판매할 수 있는 자율성의 확장이었다.

둘째, 작가 브랜드 가치와 시장가격 간의 연동이 강화되었으며, 이는 이후 개인전을 통한 자율적 경영 구조(19세기 말 인상주의자들의 독립전시)로 이어졌다.

셋째, 경매 성과가 비평이나 후속 의뢰에 영향을 주었기 때문에, 예술가는 상업성과 예술성의 균형을 스스로 관리하는 **문화경영자의 역할**을 수행하게 되었다.

이처럼 살롱전의 공개경매는 예술의 공공성과 자율성을 동시에 확대했으며, 그 안에서 예술경영은 작가, 기관, 소비자가 맞물리는 복합적 구조로 정착되기 시작했다.

파리 살롱의 작품 심사위원 제도: 예술의 제도화와 표준화

파리 살롱은 단순한 전시가 아니라, **국가적 권위에 기반한 예술제도**의 일환이었다. 따라서 출품작에 대한 **심사 기준과 절차**는 매우 중요했고, 이에 따라 18세기 후반부터 아카데미는 전시 전 사전 심사를 제도화했다. 심사위원단은 통상 아카데미의 정회원(membres titulaires)과 관련 기관의 고위 인사들로 구성되었다.

19세기 중반에 이르면, 심사위원은 20~30인 내외로 고정되었으며, 위원장은 종신직이나 장기직으로 운영되기도 했다. 이들은 비공개 회의에서 출품작을 심사했으며, 각 위원의 채점이 평점으로 환산되어 전시 허용 여부, 전시 위치(중앙 vs

벽면 상단), 훈장 부여 대상(명예 훈장 등)이 결정되었다.

심사 기준은 초기에는 주로 다음 기준에 따랐다.

역사화(histoire painting)를 최고 장르로 간주

종교, 신화, 국가의식에 부합하는 주제를 우대

고전적 구도와 비례에 입각한 형식을 지향

이후 낭만주의, 사실주의, 인상주의 등이 대두되면서 이러한 기준은 도전받았고, 이에 따라 살롱의 심사제도는 **보수적 관료제 vs 진보적 예술가 집단** 간의 갈등을 낳았다. 대표적 사건이 1863년 '낙선전(Salon des Refusés)'이다. 이 전시는 공식 심사에서 탈락한 작가들의 전시로, 모네, 마네, 피사로 등이 참여하였고, 이는 제도권 외 전시 모델의 출현을 의미한다.

심사위원 제도는 다음과 같은 경영적 구조를 지닌다.

품질 통제와 신뢰성 부여: 관객은 전시된 작품이 국가 승인 기관을 통과한 것이라 믿고 관람

권위 중심 구조: 특정 인물들이 미적 기준을 결정하며 예술계 권력을 재생산

시장에서의 인증 장치: 전시 이력이 작가 경력의 중요한 지표가 되어, 후속 판매나 후원에 결정적

결과적으로 이 제도는 예술작품의 공공성과 정당성을 제도적으로 보증했지만, 동시에 보수화, 양식의 정형화, 창작의 제한성 같은 부작용도 낳았다. 그러나 그럼에도 불구하고, 이 제도는 **현대 공공미술관과 비엔날레의 심사 메커니즘의 전신**으로 기능하였다.

2-6 런던 필하모닉 구독제의 수익 안정화

1813년, 런던 필하모닉 협회(London Philharmonic Society)는 '예술의 자율성과 경제적 지속가능성'이라는 문제에 대한 대안을 제시했다. 당시는 왕실 또는 귀족

후원에 의존하는 궁정음악 중심의 체제였으나, 필하모닉 협회는 **시민 후원에 기반한 독립형 음악단체**로서 창립되었다.

핵심은 연간 구독회원제(subscription system)이다. 초기 구독회원 수는 약 100명 내외였고, 연회비는 개인당 5기니(guineas)로 설정되었으며, 이들은 매시즌 8회 정도의 정기 연주회에 우선 입장권과 좌석 예약권을 가졌다. 좌석은 극장 내 사회적 지위에 따라 배치되었으며, 전면 중심 좌석은 추가 기부금 형태로 분리된 후원석으로 운영되기도 했다.

예측 가능한 수익 모델 확보: 구독 회원의 연간 회비는 단체 운영비(연주자 보수, 악보 인쇄, 리허설 공간 대관 등)에 직접 연결되었고, 티켓 판매 수입보다 안정적이었다.

관객과의 관계 강화: 회원에게는 시즌 프로그램 북, 초청 리허설, 내부 이벤트 참가 기회가 부여되어, 일회적 관객이 아닌 '공동체'로 연결되었다.

프로그램 기획의 시장 대응성: 구독회원의 의견이 프로그램 구성에 반영되어, 예술적 실험과 대중적 선호 간의 균형을 조정할 수 있었다.

예를 들어, 베토벤 교향곡 제9번 영국 초연(1825년)은 당시 구독회원의 요청과 후원을 바탕으로 기획되었으며, 이는 작품 선정과 연주 방향에 있어 관객의 역할이 강화된 사례이다. 또한 외국인 초청 연주자(하이든, 멘델스존 등)는 회원제 수익의 안정성 덕분에 초청이 가능했고, 이는 **국제 음악 교류 플랫폼**으로서 협회의 위상을 높였다.

이러한 시스템은 현대 오케스트라와 미술관의 '멤버십 모델'의 선구로 간주되며, 예술조직이 자율적 기획과 재정 독립을 달성하는 구조적 토대를 제공하였다. 필하모닉 협회의 사례는 예술경영이 **수익성, 관객 관계, 프로그램 전략**을 통합적으로 설계할 수 있음을 보여주는 대표적 성공 모델로 평가된다.

3 ▶▶ 산업혁명과 예술의 만남

18세기 중반부터 19세기 후반까지 이어진 산업혁명은 인류 역사상 가장 급진적인 변화의 시기였다. 이 시기에는 증기기관의 실용화, 대량생산 체계의 확립, 교통 및 통신 인프라의 발달, 도시화, 중산층의 부상 등 다양한 사회경제적 변화가 동시다발적으로 일어났다. 이 격변의 흐름은 예술계에도 심대한 영향을 미쳤으며, 기존의 귀족 중심 후원 체제에서 시장 중심 소비 구조로의 전환을 초래했다. 이른바 '예술의 산업화' 또는 '예술의 상업화'는 단순히 자본의 유입을 뜻하는 것이 아니라, 예술작품이 상품으로서 유통되기 시작했음을 의미한다.

예술경영의 관점에서 볼 때, 산업혁명은 예술을 창작-생산-유통-소비라는 일련의 과정 속에 위치시키는 '체계적 관리 프로세스'를 강화시킨 전환점이라 할 수 있다. 이 시기부터 예술은 작품 자체의 예술성 못지않게, 그것이 어떤 방식으로 생산되고, 누구에게 유통되며, 어떻게 감상되는지가 중요한 문제로 떠오르기 시작했다. 전통적인 후원 시스템이 해체되고 대중의 소비력에 기반한 전시 및 공연 모델이 확산되면서, 예술은 점차 대중의 욕망과 시장 논리에 조응해야 하는 상품이 되어갔다. 이 과정에서 등장한 두 가지 핵심 키워드는 '상업화'와 '표준화'다.

상업화는 예술작품의 유통과 소비가 귀족이나 종교권력이 아닌 자본과 시장에 의해 좌우된다는 것을 의미한다.

표준화는 예술작품의 질, 양식, 수용방식이 일정한 기준과 제도에 따라 평가되고 제시되며, 결국 시장의 질서 속에 편입된다는 것을 뜻한다. 이러한 변화는 파리의 살롱전과 런던의 필하모닉 협회 같은 제도 속에서 실질적인 형태로 나타났다.

본 장에서는 산업혁명이 예술경영에 끼친 구체적인 영향과 그 구조적 변화를 세 가지 사례를 통해 분석한다. 첫째는 프랑스의 파리 살롱전에서 도입된 공개 미술전과 경매 제도, 둘째는 작품 심사위원 제도를 통한 예술의 제도화, 셋째는 런던 필하모닉 협회의 구독회원제도(subscription system)를 통해 예술조직이 어떻게 안정적 수익구조를 확보했는지를 살펴볼 것이다. 이들 사례는 모두 상업화와 표준화라는 키워드가 예술경영 시스템 속에서 어떻게 작동하는지를 잘 보여주는 지표들이다.

4 ▶▶ 산업자본 시대 예술 상업화·표준화

산업혁명기의 가장 두드러진 특징은 '대량생산'과 '상품화'의 확대였다. 이는 단지 공산품에 국한되지 않고, 예술 영역에서도 유사한 양상이 나타났다. 예술이 더 이상 소수 특권층만을 위한 전유물이 아니라, 광범위한 중산층과 도시민들이 향유하고 소비할 수 있는 대상으로 재정의되기 시작한 것이다.

이 과정에서 예술은 철저히 '상품'의 지위를 부여받았고, 이는 예술경영 방식에 있어 구조적인 변화를 불러왔다.

첫 번째 변화는 예술의 생산방식이었다. 기존에는 예술가가 특정 후원자(귀족, 교회, 국왕 등)의 의뢰에 따라 창작 활동을 하였다면, 산업혁명 이후에는 불특정 다수를 대상으로 한 '시장 판매용 예술'이 확대되었다. 특히 판화, 삽화, 연극 포스터 등은 복제가 가능하다는 점에서 대량생산 체계에 적합한 예술 장르로 떠올랐다. 이는 곧 예술가가 시장을 겨냥해 작품의 주제와 형식, 심지어 가격까지 조절해야 하는 시대가 도래했음을 뜻한다.

두번째는 유통과 판매 시스템의 변화이다. 산업혁명 이전의 예술 유통은 주로 후원자나 특정 계층에게 직접 전달되는 형태였지만, 이후에는 갤러리, 전시장, 콘서트홀, 도서출판사, 신문 등이 유통 채널의 중심이 되었다. 18세기 후반부터 프랑스와 영국에서는 상업적 목적의 민간 화랑이 본격적으로 등장하였고, 이는 작가와 소비자를 연결하는 중개 시스템을 탄생시켰다.

이른바 '아트 딜러(art dealer)'의 역할이 본격화된 시기였다. 이들은 작가의 작업을 관리하고 마케팅하며 가격을 책정하는 등 현대 예술경영자의 시초로 평가받는다. 세번째는 소비 구조의 변화다. 산업혁명은 도시 인구의 폭발적인 증가와 중산층의 확대를 가져왔다. 중산층은 이전 계층과 달리 예술을 '구매'하거나 '관람'할 수 있는 경제적 여력을 갖췄으며, 이에 따라 예술시장은 본격적으로 대중화되기 시작했다. 콘서트홀과 오페라하우스, 살롱전과 민간 전시회, 도서 출판과 음악 음반 등은 모두 이 시기의 대중문화 기반 시설로 등장하였다. 이는 곧 예술의 향유 방식이 사적인 공간에서 공적 공간으로 이동했음을 의미한다.

이러한 상업화와 소비의 확대는 예술작품에 일정한 '표준'을 요구하기 시작했다. 특히 공공전시와 공연의 보편화는 예술을 판단하고 선별할 기준, 즉 제도화된 심사 시스템을 필요로 하였다. 표준화는 예술가의 창의성을 제한하는 요소로 작용하기도 했지만, 동시에 시장 내 경쟁과 품질 관리를 가능하게 해주는 도구로 기능했다. 예술가들은 이제 단지 창작만이 아니라, 제도적 승인과 관객의 호응, 언론의 평가 등을 통해 자신의 작업을 '검증'받아야 했다. 이는 예술을 단지 감상의 대상이 아니라, 평가와 선택, 판매의 대상으로 전환시키는 구조적 기반이 되었다. 다음 장에서는 이러한 변화가 가장 집약적으로 나타난 사례인 **파리 살롱전의 공개 미술 경매 시스템과 심사위원 제도**를 통해, 산업혁명기의 예술경영이 어떻게 구체적으로 제도화되고 상업화되었는지를 살펴볼 것이다.

5 ▶▶ 1970년대 공연장의 다목적 활용 전략과 실행 방식

1970년대 세계적인 경기 침체와 석유 파동은 정부의 문화 예산 축소로 직결되었고, 많은 공연장은 경제적 위기를 맞았다. 예를 들어, 미국 연방정부의 예술예산은 1973년 대비 1976년에 약 27% 삭감되었으며, 영국 예술위원회(Arts Council of

Great Britain)의 보조금도 1979년까지 실질 기준 약 20% 이상 감소했다. 이러한 상황은 공연장이 단일 기능 중심 운영에서 벗어나 **공간의 다목적화**(Multi-functional Use) 전략을 채택하도록 유도했다.

주요 실행 방식

무대 및 좌석 구조의 유연화

샌프란시스코 시민극장(Civic Theater)은 1976년 이동형 좌석 시스템을 도입해 연극, 콘서트, 강연 등 다양한 장르를 수용하게 되었다. 연간 평균 320회 공연 외에도 100회 이상의 비예술 이벤트(결혼식, 기업 세미나 등)가 개최되며 공간 활용도를 3배 이상 향상시켰다.

공간 분할 및 전용화

런던 사우스뱅크센터(Southbank Centre)는 기존 로열 페스티벌 홀의 로비 공간을 전시장으로 전환하여 'Open Space Series'라는 커뮤니티 전시를 시작. 이 공간은 연간 200회 이상의 비공연 이벤트를 수용하며, 연간 50만 명 이상의 관객이 비공연 목적으로 센터를 방문하게 만들었다.

복합 프로그램 구성

뉴욕 링컨센터는 1982년부터 'Lincoln Center Out of Doors' 프로그램을 시작. 야외 공연, 푸드트럭 페스티벌, 체험 워크숍을 묶은 융합형 이벤트로 구성되었으며, 1985년 단일 시즌 관람객 수가 35만 명을 초과하였다. 공연장 외부 공간 활용률이 70% 이상으로 확대되었다.

교육 및 시민 프로그램의 병행

비엔나 뮤직페어라인(Goldener Saal)의 경우, 정규 클래식 공연 외에 매주 3회 이상 유아 클래식 교육, 시민 클래식 해설회, 지역학교 협력 세션 등을 운영. 이러한 프로그램은 전체 관객 수의 15% 이상을 새로운 고객층으로 전환시키는 데 기여했다.

카페 · 서점 등 상업시설과의 연계 강화

바르셀로나의 L'Auditori 공연장은 공연과 병행해 전시·서점·레스토랑을 운영하며, 부대 수익이 전체 예산의 32%를 차지하게 되었다. 특히 공연 없는 월요일을 상업공간 중심 운영일로 설정하여 지속적 방문 유입을 유지하였다.

이러한 전략은 단순히 '생존형 경영'이 아닌, 지역 공동체 내 예술기관의 사회적 역할 확대와 관객 기반 다변화에 초점을 둔 경영혁신으로 평가받는다.

6 ▶▶ 다목적 운영 전략의 대표 사례 5선

1970년대 다목적 활용 전략은 각국의 주요 공연장과 예술기관들이 공간의 기능을 단순 공연에서 벗어나 교육, 전시, 커뮤니티 활동 등으로 확장하며 정착되었다. 이 전략은 단순한 예산 절감의 수단이 아니라, 예술기관이 지역사회와 지속적으로 상호작용하고, 관객 기반을 확대하며, 자생적 수익구조를 형성하기 위한 필수 경영 방식으로 발전했다. 다음은 대표적인 5개 기관의 구체적 사례이다.

1. 링컨센터 (Lincoln Center for the Performing Arts, 뉴욕)

개관: 1962년입주기관: 뉴욕필하모닉, 메트로폴리탄 오페라, 줄리어드 음악원 등 총 11개.

연간 약 3,000회 이상의 공연 및 이벤트 진행/연 방문객 수 약 500만 명.

1982년 시작된 'Lincoln Center Out of Doors'는 여름철 야외 페스티벌로, 공연, 워크숍, 지역 예술가 참여형 행사 등을 포함하며 연간 약 30만 명 관람.

David Rubenstein Atrium은 매주 무료 공연, 시민 포럼, 비영리단체 대관 공간으로 활용되며, 연 60만 명 이상이 방문.

2. 케네디센터 (Kennedy Center for the Performing Arts, 워싱턴 D.C.)

개관: 1971년 연간 관람객 수 약 2백만 명/입주 기관: 국립심포니오케스트라, 미국발레단 등.

'Millennium Stage'는 1997년부터 시작된 무료 데일리 공연 시리즈로, 2023년 기준 누적 공연 수 10,000회 이상, 관객 수 400만 명 돌파.

2019년 오픈한 부속 공간 'The REACH'는 교육 세미나, 창작 워크숍, 대중 강연, 시민 집담회 등 연간 약 350건 이상의 비공연 행사 진행.

비공연 이벤트 수익이 전체 예산의 약 38%를 차지.

3. 바비칸 센터 (Barbican Centre, 런던)

개관: 1982년연간 프로그램 수 약 2,500건/ 관람객 수 약 180만 명.

복합 구성: 콘서트홀, 연극장, 영화관, 현대미술관, 회의실, 공공도서관, 식음료 공간 등 다중시설 통합.

커뮤니티 프로그램 'Barbican Creative Learning'은 연간 약 60,000명에게 예술교육 및 시민 참여 기회를 제공.

비공연 관련 수익(행사 대관, 컨퍼런스, 식음료)은 전체 수입의 약 45% 차지.

4. 시드니 오페라하우스 (Sydney Opera House)

개관: 1973년 연간 방문자 수 약 850만 명/ 연간 공연 수 약 1,800건.

'Open House' 프로그램은 일반 시민을 위한 건물 전체 개방 행사로, 요가 세션, 푸드 마켓, 가족 체험 워크숍 등을 포함함.

다양한 커뮤니티 파트너십(예: First Nations, 청소년 문화단체)과 연계하여 공간을 다문화 교육 장소로도 활용.

2022년 기준, 전체 운영 예산 중 비공연 수익 비율 53% 기록 (레스토랑, 기념품샵, 공간 임대 포함).

5. 스미소니언 협회 - 허시혼 미술관 및 조각 정원 (Hirshhorn Museum and Sculpture Garden)

위치: 워싱턴 D.C. 설립: 1974년/ 운영 주체: 스미소니언 협회.

현대 및 컨템포러리 아트 전시에 더해, 'Hirshhorn Summer Series', 'ArtLab+', 'Teen Program' 등 교육·시민 대상 프로그램 다수 운영.

야외 조각 정원은 시민 피크닉, 라이브 음악, 토크 콘서트 공간으로 활용.

연간 약 120만 명 방문, 이 중 약 35~40%는 비전시 목적 참여자(공공행사, 가족교육, 지역 커뮤니티 활동 등).

이들 사례는 공연장이 단순한 예술 향유의 공간을 넘어, 지역 주민의 일상과 맞닿은 **복합문화플랫폼**으로 기능하며, 공간 전략이 예술경영에서 차지하는 전략적 가치와 영향력을 명확히 보여준다.

7 ▶▶ 4차 산업혁명: 디지털 전환과 예술경영의 재정의 (2000년~현재)

4차 산업혁명 시대, 예술경영은 단순히 물리적 공간 내 예술작품의 기획과 전시, 유통을 넘어 **디지털 플랫폼과 데이터 기반 참여 구조**를 중심으로 근본적인 변화를 겪고 있다. 이 시기 예술경영의 핵심 개념은 **플랫폼화**와 사용자 창작 콘텐츠(User Created Content, UCC)로 요약될 수 있으며, 이는 예술의 창작, 소비, 소유, 유통 전반의 시스템을 재구 조화하였다.

디지털 플랫폼화와 예술경영 구조의 변화

플랫폼 화란 특정 예술 콘텐츠가 단일 기관이나 장소에 국한되지 않고, 디지털 공간을 통해 복수의 주체와 연결되며 유통·소비되는 구조를 의미한다. 이는 과거

'작품 중심의 전시'에서 '경험 중심의 인터페이스'로 예술 유통의 구조를 이동시켰다. 플랫폼화는 크게 세 가지 방식으로 예술경영에 영향을 주었다.

접근성과 확장성의 비약적 증가: Google Arts & Culture는 대표적인 디지털 플랫폼으로, 2024년 기준 전 세계 80개국, 2,000개 이상의 미술관 및 문화기관과 협업하고 있다. 루브르박물관, 뉴욕 현대미술관(MoMA), 베를린 필하모닉, 국립민속박물관, 영국 내셔널갤러리 등 주요 기관들이 포함된다.

디지털 아카이브 기반 유통 구조: Google은 협업 기관의 고해상도 작품 이미지를 아카이빙하여 AI 검색 기능, 가상현실(VR) 전시, 거리 기반 스토리텔링(Street View Cultural Tours) 등을 통해 새로운 콘텐츠 큐레이션 방식을 도입했다. 이는 미술관 내부 관람을 넘어서 글로벌 접속형 관람이 가능하게 하였으며, 팬데믹 기간 중 평균 일일 방문자 수 200만 명 이상을 기록했다.

데이터 중심 기획 전략 강화: 플랫폼은 관람자의 검색 패턴, 클릭 수, 체류 시간 등 데이터를 분석해 인기 작품과 주제, 소비 트렌드를 실시간 파악하고 이를 바탕으로 전시 방향을 역제안하는 기능까지 갖췄다. 이는 전통적인 큐레이터 중심 구조에서 벗어나, 데이터 기반 공동 기획 시스템으로의 전환을 이끌었다.

UCC 기반 예술소비와 예술조직의 참여 전략 변화

UCC(User Created Content)는 TikTok, YouTube, Instagram 등에서 대중이 스스로 창작한 콘텐츠를 예술 형태로 유통하고 소비하는 구조를 의미한다. 예술기관은 이 흐름을 외면할 수 없었으며, 다음과 같은 구조적 변화를 겪었다.

사용자 참여형 큐레이션 도입: 테이트 모던(Tate Modern)은 2018년 '소셜 큐레이터 캠페인'을 통해 일반 관람객의 추천을 반영한 전시를 기획했다. 참여자 수는 5만 명을 넘어섰으며, 20~30대 관람객 비율이 크게 증가하였다.

디지털 아트 챌린지: 프랑스 오르세미술관은 '#MyOrsay' 해시태그 캠페인을 통해 관람객이 자신의 일상 사진을 인상주의 작품과 비교하며 업로드하게 함으로

써 디지털 참여 기반 전시 경험을 창출했다.

콘텐츠 생산자와 소비자의 경계 붕괴: 대영박물관(British Museum)은 2021년부터 소셜 콘텐츠를 기반으로 관람객이 직접 제작한 작품을 온라인 전시공간에 전시하는 '참여형 온라인 갤러리(Participatory Online Gallery)'를 운영하였다.

이러한 구조는 예술조직이 기획 중심 조직에서 플랫폼 운영조직으로 진화하는 계기가 되었으며, 예술경영의 핵심 역량이 '콘텐츠 개발'에서 '관계 설계'로 이동했음을 의미한다.

AI 기반 큐레이션과 맞춤형 예술 경험의 도래

4차 산업혁명의 핵심인 인공지능(AI)은 예술경영에도 깊이 침투하며 큐레이션 전략을 구조적으로 바꾸고 있다. AI는 단순히 반복 작업을 자동화하는 데 그치지 않고, 관람객의 취향을 학습하고, 그에 기반해 작품을 제안하는 맞춤형 큐레이션(personalized curation)으로 발전하고 있다.

대표적인 사례로는 다음과 같다.

Artsy: 세계 최대 디지털 아트 마켓 플랫폼 중 하나인 Artsy는 100만 점 이상의 작품을 보유하고 있으며, AI 추천 알고리즘을 통해 사용자 구매 및 검색 이력을 분석해 개인화된 작품을 제시한다. 알고리즘은 협업 필터링(collaborative filtering)과 컨텍스트 기반 분석(contextual recommendation)을 조합한다.

Smartify: 런던에서 시작된 이 앱은 사용자가 미술관에서 작품을 스캔하면 해당 작품의 설명과 작가 정보, 관련 작품을 제공하며, 이후 사용자 검색 및 위치 기반 패턴을 분석해 전시 추천을 제공한다. 현재 MoMA, 루브르, 리이크스뮤지엄 등 150여 개 기관과 제휴하고 있다.

MoMA AI 큐레이터 실험: 뉴욕 현대미술관은 2022년부터 IBM Watson과 협업하여 'AI 큐레이터 보조 시스템'을 개발했다. 전시 도록, 작가 인터뷰, 관람객 리뷰 등의 텍스트 데이터를 학습하여 특정 테마 전시에 적합한 작품을 제안하는 기능을 구현했다.

이러한 시스템은 다음과 같은 예술경영적 의미를 갖는다.

관객과의 지속적 관계 설계: 데이터 기반 큐레이션은 한 번의 방문이 아닌 반복적 접속과 참여를 유도함.

맞춤형 콘텐츠 생산: 기존 일률적 전시 구성에서 벗어나 '개인별 큐레이션'이라는 새로운 기획 방식을 제시.

작품 접근성 향상: 관람객의 이해 수준과 선호도에 맞춘 설명과 작품 제안으로, '배제되지 않는 경험'을 제공함.

AI 큐레이션은 예술을 더 많은 이에게 '맞춤화된 이야기'로 전달하고 있으며, 미래 예술경영에서 필수 전략이 될 것으로 평가된다.

NFT 아트마켓과 디지털 소유권의 혁신

NFT(Non-Fungible Token)는 블록체인 기술을 기반으로 한 디지털 자산의 일종으로, '고유성'을 보장하는 것이 핵심이다. 2020년 이후 디지털 아트 시장에서 NFT는 예술작품의 새로운 유통 구조이자 소유권 구조로 자리 잡았다.

OpenSea: 세계 최대 NFT 마켓플레이스로, 2021년 한 해 거래액 140억 달러를 기록. 사용자는 메타마스크(MetaMask)와 같은 지갑을 통해 NFT를 구매·판매하며, 스마트 계약(smart contract)을 통해 소유권과 수익 배분이 자동화된다.

SuperRare: 고급 디지털 아트 중심의 NFT 플랫폼. 작가 선별 심사를 거쳐 입점하며, 작품은 경매 또는 고정가로 판매된다. 모든 거래에는 작가에게 10%의 2차 판매 수수료가 자동 귀속된다.

Foundation: 예술가 중심의 소셜 기반 NFT 유통 플랫폼. 기존 예술 커뮤니티와 연결된 작가들을 중심으로 디지털 작품을 유통하며, 창작자 지향적 수수료 체계를 갖춘다.

8 ▶▶ NFT가 예술경영에 끼친 영향

작가의 권리 강화: 과거 미술시장은 2차 거래에서 작가에게 수익이 돌아가지 않았으나, NFT는 스마트계약을 통해 작가에게 지속적 로열티를 보장한다.

유통의 분산화: 갤러리, 옥션 중심의 유통 구조에서 벗어나, 소비자와 직접 거래하는 P2P 기반 유통 가능.

글로벌 동시 유통 가능성: 플랫폼 기반으로 시간과 공간의 제약 없이 판매 가능.

Beeple의 Everydays와 2025년 재판매 시스템

Beeple(본명: Mike Winkelmann)의 디지털 작품 "Everydays: The First 5000 Days"는 2021년 크리스티(Christie's) 경매에서 6,930만 달러에 낙찰되며 NFT 아트 시장의 전환점을 만들었다. 해당 작품은 블록체인 상에 단일 NFT로 기록되어 최초로 세계적인 경매사에서 인정받은 디지털 예술의 대표 사례다. 2025년, 이 작품은 2차 시장에서 재판매되었고, 스마트 계약에 따라 판매 금액의 15%가 작가에게 자동 귀속되었다. 이는 기존 미술시장과 다음과 같은 결정적 차이를 보여준다:

기존 시스템: 전통 경매 및 갤러리에서는 2차 판매 시 수익이 전적으로 소유자 또는 유통사에 귀속됨. 작가는 1차 판매 이후 수익을 얻을 수 없음.

NFT 시스템: 재판매될 때마다 일정 비율의 수익이 작가에게 자동 분배됨(로열티 모델). 이는 작가에게 지속가능한 수입원을 제공하며, '작가 권리의 제도화'로 연결됨.

Beeple의 사례는 NFT 기반 예술경영이 예술가 중심 경제(creator economy)의 실질적인 기반이 될 수 있음을 입증하며, 향후 예술시장 및 예술경영 전반에 장기적인 전환을 예고한다.

메타버스 기반 전시와 가상공간의 확장 전략

4차 산업혁명 이후, 예술경영은 가상현실(VR)·증강현실(AR) 기술을 활용하여 물리적 공간의 제약을 극복하고, 디지털 공간 위에 새로운 관람 경험을 창출하는 방식으로 진화하고 있다. 메타버스(metaverse)는 이러한 디지털 공간 확장의 핵심적 매개체로서, **전시·공연·교육의 새로운 무대**로 기능하고 있다.

메타버스 전시 사례: 디센트럴랜드(Decentraland)와 **크립토복셀(Cryptovoxels)** 플랫폼에서는 2021~2023년 사이 수백 건의 NFT 전시회와 디지털 퍼포먼스가 열렸다. 예를 들어, 'Museum of Crypto Art(MOCA)'는 가상 갤러리를 상시 운영하며 아티스트가 자신의 공간을 직접 디자인하고 관람객과 실시간 교류할 수 있도록 한다. Team-Lab은 자체적으로 몰입형 디지털 전시를 구축해 메타버스형 온라인 전시를 확대하였다. 'teamLab Planets' 전시는 실제 전시장 방문 외에도 AR 기반 실시간 관람 기능을 통해 전 세계 사용자와 실시간 상호작용을 제공한다.

예술경영에 미친 영향: 공간 설계가 무형화되며 디지털 공간 큐레이터와메타건축가(Meta-architect)의 역할이 대두되었다.

운영비 절감 효과: 메타버스 전시는 물리적 설치비, 운영비, 유지비가 대폭 축소되며 소규모 기관도 실험적 전시에 도전할 수 있게 했다.

관람자 데이터 분석: 아바타 이동 경로, 체류 시간, 반응 등의 로그 데이터를 기반으로 **디지털 행태 기반 큐레이션 전략**이 가능해졌다.

디지털 트윈 기술과 가상 예술공간의 현실 복제

디지털 트윈(Digital Twin)은 현실의 공간, 객체, 건축 구조를 디지털 환경에 정밀하게 복제하는 기술로, 문화예술 분야에서는 **건축물 · 유적 · 전시장 재현, 보존 · 교육 · 복원** 등 다양한 목적으로 활용되고 있다.

루브르 박물관 디지털 트윈: 2021년부터 전시실 내부 구조를 정밀 디지털화하여 관람객은 메타버스를 통해 실제 동선에 따라 전시를 체험할 수 있도록 구현하였다. 이는 시각장애인·고령자 등 물리적 접근이 어려운 계층의 접근권을 확대했다.

한국문화재재단 AR/VR 콘텐츠 사업: 경복궁, 덕수궁, 수원화성 등 유적지를 디지털 트윈으로 복제하고, 가상공간에서 고대 복원도를 기반으로 '과거의 궁궐'을 재현하는 프로그램을 개발하였다.

예술경영적으로 이는 다음과 같은 변화로 연결된다.

기록 중심에서 재창조 중심의 콘텐츠 확장

장애인, 해외 관람객 등 비대면 접근권 확대

문화자산의 디지털 보존과 학술활용 가능성 증대

AR/VR 기반 공공예술 프로젝트의 확산

증강현실(AR)과 가상현실(VR)은 공공예술의 방식에도 영향을 미쳤다. 특히 도심 공간에서의 예술 접근성을 강화하며, 물리적 설치물이 없는 '비물질적 예술 행위'가 가능하게 되었다.

Artivive: 오스트리아에서 개발된 이 플랫폼은 아날로그 작품에 스마트폰을 비추면, 해당 작품 위에 디지털 이미지·영상이 덧입혀지는 방식이다. 2022년까지 전 세계 190개 도시에서 7,000여 건의 AR 전시가 열렸다.

ReBlink (Art Gallery of Ontario): 기존 명화에 AR로 현대적 오브제를 덧씌워 '고전 회화와 현대 사회의 대화'를 실현한 공공 프로젝트로, 청년층 참여율을 200% 증가시켰다.

Snap x London Design Festival: 스냅(Snapchat)은 런던 디자인 페스티벌과 협업해 도심 곳곳에 위치한 조형물에 AR 콘텐츠를 삽입하여 스마트폰을 통해만 볼 수 있는 공공예술을 구현했다. 이러한 프로젝트는 공공 공간이 예술의 '전시장'이 되는 동시에, 기술을 매개로 하는 **시민 참여형 창작 구조**를 가능케 했다. 또한 비영구적·가변적 콘텐츠 운영이 가능하다는 점에서 지속가능한 예술정책 수립에도 유리한 구조로 작용한다. (이로써 4차 산업혁명기의 디지털 전환에 따른 예술경영 변화는 플랫폼화, 맞춤형 데이터 큐레이션, NFT와 디지털 자산 유통, 메타버스와 공공예술의 융합 등 총체적 전환으로 요약된다.

9 ▶▶ 종합 정리 및 미래 예술경영의 방향성

앞서 다룬 바와 같이, 4차 산업혁명 시기의 예술경영은 단순한 기술 도입을 넘어 예술 조직의 정체성과 운영 구조 전반을 재설계하는 수준으로 확장되었다. 플랫폼화는 유통 구조를 전면적으로 재편했고, 사용자 생성 콘텐츠(UCC)는 관객과 예술가의 경계를 허물었으며, NFT·AI·메타버스·디지털 트윈 기술 등은 창작과 소비를 동시에 구조화시켰다.

이러한 흐름을 통합적으로 요약하면 다음과 같다.

1) 예술조직의 구조 재편

- 기존의 전시 중심, 큐레이터 중심 구조에서 플랫폼 운영자 중심, 데이터 분석 기반 기획으로 이동
- 내부 조직은 큐레이터, 홍보, 예매 담당자에서 → 데이터 분석가, 사용자 경험 설계자, 기술 기반 제작자로 다변화
- 운영자는 '예술 콘텐츠'의 소유자가 아닌 '접속 환경'을 설계하는 관리자 역할을 수행

2) 기획자 및 예술경영자의 역량 전환

- 전통적 기획 역량(기획안 작성, 예산 편성) 외에도 다음 능력이 요구됨:
- 디지털 인터페이스 설계 및 운영
- 관람자 행태 데이터 분석 및 활용
- NFT 및 블록체인 기술에 대한 기초 이해
- 플랫폼별 알고리즘 이해를 바탕으로 한 전시 연계 전략 수립

3) 정책 방향 및 공공예술 전략의 재정립

- 예술의 디지털화는 단순한 전환이 아니라 **접근권의 민주화**를 가능케 하는 방향으로 작동
- 미래 정책은 '예술의 생산 지원'에서 '예술의 유통 인프라 설계'로 전환될 필요가 있음
- 정부·지자체는 물리적 공연장 제공에서 → 디지털 창작자 지원, 메타버스 공간 운영, 데이터 기반 행정으로 이동해야 함

4) 미래 전망

- AI 큐레이션은 점차 자동화된 '전시 기획 보조 도구'로서 정착될 것이며, 기획자는 AI의 결과를 해석하는 '의미화 전문가'로 기능
- NFT는 예술가의 자산권 구조를 재정의하며, 향후 공공미술, 시민예술 영역까지 확대될 가능성 존재
- 디지털 공간은 예술의 제3의 무대로 정착되며, 물리 공간의 부재를 대체하는 것이 아니라 **보완적 확장영역**으로 작용

결론적으로, 4차 산업혁명기의 예술경영은 "기술을 도구로 예술의 사회적 가치를 확장하는 전략"으로 정의될 수 있으며, 향후 예술가·기획자·정책담당자 모두는 **디지털 리터러시, 플랫폼 운영역량, 창작자 권리보장 체계**에 대한 깊은 이해를 바탕으로 새 시대를 준비해야 한다.

Chapter 2 문화와 예술의 공공성

1 ▶▶ 문화예술의 정의

문화예술은 인간이 가진 창의적 능력을 바탕으로 개인적 감정, 지식, 경험 및 사회적 가치와 철학적 사고를 시각, 청각, 공연, 문학 등 다양한 매체를 통해 표현하고 소통하는 행위이다. 이는 단순히 개인적 표현을 넘어서 한 시대의 사회문화적 맥락, 역사적 흐름과 철학적 담론들이 중첩된 복합적 결과물이며, 인류의 삶과 밀접한 관계 속에서 지속적으로 발전해왔다. 또한 문화예술의 의미는 특정 시기나 맥락에서만 고정된 것이 아니라, 창작자의 의도, 관람자의 경험, 사회적 및 역사적 환경 등 다양한 요소들의 상호작용을 통해 끊임없이 재구성된다. 따라서 관람자 개인의 정체성, 문화적 배경 및 시대적 상황에 따라 작품은 다층적이고 다원적인 해석의 가능성을 제공하며, 이러한 역동성은 삶의 다양한 층위에서 중첩되고 교차하는 경험과 비슷한 구조를 지닌다. 문화예술의 공공성과 관련하여 가장 중요한 쟁점은 문화예술이 공공재(public good)인가 시장재(private good)인가 하는 논쟁이다. 공공재는 비배제성과 비경합성을 특징으로 하며 이는 문화예술의 본질과도 부합한다.

비배제성 (Non-excludability)

비배제성이란 어떤 사람이 특정 재화를 소비하거나 이용하는 것을 **막을 수 없는 성질**을 의미한다.

예를 들어, 공원이나 거리의 가로등, 공공 도로 등은 특정한 개인만 이용하지 못하게 제한할 수 없으며, 누구나 자유롭게 이용할 수 있다.

비경합성 (Non-rivalry)

비경합성이란 한 사람이 어떤 재화를 소비하더라도 **다른 사람의 소비를 방해하지 않는 성질**을 의미한다.

예를 들어, 한 사람이 거리의 가로등 불빛을 이용한다고 해서 다른 사람이 그 빛을 이용하지 못하는 것이 아니며, 동시에 여러 사람이 함께 사용할 수 있다. 공동체 전체가 향유할 수 있는 가치이며 소수에게만 귀속될 수 없는 공공적 성격을 지닌다.

반면 시장재는 가격 메커니즘에 따라 접근이 제한되며, 문화예술이 상품화되었을 경우 이러한 공공성은 훼손될 위험이 크다. 이는 문화예술정책이 국가별로 시장 메커니즘과 공공정책 사이에서 어떻게 균형을 맞출 것인가에 대한 전략적 선택을 요구한다. UNESCO는 2005년 『문화 표현의 다양성 보호 및 증진 협약(Convention on the Protection and Promotion of the Diversity of Cultural Expressions)』을 통해 문화예술의 공공성을 국제적 기준으로 명확히 했다. 이 협약은 문화표현의 다양성이 인류 전체의 공통유산임을 인정하며, 각국은 문화다양성을 보호하고 진흥할 책임을 진다고 명시하였다. 특히 디지털 전환 시대에 표현의 다양성을 저해할 수 있는 상업적 플랫폼 독점 문제에 대응하기 위한 정책 권고를 포함하고 있다.

1-1 중첩된 삶과 문화예술의 연결

창작의 중첩성

창작 활동은 창작자가 가진 다양한 문화적 경험, 개인적 정체성, 사회적 이해를 통합적으로 반영하여 예술적 표현을 더욱 심화시키는 과정이다. 특히 다문화적 배경의 작가가 서로 다른 문화적 요소를 결합하여 작품을 창조하는 경우, 예술 작품은 개인적 창작을 넘어서 보다 넓은 사회적 의미를 담아내게 된다.

감상의 중첩적 경험

감상은 개인의 내적 경험, 기억, 사회적 관점 등이 예술 작품과 교차하며 새로운 의미를 창출하는 과정이다. 작품의 해석은 관람자의 배경과 경험에 따라 변화하며, 작품과 감상자의 상호작용 속에서 끊임없이 새로운 의미가 생성된다.

관계와 예술의 중첩

문화예술은 개인과 공동체 사이의 관계를 연결하고 강화하는 사회적 매개로 기능한다. 사회적 이슈나 공동체의 정체성을 다룬 예술 작품은 사람들 간의 공감과 소통을 촉진하며, 사회적 문제에 대한 깊은 성찰과 새로운 이해의 기반을 제공한다.

본질적 가치의 탐구

문화예술은 인간 삶의 본질적 가치와 철학적 질문을 탐색하는 데 중요한 역할을 한다. 예술 작품을 통해 사람들은 존재론적 고민과 삶의 본질에 대한 깊은 성찰을 수행하며, 인간의 본질과 삶의 의미에 대한 깊은 통찰을 얻게 된다.

1-2 중첩된 삶이 문화예술에 미치는 영향

자존감과 정체성 확장

중첩된 삶은 예술 창작자가 자신의 다양한 경험과 정체성을 작품으로 표현하게 하며, 이는 창작자의 자존감 향상과 정체성 확장에 기여한다. 또한 감상자는 작품을 통해 자신의 삶과 감정을 재조명하고 내적 성장을 경험할 수 있다.

메타인지적 사고 강화

중첩된 삶은 감상자가 예술 작품을 비판적이고 성찰적으로 바라보게 하며, 개인적, 사회적 맥락과 연결하여 보다 심도 있는 메타인지적 사고를 유도한다. 이를 통해 예술 작품은 단순한 관람을 넘어 통찰과 반성의 과정으로 자리 잡게 된다.

정서적 경험의 심화

문화예술은 깊은 감정적 경험을 제공하며, 이를 통해 다이놀핀과 같은 긍정적 신경화학적 반응을 촉진한다. 이는 예술 작품을 통해 얻을 수 있는 감정적 만족과 성취감을 극대화한다.

창의적 자유와 혁신성

중첩된 삶은 창작자에게 고정된 규범에서 벗어나 다양한 관점과 접근 방식을 자유롭게 탐색하도록 독려한다. 이러한 자유는 보다 혁신적이고 창의적인 예술 작품이 탄생하는 기반이 된다.

1-3 중첩된 삶과 문화예술의 실천

창작 활동

다양한 삶의 경험과 시공간적 맥락을 창작물에 적극적으로 반영하고 표현하여 개인적, 사회적 메시지를 전달한다.

감상 활동

개인의 경험을 바탕으로 작품을 심도 있게 해석하고, 작품이 담고 있는 사회적 의미와 철학적 질문을 탐구한다.

관계 형성

예술을 통한 공동 창작이나 사회적 상호작용을 통해 타인과의 관계를 형성하고, 사회적 이슈에 대한 공감과 소통을 촉진한다.

예술과 삶의 통합

일상생활에 예술적 사고를 적극적으로 도입하여 삶을 더욱 풍요롭고 창의적으로 만들며, 삶의 문제를 새로운 관점에서 해결하는 실천을 추구한다.

2 ▸▸ 공공성이란

공공성은 단순히 국가가 제공하는 서비스의 개념을 넘어, 시민사회와 공동체의 의사결정 및 자원분배 방식 전반에 걸친 철학적·사회적 기준이다. **철학적 공공성** 개념의 핵심은 하버마스의 공론장(public sphere) 개념에 있다. **하버마스**는『공론장의 구조변동』에서 근대시민사회에서 형성된 비국가적이면서도 비시장적인 담론 공간이 공공성의 근간이라고 분석하였다(Habermas, 1962). 이 공간은 시민 개개인이 평등한 자격으로 참여하여 비판적 담론을 형성하고 사회 전반의 의사결정에 영향을 미치는 장이다. 아렌트는『인간의 조건』에서 인간 행위의 조건으로 공적 공간을 제시하고, 타자와의 관계 속에서 나타나는 '행동'이 공공성을 구성한다고 설명하였다.

2-1 사회적 공공성: 도서관·공원 등 사회기반시설 운영 원리

사회적 공공성은 시민의 **삶의 질 향상과 공동체의 지속 가능성**을 목적으로, 누구나 자유롭고 평등하게 접근할 수 있는 공공서비스와 사회기반시설을 **제공 · 운영하는 원리**를 의미한다. 이 개념은 헌법이 보장하는 **인간의 존엄성과 사회권 실현**을 기반으로 하며, 공공기관의 운영 철학이자 실천 방식으로 기능한다.

사회적 공공성의 핵심 원리는 다음과 같다.

① 누구에게나 열려 있어야 한다.

② 다른 사람과 함께 사용해도 소비가 줄어들지 않아야 한다.

③ **비용 부담 없이 제공**되거나, 매우 낮은 비용으로 제공되어야 한다.

2-2 도서관의 사회적 공공성 실현 구조

공공도서관은 지식 접근과 평생교육을 보장하기 위한 대표적인 사회기반시설이다. 대한민국『도서관법』제2조 제4호에 따르면, 공공도서관은 "지역주민에게 지식정보·문화 서비스를 제공하기 위해 국가 또는 지방자치단체가 설립·운영하는 도서관"으로 정의되어 있다.이러한 도서관은 단순히 책을 빌리는 장소가 아닌, 지역사회의 **정보 균형, 문화 향유, 시민의식 함양**을 위한 복합 문화거점으로 기능한다. 최근에는 디지털 정보 접근, 독서문화 프로그램, 장애인·다문화 이용자 특화서비스 등 **사회적 약자에 대한 포괄적 서비스**를 확대하고 있다.

운영 측면에서 공공도서관은 다음과 같은 원리를 따른다.

보편성: 모든 연령·계층에게 동등한 이용 기회를 제공한다.

지속성: 국가 재정 또는 지방재정을 통해 안정적으로 운영되며, 민간 수익성에 좌우되지 않는다.

접근성: 지역별 균형 배치를 통해 교통 약자도 접근 가능하도록 설계한다.

또한 공공도서관은 디지털 정보격차 해소를 위한 정보화 기반시설로도 인정받고 있다. 예를 들어, 서울시는 2023년 기준 공공도서관 내 인터넷 기반 학습 공간과 PC, 전자도서관 이용권을 확대하고 있다.

2-3 미술관의 사회기반시설로서의 공공성

공공 미술관은 예술작품의 수집, 보존, 연구, 전시, 교육을 통해 국민의 문화적 권리를 증진시키는 사회기반시설이다. 『문화예술진흥법』 제12조에 따르면, 국립 또는 공립 미술관은 문화예술의 보급 및 향유 기회를 제공하기 위해 국가 또는 지방자치단체가 설치·운영하는 시설로 정의되어 있다. 공공 미술관은 단순히 예술품을 관람하는 공간이 아니라, 문화민주주의 실현과 지역문화 진흥의 핵심적 거점으로 작동한다. 시민 누구나 예술을 향유할 수 있는 환경을 조성함으로써, 사회적 계층이나 소득 수준에 관계없이 문화 접근권을 보장하는 역할을 수행한다.

특히 공공 미술관은 다음과 같은 공공적 기능을 갖는다.

보편성: 전시 및 교육 프로그램이 모든 시민에게 열려 있으며, 무료 또는 저렴한 비용으로 제공되어 문화 격차를 해소한다.

포용성: 어린이, 고령자, 장애인, 다문화 가족 등 사회적 약자를 위한 맞춤형 관람 프로그램과 교육 콘텐츠를 개발한다.

지속가능성: 국가 예산이나 지방재정을 통해 안정적인 운영이 가능하며, 민간 자본에 종속되지 않는 독립적 문화기관으로서 기능한다.

공공교육: 학교와 연계한 교육프로그램, 작가와의 만남, 체험 워크숍 등을 통해 예술적 사고와 창의성 교육을 실현한다.

또한, 공공 미술관은 지역 커뮤니티 활성화의 플랫폼으로 작용하며, 특정 계층의 전유물이던 예술을 시민의 일상 속으로 확장시키는 데 기여하고 있다. 예컨대 국립현대미술관(MMCA)은 서울, 과천, 청주, 덕수궁 등 여러 거점을 통해 지역 분산형 접근을 실현하며, 다양한 연령과 관심사를 가진 시민들이 참여할 수 있는 프로그램을 운영하고 있다. 이처럼 공공 미술관은 단순히 작품을 소장·전시하는 공간을 넘어, 문화 향유의 기회를 평등하게 보장하고 사회 통합을 유도하는 복합적 문화공간으로 기능하고 있다. 결과적으로 공공 미술관은 지식 기반사회에서의 핵심 사회기반시설로서 공공성을 실질적으로 구현하는 대표적 사례라 할 수 있다.

2-4 국제기준과의 연계: UNESCO 『2005년 문화다양성 협약』을 중심으로

문화예술이 공공성과 시장성이라는 이중적 속성을 지닌다는 논의는 단지 국내적 정책 틀에서만 의미를 갖는 것이 아니다. 이 문제는 국제사회에서도 지속적으로 다뤄져 왔으며, 그 핵심적 기준은 유네스코의 『2005년 문화 표현의 다양성 보호 및 증진에 관한 협약(Convention on the Protection and Promotion of the Diversity of Cultural Expressions)』이다. 이 협약은 문화예술을 단순한 상품이나 서비스가 아닌, 정체성과 의미, 가치가 결합된 독자적인 표현으로 간주한다. 이에 따라 협약은 문화다양성을 보호하고 증진하는 것이 인류의 공통된 책무이며, 국가의 문화정책 수립 및 실행에 자율성을 부여해야 한다고 명시하고 있다.

이러한 입장은 예술을 공공재로 인식하는 철학과 직접적으로 연결되며, 문화정책은 단순히 경제적 효율성에 종속되어서는 안 된다는 점을 강조한다. 실제로 협약 제6조는 "문화 표현의 다양성을 보호하고 증진하기 위해 문화정책을 수립하고 시행할 수 있는 주권 국가의 권리"를 보장하고 있으며, 이는 시장 개방 압력 속에서도 각국이 자국의 문화적 고유성을 유지할 수 있는 국제법적 근거를 마련해 준다. (또한 『디지털 환경 내 협약 이행 운영지침(2017)』에서는 디지털 기술의 확산이 문화표현의 다양성을 촉진하기도 하지만, 동시에 플랫폼 독점과 알고리즘 편향에 따른 획일화를 초래할 위험이 있다고 지적하며, 국가가 디지털 환경에서도 공정한 접근과 창작 지원을 지속해야 한다고 제안한다.)

한국은 2010년 이 협약을 비준하였으며, 이후 문화다양성 보호 및 창작자 권리 보장, 지역 간 예술 향유 격차 해소 등을 문화정책의 핵심 가치로 포함해 왔다. 대표적으로 '문화다양성 보호 및 증진을 위한 4년 주기 국가보고서(Quadrennial Periodic Report)를 2012년부터 4차례 제출하며, 국가 차원의 이행 상황을 유네스코에 보고하고 있다.

보고서에는 지역문화 격차 해소, 문화소수자 참여 확대, 청년 및 이주민 대상 예술교육 정책 등이 포함되어 있다. 요컨대, 『문화다양성 협약』은 문화예술을 시장 논리로부터 만 평가하지 않고, 공공성과 사회적 가치, 표현의 자유를 지키기 위한 국제적 방어선 역할을 한다. 문화예술의 정의가 창작, 유통, 향유를 포함하는 다층적 개념이라면, 이 협약은 그러한 과정을 각국이 보호하고 장려할 수 있도록 보장하는 국제규범적 기반인 셈이다.

2-5 사회통합: 예술을 통한 공동체 회복

개념 정의: 사회통합은 문화예술을 통해 사회적 분절을 극복하고, 소외된 집단과 주류 사회가 상호작용할 수 있는 접점을 형성하는 과정이다. 이는 예술의 감성적·관계적 특성이 시민 간의 이해와 공감을 촉진하는 도구로 기능할 수 있다는 데에서 출발한다.

정책적 맥락: 문화체육관광부는 「문화다양성 기본계획」에서 문화예술의 기능을 "단순한 향유를 넘어서 사회적 연대와 통합, 시민 공동체 형성의 기제로 확대" 해야 한다고 명시하고 있으며, 이는 다양한 공공문화예술사업에서 실현되고 있다.

실제 사례

서울문화재단의 **'예술로 회복'** 프로젝트는 코로나19 팬데믹 이후 시민들의 정서 회복과 지역 공동체 활성화를 위해 예술가와 주민이 함께하는 프로그램을 운영하였다. 경기문화재단의 **'커뮤니티 아트 지원사업'**은 탈북민, 농촌 고령자, 청년 실업자 등 지역 기반 공동체 구성원과 예술가가 함께 문제를 탐색하고 창작하는 프로젝트로 확산되었다.

의의와 과제

예술이 공동체 재구성의 도구로 작동하기 위해서는, 예술가와 기관이 **일방적 공급자**가 아니라, 주민과 공동기획자(co-creator)로 협력해야 한다. 이 과정에서 생기는 갈등과 견해 차이를 조율하는 **예술적 중재 능력과 사회적 감수성** 또한 제도적으로 인정받아야 한다. 이처럼 문화예술의 공공성은 단순한 접근 보장이나 예술 공급을 넘어, **문화적 권리 실현 · 다양성의 구조적 인정 · 공동체적 상호작용**을 통해 실질적으로 확장되고 있으며, 이는 현대사회의 복합성과 불평등 속에서 예술이 수행할 수 있는 **사회적 기능의 재정의이자 실천의 장**이라 할 수 있다.

2-6 포스트모더니즘의 공공적 의미

포스트모더니즘은 다양성, 다원성, 상대성을 중시하며, 기존의 중심 담론이나 권위를 해체하는 데 관심을 둔다. 이러한 해체적 성격은 공공성에 있어 다음과 같은 특징을 만들어낸다.

공공담론의 다원화

포스트모더니즘은 하나의 정답이나 권위 있는 목소리를 인정하지 않기 때문에, 다양한 집단의 의견, 주변부의 목소리, 소수자의 존재를 공공 담론 안으로 끌어들이려는 경향이 강하다. 즉, '누구나 말할 수 있는' 공공영역을 지향한다.

공공 공간의 탈중심화

전통적으로 공공성은 국가나 제도 중심으로 논의되었지만, 포스트모더니즘은 이러한 중심 권위를 해체하고, 비제도적 공간과 일상 속에서도 공공적 의제가 형성될 수 있다고 본다.

시각문화와 대중문화의 공공성 확장

포스트모더니즘은 순수예술과 대중문화의 경계를 허물며, 공공문화의 장을 확장시켰다. 이는 예술이 더 넓은 시민사회와 접점을 갖는 계기가 되었고, 새로운 참여적 예술 실천(public art, participatory art)을 촉진했다.

2-7 포스트모더니즘의 상업화: 예술·문화의 소비자본주의 편입

스타일의 소비화

포스트모더니즘은 과거 양식의 재활용(pastiche), 아이러니, 혼성(mixture) 등을 강조했는데, 이는 종종 '스타일 자체'의 소비로 전락하게 된다. 본래 비판적 의미를 담고 있던 양식들이 자본에 의해 '패션화'되어 판매되는 것이다.

대중문화의 브랜드화

포스트모더니즘은 대중문화의 정당성을 강조했지만, 이는 대중문화 콘텐츠가 곧 상품이 되는 과정을 정당화하기도 했다. 영화, 드라마, 캐릭터, 미디어 콘텐츠들이 자본 중심의 산업으로 편입되면서 '공적 의미'보다 '판매 전략'으로 소비되는 경향이 나타났다.

예): 마블 영화는 다문화와 다양성 담론을 일부 수용하지만, 이는 동시에 글로벌 시장을 겨냥한 마케팅 전략이기도 함.

미술·디자인의 상업화

순수미술과 상업디자인의 경계가 무너지면서, 아트워크가 브랜드화되고, 아티스트가 '스타'이자 '상품'이 되는 현상이 보편화되었다. 이는 예술의 공공적·비판적 기능을 약화시킬 수 있다는 비판도 존재한다.

결론: 포스트모더니즘의 딜레마

포스트모더니즘은 공공성 측면에서 다원주의와 다양성, 탈권위의 장을 열어주었지만, 동시에 그 파편화된 양식과 메시지는 소비자본주의에 쉽게 흡수되어 상업적 상품으로 재생산되기 쉬운 구조적 한계를 갖고 있다. 이는 공공성을 확장한 동시에 그 공공적 의미를 흐릴 수 있는 딜레마를 만들어낸다.

3 ▶▶ 문화예술과 경영: 전통 경영과의 차별점, 공공성 전략 및 성과 평가

3-1 경영의 대한 정의

경영이란 조직이 설정한 목적을 달성하기 위해 인적 자원, 물적 자원, 재무 자원, 정보 자원 등 다양한 자원을 효과적이고 효율적으로 활용하는 과정이며, 계획(planning), 조직(organizing), 지휘(leading), 통제(controlling)라는 네 가지 핵심 기능을 통해 체계적으로 이루어진다. 이때 경영의 목적은 단순히 수익 창출에 그치지 않으며, 조직의 지속가능한 성장, 이해관계자의 만족, 그리고 사회적 가치 창출까지 포괄한다. 따라서 경영은 개인이나 기업 뿐만 아니라 비영리기관, 정부조직 등 다양한 조직 형태에 적용되는 보편적인 운영 원리이자 실천 체계이다. 또한 경영 활동은 고정된 틀 안에서 이루어지는 것이 아니라, 급변하는 외부 환경(정치, 경제, 사회, 기술 등)에 능동적으로 대응하며 조직의 전략과 구조를 지속적으로 조정하고 혁신하는 동태적 활동이다. 현대 경영은 단순한 관리자 역할을 넘어, 리더십과 변화관리, 윤리적 판단, 지속가능성에 대한 고려 등 다양한 역량을 필요로 한다.

특히 ESG(환경·사회·지배구조) 경영, 디지털 전환, 글로벌 경영 등 새로운 시대적 과제를 반영하여, 경영자는 전략적 사고와 문제 해결 능력을 바탕으로 조직의 비전과 가치를 구현해야 한다. 결국 경영이란 불확실성과 복잡성 속에서도 조직의 자원을 최적으로 배분하고, 목표를 실현하며, 사회적 책임을 다하는 **총체적이며 실천적인 인간 활동**이라 할 수 있다.

3-2 전통적 경영 개념과 문화예술 경영의 차별점

전통적인 기업 경영은 이윤 극대화와 재무적 성과를 궁극적 목적으로 삼는다. 예컨대 기업은 주주 가치를 높이고 시장 경쟁을 통해 수익을 창출하는 데 초점을 맞추며, 재무제표상의 매출·이익 등 경제적 성과지표로 성과를 평가한다. 이에 비해 문화예술 경영은 사회·문화적 가치 창출을 최우선 목표로 한다.

경제적 수익을 수단으로 활용하여 예술의 본질적 가치를 실현하고 공공에 환원하는 데 주력하며, 성과도 관객의 문화 향유나 사회적 영향 등 정성적 지표를 중시해 판단한다. 다시 말해 가치 창출 방식에서 구조적 차이가 있는데, 전통 경영이 금전적 가치를 직접 창출한다면, 문화예술 경영은 공공재로서의 문화적 가치를 생산하여 사회에 기여하는 식이다. 이러한 차이는 조직 형태와 이해관계자 구조에도 나타난다.

전통 기업은 주로 민간 영리조직으로 주주, 고객, 직원 등 비교적 명확한 이해관계자를 갖는 반면, 문화예술 조직은 비영리법인이나 공공기관 형태로 운영되며 정부, 예술가, 관객, 지역사회, 민간 후원자 등 다중 이해관계자와 소통한다. 예를 들어 국공립 예술단체나 미술관은 정부 보조금, 티켓 수입, 기업 후원 등으로 구성된 **다원화된 재원 구조**를 가지고 있으며, 의사 결정 시 예술적 자율성과 공익적 사명을 함께 고려한다.

전통적 경영에서는 경영 효율성과 생산성 향상이 핵심이지만, 문화예술 경영에서는 예술적 창의성과 자율성 보장이 중요하며, 대한민국 헌법 제22조 제2항 및 프랑스 문화법령 등에서는 예술의 자유와 자치를 제도적으로 보장하고 있다. 이러한 맥락에서 독일은 "문화예술은 공공의 자산이자 미래에 대한 지속적인 투자"라는 인식을 바탕으로 국가가 적극 개입해 왔으며, 프랑스 또한 문화정책을 공공서비스의 일환으로 간주하여, 예술가의 자유로운 창작을 지원하고 시민의 문화접근권을 제도적으로 보장하는 등 **수익 논리와 구별되는 문화행정 철학**을 확립해왔다. 요컨대 "경제적 가치 vs 사회·문화적 가치"라는 **가치 지향의 구조적 차별성**은 전통경영과 문화예술 경영을 구분하는 핵심이라 할 수 있다.

3-3 문화예술 법인

비영리조직의 정의와 기본 전제

비영리조직(Nonprofit Organization, NPO)이란, **경제적 이익 창출이 아닌 공공의 이익 또는 특정한 사회적 가치를 실현하는 것을 목적으로 운영되는 조직**을 말한다. 여기서 핵심적인 구분 요소는 법적으로 규정된 이윤분배 금지 원칙(non-distribution constraint)'이다. 즉, 빙리조직은 수익을 창출할 수는 있으나, 이를 구성원(이사, 직원, 설립자 등)에게 **사적 배당이나 분배 형태로 제공하는 것이 법적으로 금지된다.**

모든 잉여금은 조직의 설립 목적(공익성 실현)을 위해 재투자되어야 한다. 예): 국공립 공연장, 미술관, 문화재단, 사회복지법인, 비영리 예술단체 등은 공연 수입이나 후원금이 발생해도 이를 임직원에게 배당하거나 출자자에게 이윤을 나눠줄 수 없다.

법적 구조와 이윤분배 금지의 명문화

국가별 비영리조직 관련법에는 이 원칙이 명확히 반영되어 있다.

미국의 IRS 세법에서는 공익 목적 비영리단체가 연방 세제 혜택을 받기 위해서는 "어떠한 순이익도 구성원, 임직원, 후원자 등 개인에게 분배해서는 안 된다"고 명시하고 있다.

한국의 「비영리민간단체 지원법」 제2조 및 「공익법인의 설립·운영에 관한 법률」에서도 "공익 목적 외로 수익 사용 불가", "이사에 대한 배당 금지", "회계 공시 의무" 등을 법적으로 규정하고 있다.

영국의 Charity Act 2011은 자선단체가 보유한 자산은 "자선 목적을 달성하기 위한 수단으로만 사용되어야 하며, 누구의 사익을 위한 수단으로 활용되어서는 안 된다"고 규정하고 있다.

이러한 규정은 비영리조직이 단순히 수익을 창출하지 않는 조직이 아니라, 수익의 '사적 유용'을 원천적으로 차단함으로써 공공성의 신뢰를 확보하는 구조임을 의미한다.

윤리적 특성과 거버넌스 구조

이윤분배 금지 원칙은 단지 법적 의무를 넘어 윤리적 운영 원칙의 근간으로 작동한다.

투명성과 공익성 확보: 수익을 내부인에게 배분할 수 없기 때문에, 비영리조직은 더 높은 수준의 회계 투명성, 윤리적 책무, 사회적 신뢰 확보를 요구받는다.

이해충돌 최소화: 이윤 유인이 없는 구조는 내부인(이사, 임직원)의 사익 추구 가능성을 줄이고, 조직의 의사결정이 공공성을 기반으로 하도록 유도한다. 이러한 윤리 원칙은 비영리조직의 이사회 구성 및 후원자 · 시민 참여 기반의 거버넌스 구조에서도 반영되며, 특히 문화예술 분야에서는 문화 민주주의 실현, 참여형 경영, 예술적 자율성 보장 등의 기반으로 기능한다.

문화예술 비영리조직에서의 적용

문화예술기관의 많은 수는 공공재적 성격을 가지고 있으며, 관객 수익이나 기부금만으로는 유지되기 어렵기 때문에 공공지원 + 이윤 비분배 구조로 운영된다.

예: 국립극장, 시립미술관은 비영리 공공기관으로서 수익 발생 여부와 관계없이 그 수익은 모두 문화 향유권 확대나 예술창작 지원에 재투자된다.

재단법인 형태의 예술단체는 정관에 따라 "수익은 전액 목적사업에 사용"하도록 명시되어 있으며, 회계감사와 외부 공시 의무를 통해 공공성과 책무성을 유지한다.

3-4 영리법인과 비영리법인

영리법인과 비영리법인은 법인의 형태에 따라 설립 목적, 운영 구조, 재산의 귀속, 세제 혜택 등에서 뚜렷한 차이를 가진다. 먼저 영리법인이란 수익 창출을 주된 목적으로 설립되는 법인으로, 주주나 출자자에게 이익을 배당할 수 있다. 대표적인 예로 주식회사, 유한회사, 합자회사 등이 있으며, 「상법」에 근거하여 설립되고 법인등기소에 등기함으로써 법인격을 취득한다. 영리법인은 자본 투자에 대한 보상이라는 명확한 목적을 갖고 운영되며, 법인세를 비롯한 일반적인 조세 체계가 적용된다. 또한 해산 시 잔여재산은 주주나 출자자에게 분배된다. 반면 비영리법인은 이익의 창출이 아닌 공익적 목적을 실현하기 위해 설립된다. 이러한 법인은 교육, 학술, 자선, 종교, 문화, 환경 등 다양한 분야에서 사회적 가치를 실현하고자 하며, 설립자가 출연한 재산이나 구성원의 활동을 바탕으로 운영된다.

비영리법인은 「민법」 제32조 또는 개별 특별법에 따라 주무관청의 허가를 받아 설립되며, 주주총회나 이익 배당과 같은 구조는 존재하지 않는다. 대신 이사회 또는 총회를 중심으로 공익적 목적 수행을 위한 의사결정을 한다. 수익이 발생하더라도 해당 수익은 구성원에게 배분되지 않으며, 오로지 목적사업에만 사용되어야 한다. 해산 시에는 잔여재산을 설립자가 회수할 수 없고, 반드시 공익적 목적에 부합하는 단체나 국가, 지방자치단체 등에 귀속되어야 한다.

또한 세제 혜택에서도 차이가 존재한다. 영리법인은 일반적인 법인세가 부과되는 반면, 비영리법인은 목적사업에서 발생한 수익에 대해서는 법인세가 면제되거나 감면되는 경우가 있으며, 기부금 수령 시 기부자에게 세액공제 혜택도 제공된다.

그러나 비영리법인이 영리적 수익사업을 병행할 경우, 해당 수익에 대해서는 과세 대상이 될 수 있다. 따라서 비영리법인은 공익성 유지와 세법 준수를 동시에 고려하여 운영해야 한다. 이처럼 영리법인과 비영리법인은 법적으로 모두 '법인격'을 부여받는 조직체이지만, 근본적인 설립 목적과 운영 방식에서 본질적인 차이를 가지며, 법인을 설립하려는 주체는 자신의 목적과 활동 방향에 따라 적합한 형태를 선택해야 한다.

3-5 비영리 사단법인과 비영리 재단의 차이점

비영리 사단법인과 비영리 재단법인은 모두 「민법」 제32조에 따라 설립되는 비영리법인이지만, 설립 방식과 구조, 운영 방법에서 뚜렷한 차이를 가진다. 우선, 사단법인은 사람들의 결합을 바탕으로 설립되는 법인이다. 최소 2인 이상의 구성원이 모여 정관을 작성하고, 주무관청의 허가를 받아 설립된다. 구성원의 의사가 중요한 요소이며, 조직 운영은 사원총회를 중심으로 이루어진다. 이 사원총회는 법인의 최고의결기구로서, 주요 사안을 결정하는 권한을 가진다. 반면, 재단법인은 특정한 목적을 위해 출연된 재산을 바탕으로 설립된다. 설립자가 일정한 재산을 출연하고 정관을 정하여 주무관청의 허가를 받으면 법인이 설립된다. 재단법인은 구성원의 결합이 아닌, 출연된 재산 자체가 핵심이며, 운영은 이사회에 의해 이루어진다. 사단법인과는 달리 사원총회는 존재하지 않는다.

정관 변경에 있어서도 차이가 있다. 사단법인은 사원총회의 결의와 주무관청의 허가를 통해 정관을 변경할 수 있다. 재단법인은 정관에 변경 절차가 명시되어 있어야 하며, 주무관청의 허가를 받아야 변경이 가능하다. 만약 정관에 변경 방법이 명시되어 있지 않다면, 변경이 어려울 수 있다. 해산 절차에서도 차이를 보인다. 사단법인은 사원총회의 결의로 임의 해산이 가능하다. 반면, 재단법인은 임의 해산이 불가능하며, 정관에 정한 해산 사유가 발생하거나 법인의 목적 달성이 불가능한 경우 등, 일정한 조건을 충족해야 해산이 가능하다. 마지막으로, 설립 목적에

구분	비영리사단법인	비영리재단법인
설립 목적	공익을 위한 사람들이 모여 활동	출연된 재산을 기반으로 공익 사업 운영
설립 주체	회원(최소 2인 이상)	출연자(재산을 기부하는 자)
의사 결정	회원총회에서 결정	이사회에서 결정
운영 방식	회원 중심	재산 관리 중심
예시	시민단체, 학술단체, 동문회	장학재단, 복지재단

서도 차이가 있다. 사단법인은 학술, 종교, 자선, 친목 등의 비영리 목적을 위해 사람들의 결합으로 설립되며, 구성원 간의 공동 목적을 추구한다. 재단법인은 출연된 재산을 기반으로 공익적 목적을 실현하기 위해 설립되며, 설립자의 의지가 상대적으로 강하게 반영된다. 이처럼 두 법인은 설립의 기초가 되는 요소와 운영 방식에서 본질적인 차이를 가진다

Case Study

- 도서관의 변신: 별마당 도서관 -

별마당도서관은 단순한 독서 공간을 넘어, 다양한 문화예술 행사를 통해 지역사회와 소통하는 복합 문화공간으로 자리매김하고 있다. 그 대표적인 사례로는 세계적인 피아니스트 손열음의 공연이 있다.2020년 6월 13일, 별마당도서관 개관 3주년을 기념하여 손열음 피아니스트의 특별 공연이 열렸다. 이 공연은 베토벤 탄생 250주년을 맞아 기획되었으며, 손열음은 베토벤의 주요 작품을 중심으로 연주를 선보였다. 이날 공연은 관객들에게 깊은 감동을 주었으며, 별마당도서관이 단순한 도서관을 넘어 문화예술의 중심지로서 역할을 충실히 하였다.

Chapter 3 문화예술 정책

1 ▶▶ 문화 정책이란?

문화정책이란 국가와 지방자치단체 등 공공기관이 사회 구성원의 문화 향유권을 보장하고, 문화예술의 창작, 유통, 교육, 향유, 보존 활동을 제도적으로 지원하고 조정하기 위해 수립하는 공공 정책체계이다. 문화정책은 문화가 단순한 사적 향유를 넘어서 사회 통합, 경제 성장, 지역 균형 발전, 시민의 삶의 질 향상, 정체성 형성에 기여할 수 있다는 전제에서 출발한다.

따라서 문화정책은 예술의 자유를 보장하면서도 문화권 보장, 문화복지 실현, 문화 다양성 보호와 같은 공공성과 공익성을 실현하기 위한 공적 개입의 도구로 기능한다. 문화정책의 구성 요소는 주체, 대상, 수단으로 나눌 수 있다. 정책의 주체는 중앙정부, 지방정부, 공공기관, 민간단체, 시민사회 등이며, 이들은 정책의 기획, 집행, 평가에 참여한다. 정책의 대상은 전통예술, 현대예술, 문화산업, 대중문화, 지역문화, 생활문화 등 다양한 문화 영역을 포함하고, 예술인, 시민, 문화기관 등 다양한 이해관계자가 수혜자가 될 수 있다.

정책 수단에는 재정지원, 세제 혜택, 인프라 구축, 법제 정비, 문화시설 운영, 인력 양성 등이 포함된다. 문화정책은 목적에 따라 여러 영역으로 나뉜다. 예술진흥정책은 예술 창작 활동과 생태계를 육성하며, 문화산업정책은 콘텐츠 산업의 성장과 수출을 지원한다.

문화복지정책은 문화 불평등 해소를 목적으로 사회적 약자의 문화 접근을 확대한다. 문화도시정책은 지역의 정체성과 문화자원을 활용해 도시를 재생하고 생활문화 기반을 조성한다. 문화외교 및 국제문화협력정책은 문화 교류를 통해 국가의 소프트파워를 강화하는 데 기여하며, 문화다양성 보호정책은 다문화, 이주민, 지역문화 등 다양한 문화의 존중과 창작의 자유를 보장하는 데 초점을 둔다.

현대 문화정책은 과거의 예술 중심적 접근에서 벗어나 사회정책적 접근, 경제정책적 접근, 권리 중심 접근, 생태계 기반 접근 등으로 다층화되고 있다. 프랑스의 문화 민주주의 모델처럼, 한국 역시 「문화기본법」을 통해 국민의 문화권을 헌법적 권리로 명시하고 있다. 아울러 디지털 전환 시대에 문화정책은 아날로그 중심의 예술정책을 넘어, 디지털 콘텐츠, 메타버스, 인공지능 예술, NFT 기반 창작물 등 기술 기반의 문화까지 포괄하는 방향으로 확장되고 있다. 이에 따라 문화정책은 더 이상 단일 부처의 영역이 아니라 기술, 교육, 외교, 복지, 경제 등 다양한 정책 분야와 연계되는 복합적이고 통합적인 공공 전략으로 진화하고 있다.

1-1 문화정책의 필요성

문화정책은 현대 사회에서 단순한 예술 지원을 넘어서, 사회통합, 경제발전, 시민의 권리 보장, 문화다양성 보호, 창의성 기반의 산업 육성 등 다차원적 목적을 실현하기 위해 반드시 필요한 공공정책이다. 특히 다문화 사회로의 전환, 급속한 디지털화, 고령화, 지역소멸 문제 등 복합적인 사회 변화 속에서 문화정책은 문화적 접근을 통한 문제 해결 수단으로 서의 기능을 점점 더 강화하고 있다.

첫째, 문화정책은 국민의 문화권 보장을 위한 헌법적·법제도적 수단이다. 「문화기본법」 제3조는 모든 국민은 문화적 삶을 누릴 권리를 가진다고 명시하고 있으며, 이 권리를 실현하기 위한 정부의 책무가 문화정책을 통해 구체화된다. 이는 단순히 예술작품을 향유하는 차원을 넘어서, 교육, 생활, 복지, 지역 등 다양한 삶의 영역에서 문화적 권리가 실현되도록 조정하는 역할을 한다.

둘째, 문화정책은 사회통합과 공동체 회복의 중요한 도구이다. 현대 사회는 계층 간 불균형, 지역 간 격차, 소수자 차별 등으로 인해 갈등 구조가 심화되고 있다. 문화예술은 이러한 사회적 갈등을 완화하고, 다양성에 대한 공감과 이해를 촉진함으로써 공동체 의식을 회복하는 매개체가 될 수 있다. 예컨대 지역 주민 참여형 문화 프로그램은 공동체 재구성에 실질적인 기여를 하며, 문화적 상호작용은 사회적 연대감을 증진시킨다. 이는 사회적 자본으로서의 역할을 하기도 한다.

셋째, 문화정책은 경제적 성장과 고용 창출의 수단으로 기능한다. 문화산업은 창의성과 콘텐츠를 중심으로 하는 고부가가치 산업으로, 국가 경쟁력에 크게 기여한다. OECD는 문화산업과 창의산업을 미래형 전략 산업으로 규정하고 있으며, 유럽연합(EU)과 대한민국 역시 문화콘텐츠산업을 21세기형 신성장동력으로 적극 육성하고 있다. 이와 같은 문화산업 진흥 정책은 일자리창출 뿐 아니라 수출, 관광, 지역경제 활성화로도 이어진다.

넷째, 문화정책은 문화 다양성 보호와 문화적 정체성 형성을 위한 방어기제이다. 세계화와 디지털 자본주의는 특정 문화의 편향된 소비를 야기할 수 있으며, 이로 인해 소수문화 또는 지역문화가 소외될 위험이 존재한다. 문화정책은 이를 방지하고, 다양한 문화의 생존과 창작의 자유를 보장함으로써 문화생태계의 균형 유지에 기여한다. 이는 유네스코의 『문화다양성 협약』(2005)에서도 명확히 규정된 바 있다.

다섯째, 문화정책은 시민의 삶의 질 향상과 밀접한 관련이 있다. 문화예술 활동 참여는 개인의 정서적 안정, 자아 실현, 정신 건강 등에 긍정적 영향을 미치며, 이는 사회 전반의 복지 수준 향상으로 연결된다. 문화는 소비가 아닌 삶의 구성 요소이자 공공재로 간주되며, 문화정책은 이 공공재의 형평 있는 분배를 위한 수단이 된다. 문화정책은 단순한 문화예술 분야 지원정책이 아닌, 사회 전반의 구조를 조정하고 새로운 미래 비전을 설계하는 전략적 공공정책으로 자리하고 있다. 오늘날 문화정책은 민주주의의 기반을 다지고, 문화적 정의를 실현하며, 지속가능한 사회를 위한 핵심 메커니즘으로 기능하고 있다.

1-2 문화정책의 역사적 히스토리

고대와 중세: 종교와 권력에 의한 문화통제

고대 그리스에서는 폴리스 중심의 축제와 공연(디오니소스 제전 등)을 통해 문화가 정치·종교와 밀접히 결합되었다. 로마 제국은 대중 여론 조작과 시민 통합을 위해 원형극장, 공공 목욕탕, 경기장 등 문화시설을 적극 활용하였다. 중세 유럽에서는 로마 가톨릭 교회를 중심으로 문화예술이 종교적 의례와 신앙 전파 수단으로 기능하였다. 성당 건축, 프레스코화, 종교음악 등은 교회의 권위 강화 도구였으며, 예술은 철저히 종교 권력에 종속된 형태로 발전하였다.

르네상스와 절대왕정기: 개인 후원에서 국가의 문화 통제로

르네상스 시기에는 피렌체의 메디치 가문처럼 부유한 상인 귀족 계층이 화가와 조각가를 후원하며 예술을 정치적 영향력의 수단으로 활용하였다. 예술의 세속화가 가속화되며 문화의 독립성이 확대되었고, 이탈리아·프랑스·스페인 등에서는 왕권 강화와 국가 이미지 형성을 위한 문화 후원이 본격화되었다. 절대왕정기 프랑스의 루이 14세는 왕립 아카데미 설립과 베르사유 궁전 건축을 통해 문화의 기준과 방향을 국가가 주도하는 모델을 확립하였다. 이는 문화정책의 시초라 할 수 있는 중앙집권적 예술 관리 체계로 평가된다.

산업혁명과 19세기: 문화의 대중화와 공공성 개념의 탄생

19세기 산업혁명은 계몽주의적 교육 확대와 도시 노동계층의 부상으로 이어졌으며, 이에 따라 문화의 공공적 가치가 부각되기 시작하였다. 영국은 1840년대부터 공공도서관 및 박물관을 설립하며 시민 계층에게 문화 접근을 보장하였고, 프랑스는 루브르 박물관을 일반 대중에게 개방하여 문화 민주화의 상징으로 만들었다.

이 시기는 '문화는 소수 상류층의 전유물이 아닌 모든 시민의 권리'라는 인식이 제도화된 시기로, 문화정책의 공공성 개념이 처음 등장한 역사적 전환점이다.

20세기 전반기: 국민국가와 이념 중심의 문화정책

근대 국민국가가 형성되면서 문화는 국민 정체성과 국가 이념의 매개체로 기능하였다. 독일은 바이마르 공화국 시기 교육·예술 제도를 정비하고, 프랑스는 문화 규범화를 통해 국가적 미학 기준을 구축하였다. 반면, 전체주의 국가인 나치 독일과 스탈린 치하의 소련은 예술을 선전 도구로 활용하며, 체제 이념 주입을 위한 문화통제를 강화하였다. 북유럽 복지국가는 반대로 예술가의 창작환경 개선과 문화시설 확대를 통해 문화 평등과 시민 접근권을 보장하는 정책을 펼쳤다.

전후 복지국가 시대: 문화 민주주의와 제도적 정책화

제2차 세계대전 이후 유럽과 북미에서는 '문화 민주주의'라는 개념이 대두되며, 문화정책이 국민의 보편적 권리로 제도화되기 시작하였다. 1959년 프랑스는 세계 최초로 문화부를 설치하고, 초대 장관 앙드레 말로는 문화 향유의 평등을 정책 목표로 선언하였다. 독일과 스웨덴, 영국 등은 예술의 자유를 보장하면서 동시에 소외 계층을 위한 문화복지 확대, 공공 예산의 문화지원 확대, 지역 간 균형정책을 시행하였다. 이 시기 문화정책은 문화적 자율성과 공공지원의 균형을 중시하는 '국가-시민 연계형 정책'으로 발전하였다.

1990년대: 창조경제와 문화산업 중심의 전략적 접근

신자유주의 확산과 디지털 기술의 발달은 문화정책을 산업정책과 연결시켰다. 1997년 영국은 DCMS(디지털·문화·미디어·스포츠부)를 출범시키고, 문화산업을 '창조산업(Creative Industries)'으로 재정의하며 전략적 진흥에 나섰다. 한국도 1999년

「문화산업진흥기본법」을 제정하여 콘텐츠 산업(영화, 방송, 게임, 만화 등)을 국가 성장동력으로 삼았고, 문화 수출을 통한 외교·경제 효과 창출을 도모하였다. 이 시기는 문화의 경제적 가치, 고용 창출 효과, 글로벌 경쟁력을 강조하는 실용주의 문화정책이 본격화된 시기였다.

2000년대 이후: 권리 기반과 디지털 전환에 대응하는 통합정책

21세기에 들어 문화정책은 복지국가의 연장선에서 '문화권 보장'을 핵심 가치로 삼고 있다. 한국은 2014년 「문화기본법」을 제정하여 문화 향유권을 헌법적 권리로 선언하고, 문화다양성 보호 및 지역 문화 균형발전을 위한 기반 정책을 정비하였다.

유네스코는 2005년 『문화다양성 협약』을 채택하며, 문화의 자율성과 창조적 다양성을 국제적 기준으로 명시하였다. 동시에 디지털 플랫폼, 인공지능, 메타버스, NFT 등 기술 기반 창작 환경이 확장되면서, 문화정책은 전통예술뿐 아니라 디지털 콘텐츠 산업, 온라인 유통 플랫폼, 크리에이터 경제 등 복합 영역까지 포괄하는 방향으로 확장되고 있다. 이 시기의 문화정책은 예술, 산업, 교육, 복지, 기술, 외교 등 다양한 영역과 연계되는 융합형 통합정책으로 진화하고 있다. **특히 인공지능(AI)은 문화예술 정책 전반에서 핵심 기술로 부상하고 있다.**

첫째, 창작 분야에서는 생성형 AI가 이미지, 음악, 문학 등 다양한 예술 콘텐츠를 자동 생산하거나 협업 도구로 활용되고 있으며, 일부 국공립 문화기관은 AI를 기반으로 한 '코딩예술'이나 'AI 아트전시'를 기획해 예술의 영역을 확장하고 있다.

둘째, 콘텐츠 유통 및 향유 측면에서는, AI가 사용자 데이터 분석을 바탕으로 개인 맞춤형 추천 시스템(예: 온라인 전시 추천, 공연 큐레이션)을 제공하여, 예술 향유 접근성을 높이고 있다. OTT 플랫폼과 국공립 기관의 디지털 전시관에서도 이러한 AI 추천 시스템이 도입되고 있다.

셋째, 문화유산 보존 및 복원에 있어서도 AI는 파괴되거나 훼손된 유물의 복원,

고문서 해석, 다국어 번역, 실감형 콘텐츠 재현 등에 활용되어, 디지털 아카이빙과 세계문화유산의 지속가능한 전승에 기여하고 있다.

넷째, 문화정책 행정에서도 AI는 민원 분석, 정책 수요 예측, 문화시설 이용 패턴 분석 등을 통해 증거 기반 정책 수립을 가능하게 하며, 문화행정의 효율성과 정합성을 높이는 데 활용된다.

다섯째, 문화예술교육 분야에서는 AI 튜터 시스템이나 인터랙티브 학습 콘텐츠를 통해 비대면 시대에도 예술교육의 지속성과 몰입도를 확보할 수 있는 기반이 조성되고 있다.

이처럼 인공지능은 문화의 생산, 유통, 보존, 행정, 교육에 이르기까지 전 주기에 걸쳐 활용되며, 문화정책은 예술, 산업, 기술, 복지, 교육, 외교를 아우르는 융합형 통합정책으로 진화하고 있다.

산업혁명과 19세기: 문화의 대중화와 공공성 개념의 탄생

19세기 산업혁명은 계몽주의적 교육 확대와 도시 노동계층의 부상으로 이어졌으며, 이에 따라 문화의 공공적 가치가 부각되기 시작하였다. 영국은 1840년대부터 공공도서관 및 박물관을 설립하며 시민 계층에게 문화 접근을 보장하였고, 프랑스는 루브르 박물관을 일반 대중에게 개방하여 문화 민주화의 상징으로 만들었다. 이 시기는 '문화는 소수 상류층의 전유물이 아닌 모든 시민의 권리'라는 인식이 제도화된 시기로, 문화정책의 공공성 개념이 처음 등장한 역사적 전환점이다.

20세기 전반기: 국민국가와 이념 중심의 문화정책

근대 국민국가가 형성되면서 문화는 국민 정체성과 국가 이념의 매개체로 기능하였다. 독일은 바이마르 공화국 시기 교육·예술 제도를 정비하고, 프랑스는 문화 규범화를 통해 국가적 미학 기준을 구축하였다.

반면, 전체주의 국가인 나치 독일과 스탈린 치하의 소련은 예술을 선전 도구로 활용하며, 체제 이념 주입을 위한 문화통제를 강화하였다. 북유럽 복지국가는 반대로 예술가의 창작환경 개선과 문화시설 확대를 통해 문화 평등과 시민 접근권을 보장하는 정책을 펼쳤다.

전후 복지국가 시대: 문화 민주주의와 제도적 정책화

제2차 세계대전 이후 유럽과 북미에서는 '문화 민주주의'라는 개념이 대두되며, 문화정책이 국민의 보편적 권리로 제도화되기 시작하였다. 1959년 프랑스는 세계 최초로 문화부를 설치하고, 초대 장관 앙드레 말로는 문화 향유의 평등을 정책 목표로 선언하였다. 독일과 스웨덴, 영국 등은 예술의 자유를 보장하면서 동시에 소외 계층을 위한 문화복지 확대, 공공 예산의 문화지원 확대, 지역 간 균형정책을 시행하였다. 이 시기 문화정책은 문화적 자율성과 공공지원의 균형을 중시하는 '국가-시민 연계형 정책'으로 발전하였다.

1990년대: 창조경제와 문화산업 중심의 전략적 접근

신자유주의 확산과 디지털 기술의 발달은 문화정책을 산업정책과 연결시켰다. 1997년 영국은 DCMS(디지털·문화·미디어·스포츠부)를 출범시키고, 문화산업을 '창조산업(Creative Industries)'으로 재정의하며 전략적 진흥에 나섰다. 한국도 1999년 「문화산업진흥기본법」을 제정하여 콘텐츠 산업(영화, 방송, 게임, 만화 등)을 국가 성장동력으로 삼았고, 문화 수출을 통한 외교·경제 효과 창출을 도모하였다. 이 시기는 문화의 경제적 가치, 고용 창출 효과, 글로벌 경쟁력을 강조하는 실용주의 문화정책이 본격화된 시기였다.

2000년대 이후: 권리 기반과 디지털 전환에 대응하는 통합정책

21세기에 들어 문화정책은 복지국가의 연장선에서 '문화권 보장'을 핵심 가치로 삼고 있다. 한국은 2014년 「문화기본법」을 제정하여 문화 향유권을 헌법적 권리로 선언하고, 문화다양성 보호 및 지역 문화 균형발전을 위한 기반 정책을 정비하였다.

유네스코는 2005년 『문화다양성 협약』을 채택하며, 문화의 자율성과 창조적 다양성을 국제적 기준으로 명시하였다. 동시에 디지털 플랫폼, 인공지능, 메타버스, NFT 등 기술 기반 창작 환경이 확장되면서, 문화정책은 전통예술뿐 아니라 디지털 콘텐츠 산업, 온라인 유통 플랫폼, 크리에이터 경제 등 복합 영역까지 포괄하는 방향으로 확장되고 있다. 이 시기의 문화정책은 예술, 산업, 교육, 복지, 기술, 외교 등 다양한 영역과 연계되는 융합형 통합정책으로 진화하고 있다. **특히 인공지능(AI)은 문화예술 정책 전반에서 핵심 기술로 부상하고 있다.**

첫째, 창작 분야에서는 생성형 AI가 이미지, 음악, 문학 등 다양한 예술 콘텐츠를 자동 생산하거나 협업 도구로 활용되고 있으며, 일부 국공립 문화기관은 AI를 기반으로 한 '코딩예술'이나 'AI 아트전시'를 기획해 예술의 영역을 확장하고 있다.

둘째, 콘텐츠 유통 및 향유 측면에서는, AI가 사용자 데이터 분석을 바탕으로 개인 맞춤형 추천 시스템(예: 온라인 전시 추천, 공연 큐레이션)을 제공하여, 예술 향유 접근성을 높이고 있다. OTT 플랫폼과 국공립 기관의 디지털 전시관에서도 이러한 AI 추천 시스템이 도입되고 있다.

셋째, 문화유산 보존 및 복원에 있어서도 AI는 파괴되거나 훼손된 유물의 복원, 고문서 해석, 다국어 번역, 실감형 콘텐츠 재현 등에 활용되어, 디지털 아카이빙과 세계문화유산의 지속가능한 전승에 기여하고 있다.

넷째, 문화정책 행정에서도 AI는 민원 분석, 정책 수요 예측, 문화시설 이용 패턴 분석 등을 통해 증거 기반 정책 수립을 가능하게 하며, 문화행정의 효율성과 정합성을 높이는 데 활용된다.

다섯째, 문화예술교육 분야에서는 AI 튜터 시스템이나 인터랙티브 학습 콘텐츠를 통해 비대면 시대에도 예술교육의 지속성과 몰입도를 확보할 수 있는 기반이 조성되고 있다.

이처럼 인공지능은 문화의 생산, 유통, 보존, 행정, 교육에 이르기까지 전 주기에 걸쳐 활용되며, 문화정책은 예술, 산업, 기술, 복지, 교육, 외교를 아우르는 **융합형 통합정책**으로 진화하고 있다.

1-3 현대 문화예술정책의 특징

왜 공공기관에서 문화예술정책이 필요한가?

현대 문화예술정책은 단순한 예술 진흥이 아니라 **문화권 보장, 문화 다양성 보호, 사회통합, 지역 균형, 창조산업 육성** 등 공공적 가치를 실현하는 **복합적 공공정책**이다. 이러한 목적은 시장의 자율에만 맡겨둘 수 없으며, **공공기관의 정책 개입**이 필수적이다.

시장 실패: 예술과 문화는 대부분 **외부환경에 따른 변화가 크고 수익 예측이 어려운 공공재 성격**을 띠기 때문에, 민간 자본만으로는 지속적 생산과 소비를 유지하기 어렵다. 클래식 음악, 전통공예, 현대무용 등은 시장에서 충분히 공급되지 않기에 **정부의 개입을 통해 공공성을 보장**해야 한다.

문화권의 보편화: 문화향유권은 단순한 선택이 아닌 **헌법적 권리**로 인식되고 있다. 유네스코와 EU는 '모든 인간은 문화생활에 참여할 권리가 있다'는 선언에 따라, 정부가 이 권리를 **제도적으로 보장할 의무**가 있다고 본다.

문화적 불평등 해소: 지역, 계층, 세대 간의 **문화격차**는 민간 중심 시스템으로는 해결되지 않는다. 예술은 소비자 선택 이전에 **사회적 접근권이 전제되어야** 하며, 이는 공공기관이 평등한 문화접근 환경을 조성함으로써 해결 가능하다.

문화의 사회적 가치: 문화는 정체성 형성, 사회통합, 교육, 심리적 안정, 공동체 의식 강화 등 비경제적 효용이 크다. 따라서 **복지 · 교육 · 도시 · 환경 정책과 결합된 총체적 공공 전략**으로 문화예술정책이 필요하다.

OECD 국가들은 문화예술정책을 어떻게 수행하고 있는가?

OECD 국가들은 각자의 역사적·정치적 맥락에 따라 다양한 문화정책 모델을 운영하고 있지만, 다음과 같은 공통 특징을 공유하고 있다.

(1) 문화정책의 헌법적 또는 법제적 기반 확립

프랑스: 1959년 세계 최초의 문화부 설립. 중앙집중형 국가 문화 기준 설정(ex. 말로주의)

스웨덴, 덴마크, 핀란드: '문화는 복지'라는 인식에 따라 **문화복지 정책 체계화**

독일: 연방정부-주정부 간 협력 하에 분권형 문화행정 체계 운영. 문화다양성과 창작자 자유 보장

캐나다: 다문화주의를 중심으로 정책 수립. 각 커뮤니티의 문화적 표현을 보호

(2) 예술 지원 방식

직접 지원: 공공기관에서 예술가나 단체에 직접 보조금, 프로젝트 지원금을 지급(프랑스, 독일)

간접 지원: 세제 혜택, 기부 유도 정책, 민간재단 육성을 통한 다원적 구조(미국, 영국)

혼합형: 한국, 일본, 호주 등은 보조금과 세제 혜택을 병행한 **혼합형 모델을 채택**

(3) 문화정책의 사회적 확장

문화예술을 지역 활성화, 사회통합, 환경 지속가능성, 시민교육 등 **다분야 정책과 연결**

예: 프랑스의 문화도시 프로그램, 독일의 사회적 예술 프로젝트, 캐나다 원주민 문화 지원법

문화예술정책에서 재정과 지원은 누가 담당하는가?

문화예술정책의 수행 주체는 주로 다음과 같다.

(1) 중앙정부

문화부 또는 문화체육부 등이 정책 수립, 법령 정비, 국비 지원을 담당

예산 배정, 기금 조성, 국가 문화시설(국립극장, 미술관 등) 운영

(2) 지방자치단체

지역 특화 문화정책 수립 및 집행

지역 문화재단 운영, 지역축제, 예술인 창작 공간 운영 등

(3) 공공기관 및 공공재단

한국문화예술위원회(Arts Council Korea), 영국 Arts Council England, 독일 문화재단(Kulturstiftung) 등은 예술가 창작 지원, 공연기획, 연구조사 등을 담당하고 있다.

(4) 민간 협력

민간기업, 시민사회단체, 문화재단이 공동 후원자로 참여 (공공-민간 파트너십 모델)

예: 미국의 The Andrew W. Mellon Foundation 영국의 Heritage Lottery Fund 등

왜 선진국은 문화를 만들고, 개발도상국은 소비하는가?

이 질문은 단순한 문화 선호의 차이보다 **세계 문화의 불균형한 구조와 정치경제적 배경**에 기인한다.

(1) 콘텐츠 생산 인프라의 집중

선진국은 **창작 인프라, 교육 시스템, 기술 플랫폼, 자본력**을 이미 오래전부터 축적해왔다. 이는 영화, 게임, 음악, 디자인, 문학 등 거의 모든 문화 장르에서 **콘텐츠 제작 주도권**을 갖게 만든다.

(2) 글로벌 유통 플랫폼 장악

넷플릭스, 디즈니, 스포티파이, 유튜브 등 **글로벌 문화유통 플랫폼은 대부분 미국·유럽 기반**이다. 이 플랫폼들은 개발도상국의 창작물을 소비보다 유통과정에서 소외시키는 경향이 있으며, 이는 **플랫폼 종속 구조**로 이어진다.

(3) 문화제국주의(Cultural Imperialism) 구조

허버트 실러(Herbert Schiller)는 미국과 유럽 중심의 문화산업이 개발도상국에 문화적 종속과 표준화를 유발한다고 비판하였다.

문화는 경제적 교역물일 뿐 아니라 정체성과 가치관을 투영하는 매개체이기 때에, 문화 수입국은 무의식적으로 문화적 영향력에 노출된다.

(4) 정책 역량과 자원의 차이

선진국은 문화정책과 예산 집행 능력이 뛰어나며, 정부와 민간이 유기적으로 협력한다.

개발도상국은 정책 인프라가 약하거나 정치적 우선순위에서 문화가 밀려있는 경우가 많다. 이는 문화 창작 생태계가 충분히 성장하지 못하게 하는 원인이다.

결론

현대 문화예술정책은 단순한 예술 지원이 아니라, 사회와 경제를 통합하는 총체적 공공전략이며, 이를 수행하기 위해 공공기관의 적극적인 개입과 사회적 합의가 필요하다. OECD 국가들은 각각의 시스템을 갖추고, 예술의 자유, 다양성, 경제성, 공공성이라는 네 가지 원칙을 균형 있게 실현하려 한다. 그러나 글로벌 문화생산 구조의 불균형은 여전히 존재하며, 문화적 자립을 위한 정책 역량 강화가 개발도상국에게는 핵심 과제가 되고 있다.

Case Study

1. 로렌초 데 메디치의 예술 경영 사례

로렌초 데 메디치는 르네상스 피렌체를 문화예술의 중심지로 이끈 대표적인 예술 후원자이자 전략적 예술경영가였다. 그는 예술가 개인의 창작 활동을 지원하는 데 그치지 않고, 문화정책, 공공행사, 정치 전략 등 다방면에서 예술을 활용해 도시의 정체성과 가문의 위상을 강화했다.

1. 예술가 후원과 창작 환경 조성

로렌초는 당대 최고의 예술가들을 후원하며 안정적인 창작 환경을 마련했다. 대표적으로 산드로 보티첼리는 로렌초의 사촌 로렌초 디 피에르프란체스코를 위해 「비너스의 탄생」과 「봄」을 제작했으며, 미켈란젤로는 로렌초의 궁정에 초대되어 예술 교육을 받으며 「계단의 마돈나」와 「켄타우로스의 전투」 같은 초기 작품을 완성했다.

2. 문화정책과 아카데미 설립

로렌초는 피렌체의 문화적 정체성을 공고히 하기 위해 철학자 마르실리오 피치노를 후원하여 '플라톤 아카데미'를 설립했다. 이 아카데미는 인문주의와 예술의 융합을 목표로 하며, 예술가와 학자들이 교류하고 성장할 수 있는 학문적 기반을 제공했다.

3. 공공문화사업과 시민 참여 확대

그는 예술을 시민과 나누는 것을 중요하게 여겼으며, 피렌체 시민을 위한 축제와 연극 공연을 정기적으로 개최해 대중의 문화 향유 기회를 넓혔다. 이를 통해 예술은 소수 특권층의 전유물이 아닌 도시 공동체의 문화 자산으로 자리매김하게 되었다.

4. 예술경영의 전략적 접근

로렌초는 예술 후원을 정치적 수단으로 활용했다. 예술은 메디치 가문의 정통성과 권위를 시각적으로 보여주는 도구였고, 피렌체 내에서의 지지 기반을 강화하는 데 기여했다. 더불어 외국 사절과의 교류에서도 예술 작품을 외교 자산으로 활용하며 문화 외교의 선구적 역할을 수행했다.영광과 사회적 지위를 얻기 위해 경쟁적으로 후원을 확대했다.

2. 예술인 창작준비금 지원사업

개요: 이 사업은 예술인의 창작 활동을 지원하고, 예술인의 사회적 지위 향상과 복지 증진을 목적으로 시행됩니다. 예술인의 창작 준비를 위한 비용을 지원하여 안정적인 창작 환경을 조성하는데 기여한다.

주관 기관: 한국예술인복지재단

지원 대상: 예술활동증명을 완료한 예술인

지원 금액: 1인당 연 300만 원

지원 횟수: 동일인이 최대 3회까지 지원 가능

지원 분야: 문학, 미술, 음악, 연극, 무용, 영화 등 전 분야

지원 절차:

1. 예술활동증명 신청 및 승인
2. 창작준비금 지원사업 공고 확인
3. 온라인 신청서 작성 및 제출
4. 서류 심사 및 선정
5. 지원금 지급

성과 및 효과:

예술인의 창작 활동 지속 가능성 강화

예술인의 사회적 지위 향상과 복지 증진

문화예술 생태계의 활성화

구분	내용
사업명	예술활동준비금지원사업
사업기간	2025년2월~12월 (연 1회 시행)
접수기간	2025년 2월 28일(금) 10:00 - 3월 31일(월) 17:00
참여방법	온라인 신청 또는 우편신청
사업대상	『예술인복지법』상 예술활동증명을 완료한 예술인 (공고일[2025년 2월 27일] 기준 유효자 국내 거주 내국인에 한함)
참여제한	• 『예술인 산업재해보상보험 가입 관련 특례』, 『표준계약서 체결 예술인 사회보험료 지원 관련 특례』, 『예술인신문고 관련 특례』, 『신진예술인 예술활동증명』으로 예술활동증명을 완료한 예술인 • 소득인정액: 신청인(1인) 소득인정액이 당해연도 기준중위소득 120%를 초과하는 예술인 • 만 19세 미만 예술인(공고일 기준) • 2024년 『일반예술활동준비금지원사업』에 선정된 예술인 • 2024년 『신진예술인 예술활동준비금지원사업』에 선정된 예술인 • 2025년 『예술인파견지원사업 · 예술로』에 선정된 예술인 • 예술활동준비금(구 창작준비금) 지원사업 참여제한 대상자(활동보고서 최종 미제출 및 미보완자) • 예술인파견지원 · 예술로 사업 참여제한 대상자(연속참여제한대상자는 신청가능) • 『공직자의 이해충돌 방지법』 및 본 사업의 운영 목적 등에 따라 한국예술인복지재단에 재직 중(사업 공고일(2025년 2월 27일)부터 사업 종료일까지)인 임직원 • 성희롱-성폭력 관련 사회적으로 물의를 일으킨 자(자세한 내용은 시행지침 창조)
선정인원	총 20,000명
지원규모	1인 300만원 (격년제)

2 ▶▶ 한국의 문화정책

2-1 한국의 문화정책에 대해서

한국의 문화정책은 단순한 예술 진흥을 넘어, 국민의 문화 향유권을 보장하고, 문화산업을 육성하며, 문화복지 실현과 지역 간 문화 균형, 문화다양성 보호까지 아우르는 **복합적인 공공정책**으로 발전해왔다. 이 정책은 2014년 제정된 「문화기본법」을 중심으로 다양한 법률에 기반하며, **중앙정부, 지방자치단체, 공공기관, 민간부문이 협력하는 거버넌스 체계** 속에서 추진되고 있다. 중앙정부는 문화체육관광부를 중심으로 정책 수립, 예산 편성, 국립문화기관 운영 등을 담당하며, 한국문화예술위원회, 예술경영지원센터, 한국콘텐츠진흥원, 지역문화진흥원 등 산하기관들이 각각의 역할을 수행한다. 지방자치단체는 지역문화재단을 설립해 문화도시 조성, 지역 예술인 지원, 생활문화 확산을 추진하고, 민간 공연장과 기업문화재단, 시민단체, 예술인 공동체 등은 공공과 협력하여 문화생태계 활성화에 기여하고 있다. 정책의 주요 내용은 다양하다. **예술창작 지원**은 장르별 공모, 창작준비지원금, 창작공간 제공, 해외교류와 고용보험 제도 등을 포함하며, **문화산업 진흥**은 방송, 영화, 게임, 웹툰 등 콘텐츠 수출 확대와 창의인재 양성, 스타트업 육성, 기술융합 콘텐츠 개발을 중심으로 추진된다. **문화복지 정책**은 문화누리카드, 예술치유, 장애인·노인 대상 사업, 소외지역 순회 프로그램 등을 통해 문화 접근성을 높이고 있으며, **지역문화 정책**은 문화도시 지정제도와 지역문화재단을 중심으로 지역 맞춤형 예술과 축제를 지원한다.

또한, **문화다양성과 다문화 정책**은 다문화 가정과 이주민 대상의 문화 접근 사업, 소수언어 콘텐츠 개발 등을 통해 포용적 문화환경 조성을 목표로 한다. 최근에는 문화정책의 방향이 더욱 확대되고 있다. **예술인의 권익 보호와 창작환경 개선**을 위해 고용보험 제도 도입, 창작준비금 확대, 표준계약서 보급 등이 적극 추진되고 있으며, 창작부터 유통 · 소비까지 문화 전 과정에 대한 통합적 지원체계가 정비되고 있다. 또한 수도권과 비수도권 간 문화 격차 해소, 지역의 문화 자립도 향상, 세대 · 계층 · 장애 여부에 따른 문화소비 격차 완화를 위한 맞춤형 정책도 강화되고 있다. 더불어, 디지털 전환에 대응하는 문화정책도 활발히 전개되며, 온라인 공연과 전시, 디지털 아트 유통, 메타버스 기반 창작지원, AI·VR 기술을 활용한 콘텐츠 개발, 문화데이터 기반 행정 고도화가 이루어지고 있다.

2-2 한국의 문화정책의 역사

한국의 문화정책은 그 역사적 맥락 속에서 크게 다섯 시기로 나누어 정리할 수 있다. 각 시기는 정치·사회적 환경 변화에 따라 문화정책의 성격과 방향성이 달라졌으며, 이에 따른 제도적 기반과 실행 체계가 형성되었다.

1948년 정부 수립 이후 초기 문화행정은 교육부 산하에서 제한적으로 이루어졌으며, 문화정책보다는 교육·산업·안보 중심의 국가 운영이 우선시되었다. 문화는 주로 민족정체성 확립과 국가 이념 고취의 수단으로 활용되었으며, 체계적 문화정책이라 보기 어려운 단계였다.

1961년 군사정권 하에서 문화공보부가 신설되면서 문화정책은 정부 홍보와 검열 중심의 행정으로 전개되었다. 1970년대에 들어서며 문화정책은 제도화를 시작하게 된다.

1972년 「문화예술진흥법」이 제정되어 국가의 문화 진흥 책임이 법적으로 규정되었고, 이듬해인 1973년에는 한국문화예술진흥원이 설립되어 공연, 전시, 창작자 지원이 본격화되었다. 그러나 이 시기의 문화정책은 정치적 통제와 선전 목적이 강하게 작용했으며, 중앙집중적이고 관료 중심의 운영 방식이 특징이었다. 그리고

1988년 서울올림픽을 계기로 문화정책은 전환기를 맞게 된다. '문화국가' 담론과 함께 '문화민주주의'라는 개념이 등장하였고, 문화는 국민 모두의 권리라는 인

식이 확산되었다. 1989년에는 '문화의 해'가 선포되며 문화 향유의 기회 확대가 강조되었고,

1993년 문민정부 출범 이후에는 민간 예술계의 정책 참여가 확대되었다. 또한 「지방문화원진흥법」 제정으로 지역문화 활성화 정책이 제도적으로 추진되기 시작하였다. 1998년 김대중 정부는 문화정책의 기조를 문화산업 중심으로 전환하였다. 문화산업을 21세기 국가 성장 동력으로 제시하면서, 1999년 「문화산업진흥기본법」이 제정되고 콘텐츠산업육성계획이 수립되었다. 이로 인해 영화, 방송, 게임, 애니메이션 등 콘텐츠 분야에 대한 체계적 지원이 확대되었으며, '한류'의 기반이 형성되었다. 문화정책은 이 시기를 기점으로 공공재 개념에서 전략적 산업 자산으로 전환되었으며, 문화와 산업의 결합이 본격화되었다.2000년대 이후 한국의 문화정책은 통합발전기를 맞이하게 된다.

2006년 문화체육관광부가 출범하면서 문화, 관광, 스포츠를 포괄하는 종합 정책이 가능해졌고, 2014년 「문화기본법」이 제정되면서 문화 향유권이 국민의 기본권으로 법제화되었다. 이 시기에는 문화복지, 문화다양성, 문화권 보장, 지역문화 균형 등의 가치를 중심으로 정책이 수립되었고, 예술인 복지법 시행, 문화누리카드 도입, 문화도시 제도 법제화 등도 이루어졌다. 최근에는 디지털 기술 발전과 코로나19 이후 변화된 환경에 대응하여 온라인 창작지원, 메타버스 문화 콘텐츠, 디지털 아트 유통 기반 구축 등 새로운 문화정책이 추진되고 있다. 이처럼 한국의 문화정책은 국가주의적 성격에서 출발하여 민주주의적 문화권 보장을 거쳐 문화산업과 디지털 시대에 적합한 통합형 정책으로 발전해왔으며, 각 시기의 제도적 변화와 사회적 요구가 정책 방향의 전환을 이끌어왔다.

2-3 현재의 문화예술정책 시스템과 운영

대한민국의 문화예술정책은 2024년 기준으로 문화체육관광부를 중심으로 구성된 다층적이고 체계적인 운영 시스템을 기반으로 하고 있다. 이 시스템은 중앙

정부, 산하 공공전문기관, 지방자치단체 및 지역문화재단이 상호 연계하여 문화정책을 기획·수립·시행하며, 각각의 기관은 법적 근거에 따라 고유한 역할을 수행하고 있다.

문화예술정책의 중앙 정책 주체는 문화체육관광부이다. 문화체육관광부는 「문화기본법」, 「문화예술진흥법」, 「문화예술인 복지법」 등 법률에 근거하여 문화정책을 기획하고, 관련 제도를 정비하며, 예산을 편성하고 배분하는 기능을 수행한다. 문화체육관광부 산하에는 다양한 공공전문기관이 존재한다. 예를 들어, 한국문화예술위원회는 「문화예술진흥법」에 근거하여 설립된 기관으로, 문예진흥기금을 통해 공연예술, 시각예술, 문학, 다원예술 등 전 장르에 걸쳐 예술가와 예술단체의 창작 활동을 지원하고 있다.

이 위원회는 '팔길이 원칙(arm's length principle)'에 따라 운영되며, 정부로부터 재정을 지원받되 사업 선정과 심의는 독립적으로 수행하여 예술의 자율성과 공정성을 보장하고 있다. 또한 한국콘텐츠진흥원은 「문화산업진흥기본법」에 따라 설립되었으며, 방송, 게임, 애니메이션, 웹툰, 음악, 캐릭터 등 콘텐츠 산업을 집중적으로 지원하고 있다. 또한, 기관은 창의인재 육성, 콘텐츠 해외 진출 지원, 융복합 콘텐츠 개발, 창업 스타트업 보육, 해외 전시 참가 등 다양한 산업적 측면에서의 정책을 수행하고 있다. 더불어 예술경영지원센터는 예술기관의 운영 효율성을 높이고 예술 시장을 활성화하기 위한 전문 기관이다. 이곳은 미술품 유통 구조 개선, 공연장 경영 컨설팅, 예술기관 회계지원, 민간기획사와의 매개 플랫폼 운영 등 예술행정과 유통을 중점적으로 다루고 있다.

한편, 한국문화예술교육진흥원은 「문화예술교육 지원법」에 기반하여 운영되며, 학교예술강사 지원, 사회적 약자를 위한 예술교육 프로그램, 지역예술교육센터 구축 등 문화예술교육을 정책적으로 수행하는 중심 기관이다. 이 기관은 예술교육을 통해 국민의 문화 역량을 강화하고, 생애주기별 문화접근성을 높이는 데 주력하고 있다. 지역 차원에서는 지역문화진흥원이 「지역문화진흥법」에 따라 설립되었으며, 문화도시 조성사업, 지역문화재단 역량강화, 주민 주도의 생활문화 사업을 지원하는 조직으로 기능한다.

이 기관은 지역의 문화자립도와 지속가능성을 제고하기 위한 거버넌스 중심의 지원사업을 운영하고 있다. 이와 함께 지방자치단체는 문화예술정책의 지역 단위 실행 주체로서 기능하며, 각 시·도는 문화기본계획을 수립하고 지역 문화 예산을 편성하며, 지방문화재단 또는 지역문화진흥조직을 통해 실행력을 확보한다. 광역과 기초 지자체에 설치된 지역문화재단은 지역 예술가 지원사업, 지역문화 축제 기획 및 운영, 지역 특화 콘텐츠 발굴, 문화도시 지정사업 운영 등에서 중요한 역할을 수행한다. 대표적으로 서울문화재단, 경기문화재단, 부산문화재단, 전북문화관광재단 등이 지역을 대표하는 재단으로 활동하고 있다.

문화예술정책의 법제도적 기반은 매우 다층적으로 마련되어 있다. 예컨대, 「문화기본법」은 문화 향유권을 국민의 권리로 명시하고 국가와 지자체가 이를 보장할 의무를 가진다고 규정하고 있으며, 「문화예술진흥법」은 문예진흥기금 조성 및 예술지원 사업의 근거가 된다. 「문화예술인 복지법」은 예술인의 사회적 지위 향상과 창작 여건 개선을 위한 법률로, 고용보험, 창작준비금, 복지지원 사업의 법적 근거가 된다. 아울러 「문화산업진흥기본법」은 콘텐츠 산업의 정책 추진과 KOCCA의 설립 근거를 제공하며, 「지역문화진흥법」은 문화도시 조성, 생활문화센터 운영, 지역문화재단 설립 등에 대한 법률적 근거를 마련하고 있다. 현재 정부는 다양한 핵심 문화예술정책 과제를 중점적으로 추진하고 있다.

무엇보다도 저소득층의 문화 접근성을 높이기 위해 연간 11만 원 상당의 문화·여가·체육활동 비용을 지원하는 '문화누리카드' 제도를 운영하고 있으며, 예술인의 창작 안전망 구축을 위해 예술인 고용보험, 창작준비금, 복지플랫폼 통합 운영 등의 정책을 시행하고 있다. 나아가 '문화도시 지정제도'를 통해 지역의 문화자율성과 지속가능한 문화생태계 조성을 지원하고 있으며, 2024년 현재까지 약 30개 법정 문화도시가 지정되어 운영 중이다. 여기에 더해 정부는 온라인 기반의 창작

활동 지원, 메타버스 전시 및 공연 개발, 디지털 아트 아카이빙, AI 기반 창작기술 연구개발 등 디지털 문화정책을 강화하고 있으며, 이주민·장애인·청년·고령자 등 다양한 집단을 위한 포용적 문화정책도 병행 추진하고 있다. 마지막으로 이와 같은 현재의 문화예술정책 시스템은 예술의 창작과 향유, 산업적 성장과 복지적 기능, 지역문화의 자립과 세계시장 진출이라는 세 가지 핵심 축을 중심으로 다층적이고 협력적인 구조 안에서 유기적으로 작동하고 있다.

3 ▶▶ 문화정책 지원단체

3-1 기금 운영을 통한 문화정책 지원

문화정책의 기금 운영은 주로 한국문화예술위원회에서 수행한다. 한국문화예술위원회는 「문화예술진흥법」에 따라 설립된 기관으로, 문예진흥기금을 통해 공연예술, 시각예술, 문학, 다원예술 등 모든 예술 분야에서 예술가와 단체의 창작 활동을 지원한다. 기금은 정부의 일반회계, 복권기금, 개인 및 기업의 기부금 등 다양한 출처에서 마련되며, 독립적이고 투명한 심의과정을 거쳐 배분된다. 예를 들어, 공연예술 분야에서는 신진 예술가들을 위한 '창작 산실 프로젝트'를 통해 다양한 공연 제작을 지원하고 있으며, 시각예술 분야에서는 'ARKO 미술관' 전시 지원 사업을 통해 전시 기획 및 작가 육성을 돕고 있다. 국제교류 분야에서는 해외 레지던시 프로그램을 운영하여 국내 예술가들의 글로벌 진출을 지원하고 있으며, 예술교육 분야에서는 학교와 지역사회에서 예술강사를 파견하여 문화예술 교육을 확산하고 있다.

3-2 정부 정책 운영을 통한 문화정책 지원

정부의 문화정책 운영은 문화체육관광부를 중심으로 이루어진다. 문화체육관광부는 「문화기본법」, 「문화예술진흥법」, 「문화예술인 복지법」 등 주요 법률에 근거하여 문화정책을 수립하고, 예산을 편성하여 집행하며, 문화 관련 제도를 정비하고 개선하는 역할을 한다. 특히, 문화체육관광부는 국립현대미술관의 특별 전시 개최, 국립중앙극장과 국립국악원의 정기 공연을 통해 고품격 문화예술 콘텐츠를 국민에게 제공하고 있다. 또한 예술인 복지정책으로 예술인 고용보험 제도와 창작준비금 지원 사업을 운영하여 예술인들이 안정적인 환경에서 창작에 전념할 수 있도록 하고 있다. 문화향유 확대를 위해 저소득층에게 제공하는 '문화누리카드'는 전국적으로 널리 사용되고 있으며, '문화도시 지정제도'를 통해 지역 고유의 문화자원을 활용한 특색 있는 도시 조성을 적극적으로 지원하고 있다. 더불어, 디지털 전환 흐름에 대응하여 메타버스를 활용한 전시 및 공연 제작, 디지털 아트 활성화 지원 사업 등을 추진하여 문화예술의 기술적 혁신과 접근성을 높이고 있다.

3-3 지방자치단체의 문화재단을 통한 문화정책 지원

지방자치단체는 각 시·도별 문화재단을 통해 지역의 특성과 수요에 맞는 문화정책을 실현하고 있다. 이러한 지역문화재단은 「지역문화진흥법」에 따라 설립되고 운영되며, 지역 예술가 지원사업, 지역 축제 기획 및 운영, 지역 특화 콘텐츠 개발 등을 담당하고 있다. 예를 들어, 서울문화재단은 '서울거리예술축제'를 통해 시민들이 일상 속에서 예술을 경험할 수 있는 기회를 제공하고 있으며, 경기문화재단은 '경기천년 문화예술 프로젝트'를 통해 지역의 역사와 문화적 정체성을 살린 다양한 프로그램을 진행하고 있다. 부산문화재단은 '부산국제연극제'를 개최하여 지역 연극인의 국제교류를 촉진하며, 전북문화관광재단은 '전주세계소리축제'를 통해 전통음악의 현대화 및 대중화에 기여하고 있다. 이와 함께 각 지역문화재단은 지역 내 생활문화센터 운영, 주민참여형 생활문화 사업을 통해 주민들이 직접 문화예술 활동에 참여하고 지역 문화공동체를 활성화하는 데 중요한 역할을 하고 있다. 결과적으로 문화정책 지원단체는 기금 운영을 중심으로 하는 한국문화예술위원회, 정부 정책 운영을 수행하는 문화체육관광부와 국립문화기관, 지역 밀착형 문화정책을 실현하는 지방자치단체 문화재단으로 구성되며, 이들은 서로 유기적으로 연결되어 문화예술의 창작, 향유, 산업적 발전 및 사회적 통합을 지원하는 통합적인 역할을 수행하고 있다.

3-4 문화재단의 역할

문화재단의 법적 근거와 설립 목적

대한민국의 지방문화재단은 「지역문화진흥법」 제정(2014) 이후, 지역 중심의 문화정책 실현을 목적으로 전국 광역 및 기초자치단체 단위에서 설립되었다. 그 전신은 1990년대 후반부터 등장한 문화재단 형태의 민관 파트너십 모델이었다. 설립 목적은 지역 고유의 문화자원을 발굴·보존·활용하고, 지역 주민의 문화 향유권을 보장하며, 지역 문화 생태계를 자율적으로 조성하는 것이다.

문화재단의 핵심 기능

문화재단은 다음과 같은 7가지 핵심 역할을 수행한다:

1) 지역문화기획 및 정책 실행

- 지방자치단체가 수립한 문화기본계획, 문화도시 계획 등을 구체적인 사업으로 기획·집행함.
- 지역 실정에 맞는 문화정책 설계를 위해 지역 문화현황 조사와 정책연구를 수행함.

예) 경기문화재단의 「경기문화예술 정책연구」, 제주문화예술재단의 「문화예술 통계 조사사업」.

2) 예술인 및 창작지원 사업 운영

- 지역 예술인의 창작활동을 직접적으로 지원하는 공모사업, 창작공간 제공, 창작준비금 지급 등을 집행함.

예) 서울문화재단 '예술창작지원', 대구문화재단 '예술인지원사업', 전남문화관광재단 '청년예술가 창작공간 지원사업'.

3) 생활문화 활성화

- 생활문화센터를 위탁 운영하거나 자체 조성해 주민들이 일상에서 문화 활동을 할 수 있도록 지원함.
- 주민참여형 동아리, 취미 기반 커뮤니티 사업, 지역축제 연계 프로그램 등을 통해 시민 중심의 문화 확산을 도모함.

예) 광주문화재단의 「생활문화플랫폼 운영사업」, 전북문화관광재단의 「생활문화센터 네트워크 구축사업」

4) 문화교육 및 예술교육

- 청소년·고령자·장애인 등 다양한 계층을 대상으로 맞춤형 문화예술 교육을 기획함.
- 학교예술강사, 지역예술교육센터, 문화예술교육사 등을 배치·운영함.

예) 부산문화재단 '예술교육프로젝트', 세종문화재단 '문화예술교육활성화 지원.

5) 축제 및 콘텐츠 개발

- 지역 고유의 문화자산을 활용한 콘텐츠 기획, 지역 축제 및 기념행사 주관.
- 관광과 연계된 문화상품 개발, 스토리텔링 기반 콘텐츠 발굴 등도 포함됨.

예) 경기문화재단 '경기천년기념사업', 전주세계소리축제(전북문화관광재단), 안산거리극축제(안산문화재단).

6) 국제교류 및 네트워크

• 해외 자매도시나 국제 예술단체와의 협력, 공동 프로젝트 운영 등 국제문화 교류 사업 추진.

예) 부산문화재단 '국제공연예술교류사업', 인천문화재단 '한-중-일 문화교류 프로젝트.

7) 문화소외계층 지원

• 고령자, 장애인, 이주민, 저소득층 등 문화소외계층을 대상으로 문화 접근성 제고 사업 운영.
• 이동형 문화공연, 찾아가는 예술교육, 복지시설 연계 공연 등 다양한 방식으로 문화 향유권 보장.
• 충북문화재단 '찾아가는 문화예술단', 경남문화예술진흥원 '문화소외지역 공연지원사업'.

문화재단의 조직 운영 방식

법인 형태: 대부분 '재단법인'으로 설립되어 있으며, 이사회(지자체 및 전문가), 이사장(시장/지사), 대표이사(전문가) 체제로 운영됨.

재원 구조: 지방비(지자체 지원금) + 국비(문체부 및 산하기관 위탁사업) + 자체 수익사업(티켓, 대관 등)

예산 규모: 서울문화재단(약 800억 원), 경기문화재단(약 600억 원) 수준의 대규모 예산부터, 군 단위의 기초 재단은 수억 원 규모까지 다양함.

4 ▶▶ 해외 우수 문화정책 사례

세계 각국은 문화정책을 통해 자국의 문화유산을 보존하고 문화산업을 육성하며, 예술인들을 지원하고 국제 문화교류를 촉진하고 있습니다. 특히 일본과 중국은 아시아를 대표하는 문화정책 모델을 구축해 왔고, 프랑스와 독일은 유럽에서 선도적인 문화정책을 펼쳐온 나라들이다.

일본

일본은 오랜 전통문화를 현대 사회와 조화롭게 이어오면서도 문화산업과 예술진흥에 적극적인 정책을 시행해온 나라이다. 문화청(文化庁)을 중심으로 한 중앙정부의 문화정책과 지방자치단체의 노력, 그리고 민간과의 협력을 통해 전통과 현대가 공존하는 독자적인 문화정책 모델을 발전시켰다. 전통문화의 법적 보호에서부터 애니메이션 등 문화산업의 세계화 전략, 예술가에 대한 지원, 디지털 기술을 활용한 문화유산 전승, 국제교류에 이르기까지 다양한 영역에서 일본의 사례를 살펴보겠다.

문화산업 진흥

문화산업 진흥 측면에서, 일본은 전통문화의 저력을 바탕으로 현대적 창조산업을 발전시키고 이를 국가 성장 동력으로 삼는 정책을 적극 펼쳤다. 그 핵심에 있는 것이 이른바 **"쿨 재팬(Cool Japan)" 전략(2010년)**이다. 쿨 재팬은 일본의 애니메이션, 만화, 게임, 패션, 음식, 전통공예 등 대중문화와 라이프스타일 전반의 소프트파워를 해외에 알리고 산업화하려는 국가 차원의 브랜드 전략이다. 2010년경 일본정부는 문화산업을 미래 유망 성장 분야 5대 영역 중 하나로 선정하고, 경제산업성(METI)을 중심으로 **창조산업 진흥실**을 신설하여 문화콘텐츠, 패션 등 **크리에이티브**

산업을 체계적으로 육성하기 시작했다. 이 창조산업 진흥 정책은 여러 부처에 흩어져있던 문화산업 지원 기능을 하나의 청사진 아래 조율하고 민관협력을 강화하는 역할을 했다. 2013년에는 민관 출자 펀드인 쿨 재팬 펀드(Cool Japan Fund)를 약 500억 엔 규모로 조성하여, 일본의 문화콘텐츠 기업이 해외에 진출하거나 외국인 관광객을 유치하는 사업에 투자하도록 했다. 이를 통해 일본 음식체인 해외진출, 애니메이션 해외홍보, 전통공예품의 현대적 상품화 등 다양한 프로젝트에 자본이 지원되었다.

또한 **해외 거점 구축**을 위해 주요 도시에서 일본 문화정서를 알릴수있는 거점을 마련하거나, 일본 대중문화를 테마로 한 박람회·행사를 후원해 왔다. 정부 내에는 내각부에 **쿨 재팬 전략 담당 장관**을 두어 범정부 협력을 추진하였고, 외무성이나 문화청도 전통문화와 대중문화 모두를 아우르는매력 있는 일 이미지 확산에 힘썼다. 이와 같은 정책의 결과로, 일본의 애니메이션, 만화, 게임, 캐릭터 상품 등은 전 세계적으로 높은 인지도를 얻어 거대한 시장을 형성했다. 2010년대 들어 일본의 문화콘텐츠 수출액이 크게 증가하였고, 해외에서 **일본 대중문화 행사**(예: 프랑스의 Japan Expo 등)가 정기적으로 열리며 일본산 콘텐츠 소비가 활발해졌다. 일본 정부는 이러한 산업 성장을 이어가기 위해 2020년대에도 **콘텐츠 해외전략**을 지속 추진하고, 전통공예를 포함한 지역문화산업도 진흥하고 있다. 경제산업성은 전통공예품을 **지정전통적공예품**으로 지정해 지원하는 법(1974년 제정)을 운용하여 2024년까지 241개의 공예품 종목을 지정하고 국내외에 홍보하고 있다. 이처럼 법·제도와 펀드를 활용한 문화산업 지원 덕분에, 일본은 **문화와 산업의 선순환**을 이루며 경제적 부가가치와 국가 이미지를 높이는 데 성공한 우수 사례로 평가되고 있다.

예술가 지원

예술가 지원 분야에서도 일본은 다양한 정책적 노력을 기울이고 있다. 일본 정부의 문화청은 **국내외 예술활동 지원과 예술인 육성**을 중요한 임무로 삼고 있고, 문화청은 매년 문화예술 창작 활동에 보조금을 지급하고 전국 각지에서 열리는 문화예술 축제를 후원하며 음악·연극·무용·전시 등의 순회공연 프로그램을 운영하여 예술가들의 무대를 넓혀주고있다.

특히 **신진 예술가들의 국제적 역량 강화**를 위해신진예술가 해외연수 프로그램을 운영하여 유망한 젊은 예술인들을 선발, 1~2년간 해외 유학이나 연수를 지원하며, 이는 예술가들이 국제적 안목을 기르고 돌아와 일본 문화계에 환원하도록 하는 투자로서, 일본 전통예술부터 현대미술에 이르기까지 폭넓은 분야의 인재들이 이 제도의 혜택을 받고 성장해 왔다. 일본은 또한 **예술상 시상 및 예우**를 통해 예술가의 사기를 높이고 있다.

문화청 산하 일본예술원(日本芸術院)은 문화공로가 큰 원로 예술인을 회원으로 추대하고 연금을 제공하며, 문화공로자 및 문화훈장 제도를 통해 매년 저명 예술가를 국가 차원에서 포상한다. 최고 영예인 문화훈장은 천황이 직접 수여하며, 수상자에게는 일시금과 평생연금이 주어져 예술인의 사회적 지위 향상에 기여하고 있다. **공연예술** 분야의 전통과 현대를 잇는 지원도 주목할 만하다. 1966년에 설립된 일본예술문화진흥회(日本芸術文化振興会)는 국립극장, 국립노극장, 국립문화극장 등을 운영하면서 전통 공연예술을 보존·전승함과 동시에, 현대 공연예술 작품 제작을 지원하고 있다. 이 기관은 전통예능의 전수자를 체계적으로 육성하고, 현대 무대예술인(연극·무용 등)의 창작활동에도 보조금을 지급하는방식이다.

예를 들어 오키나와의 전통춤 쿠미오도리 계승을 위해 국립극장 오키나와를 세워 지역 예술인들을 지원하고, 도쿄에는 현대공연예술의 산실인 신국립극장을 건립(1997년)하여 오페라·발레 등에도 투자했다. 이러한 노력으로 일본은 **전통예술의 계승**과 **현대예술의 진흥**을 균형 있게 달성하고 있다. 젊은 세대와 아마추어에 대한 문화향유 기회 확대도 중요한 지원 정책입니다. 문화청은 어린이나 청소년이 공연예술을 접할 수 있도록 **티켓 비용 지원 사업**을 펼치고, 학교 예술감상회 프로그램 등을 운영해 왔다. 이를 통해 미래 관객을 육성하고 예술 저변을 확대하여, 예술가들의 활동 기반도 함께 넓히고 있다. 이처럼 일본의 예술가 지원 정책은 **재정**

지원, 인력 양성, 사회적 격려를 아우르며, 예술 창작 생태계 전반을 활성화하는데 기여하고 있다.

디지털 전환

디지털 전환은 21세기 들어 일본 문화정책에서도 중요한 화두가 되었다. 일본은 세계적인 IT 강국답게 문화 분야에도 디지털 기술을 적극 도입하여 문화유산의 기록·보존, 문화콘텐츠의 생산·유통, 문화 향유 방식의 혁신을 추구하고 있다. 우리나라 역시 문화체육관광부 산하에 **국가유산청**을 설치하여 문화유산 업무를 더욱 체계적으로 운영하고 있다.

국가유산청은 문화재의 디지털 기록, 전통문화의 아카이빙, 온라인 공개 등을 통해 유산의 접근성과 활용도를 높이는 데 중점을 두고 있다. 일본의 경우, 앞서 언급한 디지털 문화유산 아카이브 구축은 전통문화 보존과 맥락을 같이한다. 문화청과 국립국회도서관, 박물관 등이 협력하여 방대한 양의 고문서, 미술작품, 민속자료를 디지털화하여 온라인으로 제공하고 있다. 예컨대 국립국회도서관의 디지털 컬렉션은 메이지 시대 이전의 고서화나 고지도 등을 스캔하여 공개하고 있고, 도쿄국립박물관 등은 소장품의 고해상도 이미지를 웹사이트를 통해 열람할 수 있도록 하고 있다. 나아가 첨단 기술을 활용한 문화 향유 시도로서, 주요 박물관에서는 VR 전시 해설이나 AR 앱을 개발하여 관람객이 유물의 원형이나 복원된 옛 건축물을 가상 체험할 수 있도록 하고 있다.

도쿄 에도박물관 등 일부 기관은 상설 전시물에 멀티미디어를 결합해 관객 참여형 전시를 도입하기도 했다. 또한 **문화산업의 디지털화**도 중요한 축이다. 일본의 콘텐츠 산업은 일찍부터 디지털 플랫폼을 통해 성장해왔는데, 정부는 이를 뒷받침하기 위해 **저작권 제도 정비**와 **해적판 단속** 등 법·제도적 지원을 강화했다. 또한 디지털 기술을 활용한 새로운 예술 장르도 장려하고 있다. 문화청은 1997년부터 **일본미디어예술제**를 개최하여 디지털 아트, 웹툰, 게임 등 뉴미디어 분야 창작을 시상·지원하고 있으며, 이는 전통 예술인만큼이나 디지털 시대의 창작자들도 정책 시야에 포괄하고 있음을 보여준다. 더불어 경제산업성은 **첨단기술과 예술의 융합**을 촉진하는 정책을 펼치며, 2020년대 들어 문화×테크(Culture Tech)과 같은 기치를 내걸고 스타트업과 예술가의 협업 프로젝트를 지원하고 있다. 또한, **펜데믹**을 거치며 가속화된 디지털 전환에도 일본 문화정책은 대응하고 있다. 코로나19로 박물관·공연장의 운영이 어려워지자, 온라인 미술관, 공연 스트리밍, VR 축제 등 비대면 문화향유 서비스를 정부 차원에서 지원하였다. 이는 위기 속에서 축적된 디지털 경험을 향후 문화정책에 반영하는 계기가 되었다. 일본은 2021년 디지털청 신설 등 국가적 디지털전략을 추진하면서, 문화 분야에서도 **디지털 아카이브법** 제정 논의, AI를 활용한 문화재 복원 연구 지원 등 새로운 정책을 모색하고 있다. 이처럼 일본은 **디지털 기술을 문화의 보존과 창조 양면에 활용**하여, 시대 변화에 부응하는 문화정책을 전개하는 우수 사례를 보여주고 있다.

국제 문화교류

일본은 **국제 문화교류**를 통해 자국 문화를 세계에 알리고 타국 문화를 수용하는 노력을 오랫동안 지속해왔다. 1972년 설립된 국제교류기금(日本国際交流基金, Japan Foundation)은 일본의 대표적 문화교류 기관으로, 전 세계 20여 개국에 해외 사무소를 두고 일본어 보급, 문화행사, 학술교류 등을 펼치고 있다. 일본정부는 국제교류기금을 통해 해외에서 일본 영화제, 전통공연 투어, 미술전시 등을 개최하고 현지 문화기관과 협력하여 교류 사업을 꾸준히 전개해 왔다. 예를 들어 매년 각국의 일본대사관 및 현지 기관들과 협력하여 **일본 문화주간, 일본문화제** 등의 이름으로 다도 시연, 서예 교실, 애니메이션 상영회 등 행사를 열어 현지인들이 일본 문화를 직접 체험하도록 합니다. 이러한 민간외교 노력은 일본 문화에 대한 세계인의 친숙도를 높여주었다.

또한 일본은 **정부 차원의 문화외교**에도 적극적이다. 외무성은 문화외교를 외교정책의 한 축으로 삼아, 21세기 들어 여러 국가들과 **상호 문화교류의 해**를 지정하여 대규모 행사를 교차 개최해왔다. 예컨대 2018-2019년은 “일본-프랑스 경제·문화 교류의 해"로 지정되어 양국에서 대규모 공연과 전시, 관광홍보 행사가 열렸고, 한중일 3국 간에도 공동 문화행사를 정례화하고 있다. 일본의 도시들은 자매결연을 통해 **도시 간 문화교류**를 활발히 진행하고, 청소년 교류 프로그램, 전통공예 워크숍 등의 형태로 문화적 연결망을 넓혀가고 있다. 국제기구를 통한 문화협력도 일본의 중요한 전략이다.

일본은 1951년 유네스코에 가입한 이후 현재까지 유네스코 활동에 있어 미국, 중국 다음가는 최대 재정 기여국으로서 적극 참여해왔다. 유네스코 집행이사국으로 여러 차례 활동하며 세계유산·무형유산 보호프로그램에 영향력을 행사했고, 일본 신탁기금을 설치하여 개발도상국의 문화유산 보존을 지원하기도 했다. 이를 통해 일본은 국제사회에서 **문화 보존과 다양성 증진의 리더십**을 보여주고 있다라고 생각한다. 한편, 현대 일본 대중문화의 인기에 힘입어 **민간주도의 문화교류**도 활발하다. 세계 곳곳에서 자생적으로 생겨난 일본 애니메이션 팬클럽, 만화축제 등이 일본문화에 대한 긍정적 이미지를 확산시키는 데 기여하고 있으며, 일본 정부도 이를 뒷받침하기 위해 카와이 대사와 같은 민간 친선대사를 임명해 왔다. 그리고 일본은 자국 내에서도 국제문화교류를 촉진하고자, 외국인 예술가를 초청하는 레지던시 프로그램, 국제 예술제 개최(예: 요코하마 트리엔날레 등) 등 **양방향 교류** 정책을 시행하고 있다. 마지막으로 요약하면, 일본의 국제 문화교류 정책은 **전담 기관을 통한 문화외교, 국제기구 참여, 민간문화 파급력 활용**이라는 세 갈래 전략으로 시행중이고, 그 결과 일본은 세계인이 친숙하게 느끼는 문화강국의 위상을 확보했으며, 자국 문화에 대한 국제적 이해를 증진시킨 모범적인 사례로 평가받고 있다.

프랑스

프랑스는 문화예술을 국가 정체성의 핵심으로 간주하며 문화의 나라로 불릴 만큼 체계적이고 풍부한 문화정책을 발전시켜 왔다. 중앙집권적 행정 전통 속에서 1959년 앙드레 말로 문화부 장관 임명 이래 현대적 문화정책의 기틀을 다졌고, 이후에도 막대한 공공투자로 문화유산을 보존·활용하며 예술 창작을 지원해 왔다. 동시에 영화·출판·음악 등 **문화산업을 보호**하기 위한 각종 규제와 지원을 병행하고, **문화 민주화**(문화 향수의 대중화)를 중요한 목표로 삼아왔다. 디지털 시대를 맞아 새로운 도전에 직면했지만, 프랑스는 여전히 문화정책 혁신을 지속하며 국제 문화교류에도 적극 참여하고 있다.

문화산업 진흥

프랑스는 **문화산업** 분야에서 독특한 정책 철학을 가지고 있다. 문화산업을 경제 논리에만 맡길 경우 자국 문화의 다양성과 정체성이 훼손될 수 있다는 우려 하에, **시장 조정과 보호 장치**를 적극적으로 도입해왔다. 이를 일컬어 "문화적 예외(L'exception culturelle)"라고 부르는데, 문화상품은 일반 상품과 달리 특별한 보호가 필요하다는 개념이다. 이러한 철학 아래 프랑스는 영화, 방송, 음악, 출판 등 산업에 다양한 지원과 규제를 병행해 왔다. 우선, **영화산업**에서 프랑스의 사례는 세계적으로 유명합니다. 프랑스는 1946년 세계 최초로 영화 티켓 가격의 일정 비율을 기금으로 조성하여 자국 영화 제작을 지원하는 영화진흥센터(CNC) 시스템을 도입했다. 이 **CNC 기금**은 프랑스 영화를 지속적으로 제작할 수 있는 재원을 마련해 주었고, 헐리우드 영화의 범람 속에서도 프랑스 영화가 꾸준히 높은 시장 점유율을 유지하는 밑거름이 되었다. 오늘날까지도 모든 극장 티켓 판매수익의 10%가량이 CNC로 귀속되어 신인 감독, 예술영화, 지역 시네마테크 등에 재투자되고 있다. 이로써 프랑스는 연간 200편 이상의 영화를 자국에서 제작하며, 칸 영화제 등 국제무대에서도 예술성과 상업성을 겸비한 영화를 선보이고 있다. **방송과 음악** 부문에서는 **쿼터제도**를 운용한다. 한국도 과거 방송과 영화 분야에서 쿼터제도를 시행한 바 있다.

방송 부문에서는 1990년대부터 지상파 방송사들이 일정 비율 이상의 프로그램을 국산 콘텐츠로 편성하도록 의무화했으며, 이는 국내 제작물 보호와 진흥을 위한 정책이었다. 영화 분야에서는 1966년부터 '스크린쿼터제'를 도입해, 영화관이 연간 일정 일수 이상 한국 영화를 상영하도록 법적으로 규정했으며, 이는 2006년 한미 FTA 협상 과정에서 상영일수가 축소되었다. 다만 음악 분야에서는 프랑스처럼 법적으로 자국 음악 방송 비율을 강제하는 명시적인 쿼터제는 시행된 바 없으며, 주로 진흥 정책을 통해 간접적으로 국내 음악을 지원하고 있다. 1994년 미디어법에 따라 라디오 방송은 프랑스어 노래를 전체 송출곡의 40% 이상 틀어야 하며, 황금시간대 TV프로그램 중 일정 비율 이상을 유럽(프랑스) 제작물로 채워야 한다.

이 **프랑스어 노래 의무 방송쿼터** 덕분에 영미권 팝에 밀려나기 쉬운 자국 가수들의 곡이 전파를 탈 기회를 얻고, 프랑스 음악산업이 일정한 시장을 유지할 수 있었다. 또한 음반 산업에는 부가가치세 경감 혜택을 주고, **공연예술 축제**에 보조금을 지원하여 대중음악 생태계를 보호했다.

출판산업에서는 1981년 랑 법(Loi Lang)을 제정하여 **도서정가제**를 실시했다. 이를 통해 대형 서점이나 온라인서점이 책값을 과도하게 할인하지 못하도록 막아, **중소 서점과 다양한 출판사**가 생존할 수 있는 환경을 만들었다. 오늘날에도 프랑스는 소규모 서점이 전국에 분포하고, 연간 신간 종수도 유럽 최고 수준으로 많다.

이 정책은 **문화다양성 보존**의 모범으로 간주되어 여러 나라가 본받기도 했다. 프랑스 정부는 이처럼 **규제를 통한 문화산업 보호**뿐 아니라, **재정 지원과 투자**에도 적극적이다. 매년 국가 예산의 약 1% 이상을 문화예산으로 책정하여 국립 공연장, 도서센터, 오케스트라 등에 보조금을 지급하고, 각 예술 분야별 센터(영화센터 CNC, 음악센터 CNM, 도서센터 CNL 등)를 통해 산업 지원 프로그램을 운영한다.

예를 들어 국립음악센터(CNM)는 공연·음원 제작자에 대한 보조금과 세제 혜택을 제공하고, 국립도서센터(CNL)는 독립 출판사에 저리 대출과 번역 지원금을 제공한다. 이러한 다층적 지원 구조 덕분에 프랑스의 문화산업 종사자는 폭넓은 혜택을 받으며 창작·유통 활동을 이어갈 수 있다. 동시에, 프랑스는 **문화와 기술의 접목**도 추진하며 새로운 산업 기회를 모색하고 있다.

2000년대 이후 **비디오 게임**을 문화산업으로 인정하여 CNC에서 게임 개발 지원금과 세액공제 혜택을 주고 있고, 만화(밴데시네)와 애니메이션 산업에도 투자를 확대했다. 또한 최근에는 스타트업을 통한 **디지털 문화콘텐츠** 육성, VR/AR 기술을 활용한 문화체험 서비스 개발 등을 지원하여 산업 저변을 미래지향적으로 넓히고 있다. 요컨대 프랑스의 문화산업 진흥 정책은 **시장에 휩쓸리지 않도록 적절히 개입하면서 문화적 가치를 지키는 동시에** 산업의 활력을 불어넣는 **균형 전략**이라고 할 수 있다. 이러한 문화적 예외 정책은 2005년 유네스코에서 채택된 문화다양성 보호협약으로 국제사회의 인정을 받았으며, 오늘날까지 프랑스 문화산업의 **풍요로운 다양성**을 유지시키는 원동력이 되고 있다.

예술가 지원

프랑스는 **예술가(문화예술인) 지원**을 국가의 책무로 여기며, 다양한 제도를 통해 예술인의 창작활동과 생활안정을 돕고 있다. 특히 프랑스의 **공연예술인 실업급여 제도**, 일명 인터미탕(intermittents du spectacle) 제도는 세계적으로 독보적인 사례이다. 이 제도는 연극 배우, 무용수, 무대기술자 등 공연예술 분야 프리랜서들이 일정 시간 이상 일하면 실업급여를 받을 수 있도록 한 것이다. 구체적으로 10개월 반 기간 동안 507시간 이상(약 3개월 분량) 공연 관련 노동을 한 예술인은 남은 기간에 실업 수당을 받아 생계를 유지할 수 있다. 이렇게 함으로써 공연계 특성상 일자리가 프로젝트 단위로 단발적인 현실을 보완하고, 예술인들이 **창작의 공백기**에도 생활을 이어갈 수 있게 한 것이다. 현재 약 12만 명 이상의 공연예술인이 이 인터미탕 제도에 등록되어 혜택을 받고 있으며, 코로나19 팬데믹 시기에는 정부가 특별조치로 이들의 자격 기간을 연장해주는 등 보호 장치를 강화하기도 했다. 이 제도는 예술가 지원과 사회보장의 성공적 결합으로 평가받아 다른 국가에서도 관심을 가져왔다. 또한, 프랑스는 **예술가의 사회적 지위 향상**과 **경제적 지원**을 위한 여러 정책을 운용한다. 대표적으로 문화예술 분야 종사자들을 위해 일반 사회보장제도와는 별도로 예술가 및 작가를 위한 사회보험(Congé Spectacle 등)이 마련되어 있고, 예술가들은 소득이 적더라도 건강보험과 연금을 유지할 수 있다. 한편, 창작 지원을 위해 중앙정부와 지방자치단체는 다양한 **예술 창작 레지던시** 프로그램을 제공하며, 선정된 예술가에게 작업 공간과 장학금, 숙식을 지원한다. 파리의 시테 데 자르(Cité des Arts)나 로마의 빌라 메디치(Villa Médicis, 프랑스 아카데미) 등이 유명한 레지던시로 매년 젊은 예술가들을 선발해 창작에 몰두할 기회를 준다. 또한 각종 **공모전과 상**(賞)을 통해 신예를 발굴하고 있으며, 수상자에게 상금과 창작기회를 부여한다.

또한, 공공 커미션(commission publique)도 중요한 지원 방식이다. 프랑스는 공공건축물 건설 시 예산의 1%를 미술작품 설치에 사용하도록 의무화한 1% 문화예술 정책이 오래전부터 시행되고 있다. 이를 통해 수백 건물에 예술작품이 설치되었고 많은 미술가들이 커미션 작업을 받았다. 더불어 도시재생, 공원조성 등의 프로젝트마다 예술가가 참여하여 예술성과 공공성을 결합하는 전통이 있다.

한국도 프랑스의 '1% 문화예술 정책'과 유사한 제도를 1989년부터 시행하고 있다. 「문화예술진흥법」에 따라 일정 규모 이상의 공공건축물을 신축할 때, 공사비의 최대 1% 이내를 공공미술 설치에 사용하도록 규정하고 있으며, 실제 운영 비율은 지자체 조례에 따라 0.5~1% 수준에서 조정된다. 최근에는 직접 미술작품을 설치하는 방식 외에도, 문화예술진흥기금에 해당 비용을 출연하는 방식 등으로 제도가 다양화되어 운영되고 있다.

교육과 관객 개발 측면에서도 예술가들을 지원하고 있다. 초중등 교육 과정에 예술교육이 포함되어 예술가들이 학교에서 교육프로그램을 진행할 기회를 얻고, 이를 통해 추가 수입을 얻는 동시에 어린이들에게 예술을 전파한다. 또한 국공립 공연장과 미술관들은 예술가들을 위한 **예술교육사** 자리나 워크숍 진행 기회를 제공하여 예술가의 활동영역을 넓혀준다. 그리고 프랑스는 **예술가 권익 단체**들도 활발히 활동하며 정부 정책에 목소리를 낸다.

예술가 노조와 협회들은 정부와 교섭해 지원 제도의 확대나 개선을 이끌어냈고, 이를 통해 예술가의 권리가 제도적으로 보장되는 환경을 구축했습니다. 이러한 **거버넌스 구조** 역시 프랑스 예술계 지원의 한 축이라 할 수 있다. 결과적으로, 프랑스의 예술가 지원 정책은 **사회보장, 재정지원, 일자리 창출, 권익 보호** 등의 측면에서 다각도로 이루어져 있다. 그 덕분에 프랑스는 수많은 예술가를 양성하고 유지할 수 있었으며, 파리 등지에 전 세계 예술 인재가 모여드는 **예술의 허브**로 기능할 수 있었다. 이러한 전방위적 예술가 지원은 문화강국 프랑스의 저력을 받치는 핵심 요소로 평가받는다.

디지털 전환

디지털 전환은 프랑스 문화정책에 새로운 기회이자 도전으로 대두된 분야이다. 프랑스는 일찍이 디지털 기술을 문화유산 보존과 콘텐츠 확산에 활용해왔으며, 21세기 들어 문화 분야의 디지털화에 선도적인 행보를 보여주었다. 가장 선구적 사례로 종종 언급되는 것이 갈리카(Gallica)이다. 이는 프랑스 국립도서관(BnF)이 1997년 개설한 디지털 도서관으로, 수백만 점에 달하는 방대한 자료를 디지털화하여 무료로 제공하고 있다. 갈리카를 통해 중세 필사본, 혁명기 신문, 19세기 소설 등 귀중한 문헌들이 세계 누구나 접속해 열람할 수 있게 되었고, 학술 연구와 교육에 혁신을 가져왔다. 이러한 문헌 디지털화 노력은 이후 유럽 연합의 **유로피아나**(Europeana, https://www.europeana.eu/en)플랫폼 구축에도 큰 기여를 하여, 유럽 차원의 문화유산 공동 디지털 아카이브에 프랑스 자료가 다수 포함되었다. **박물관과 미술관의 디지털화**도 활발하다.

루브르 박물관은 소장 작품의 상당수를 온라인 컬렉션으로 공개하고 있고, 오르세 미술관 등 주요 기관들도 VR 투어, 소셜미디어 전시 등의 시도를 통해 전 세계 관람객이 디지털로 작품을 감상할 수 있도록 했다. 심지어 베르사유 궁전은 구글과 협력하여 VR 앱으로 궁전 내부를 체험하도록 하는 등 첨단 기술을 도입했다.

이러한 **디지털 개방 정책**은 문화자원의 접근성을 높이고 프랑스 문화의 영향권을 인터넷 공간으로 확장시켰다. **문화행정의 디지털화** 측면에서는, 프랑스 문화부가 주도하여 문화 관련 데이터를 공개하는 오픈데이터 정책을 추진하고, 문화예술 지원 신청 등을 온라인화하여 효율성을 높였다.

또한, 2018년에는 문화유산 청사진인 "문화유산 3.0 계획"을 발표하여, 3D 스캐닝과 드론 촬영 등을 활용한 유산 기록, 디지털 게임을 통한 문화유산 교육 등 **문화유산과 디지털 기술의 융합**을 장려하였다.

프랑스는 **디지털 문화콘텐츠 창작**에도 투자하고 있다. **영상산업** 분야에서는 앞서 언급한 바와 같이 CNC가 비디오게임, 웹드라마 등 뉴미디어 콘텐츠에도 지원을 제공하며, **디지털 아트** 분야에서는 국내외 페스티벌(예: 레지오낭스, 비바테크 등)을 통해 혁신적 작품을 소개한다. 또한 스타트업 육성정책과 연계하여, 문화와 기술을 접목한 창업(뮤지엄테크, 음악 스트리밍 등)을 지원하고 있다.

Pass Culture(문화패스)와 같은 프로그램도 디지털 전환과 관련된 주목할 만한 사례이다. 2021년 전국적으로 시행된 문화패스는 18세 청년들에게 1인당 300유로 상당의 크레딧을 지급하여, 전용 모바일 앱에서 책·영화·공연 티켓·디지털 콘텐츠 등을 구매하도록 한 정책이다. 이를 통해 청년층의 문화 소비를 촉진하고 지역 문화산업에 활력을 불어넣고자 했습니다. 시행 초기에는 사용 내역이 특정 분야(만화 등)에 편중되는 문제 등이 제기되었지만, 프랑스 정부는 이 실험을 통해 **디지털 플랫폼을 활용한 문화정책**의 새로운 가능성을 열었다.

다만, 디지털 전환은 **전통적 문화산업과의 충돌**도 야기했다. 예컨대 넷플릭스 등 글로벌 OTT의 진출에 대응하여, 프랑스는 이들에도 로컬 콘텐츠 투자 의무와 세금을 부과하는 한편 자국 OTT(까날,살토 등)를 지원하는 등의 조치를 취했다. 또 아마존 등의 영향으로부터 출판 유통망을 지키기 위해 온라인 서점의 배송료를 법으로 규제하기도 했다. 이러한 대응은 **디지털 시대에도 문화적 예외를 지키려는 노력**의 연장선이다. 요약하면, 프랑스는 **디지털 기술을 문화유산 보존 · 활용에 적극 도입**하여 개척자적 성과를 냈고, **디지털 콘텐츠와 전통 산업의 균형**을 모색하면서 새로운 세대를 위한 문화 향유 방식을 개발해가고 있다. 이는 전통 강국인 프랑스가 시대 변화 속에서도 문화적 입지를 지키기 위해 얼마나 혁신을 추구하는지를 보여주는 사례이다.

국제 문화교류

프랑스는 근대 이래로 **문화 외교**의 중요성을 일찍이 깨닫고 조직적으로 국제 문화교류를 펼쳐온 나라이다. 그 핵심에는 전 세계에 촘촘히 퍼진 알리앙스 프랑세즈(Alliance Franéaise)와 **프랑스 문화원** 네트워크가 있다. 알리앙스 프랑세즈는 1883년 설립된 비영리 단체로 프랑스어와 문화를 보급하는 기관이며, 현재 전 세계 133개국에 800여 개의 센터가 운영되고 있다. 이를 통해 매년 수십만 명이 프랑스어를 배우고 불어권 문화에 입문하고 있고 프랑스 정부가 직접 운영하는 **재외 문화원/문화기관**(과거 명칭 문화원, 현재는 주로 Institut Franéais라 불림)은 98개국 150여 개 도시에 위치하며, 현지에서 영화제, 전시, 연주회, 학술토론 등 풍부한 프로그램을 실행하고 있다. 예컨대 독일 베를린의 프랑스 문화원은 매년 프랑코포니 영화제를 개최하고, 일본 도쿄의 문화원은 프랑스 현대미술 전시와 샹송 공연을 선보이는 식이다. 이러한 네트워크는 프랑스어권뿐만 아니라 전 세계에 **프랑스 문화의 지속적인 존재감**을 심어주고 있다. 한국은 프랑스처럼 전 세계에 문화 네트워크를 구축하여 한국 문화를 알리고 있다.

현재 문화체육관광부 산하의 재외한국문화원은 **30개국 35개소**에서 운영되고 있으며, 각 문화원은 전시, 공연, 한국어 강좌 등 다양한 문화 프로그램을 통해 현지인들에게 한국 문화를 소개하고 있다. 또한, 한국어 교육을 위한 세종학당은 **82개국 234개소**에서 운영되고 있으며, 2023년 기준으로 약 **17,700,000명**의 학습자가 한국어를 배우고 있으며, 이러한 글로벌 문화 네트워크는 프랑스 문화원이 전 세계에서 프랑스 현대미술 전시와 샹송 공연을 통해 프랑스 문화를 알리는 것처럼, 한국도 전 세계에서 한국 문화를 지속적으로 확산시키고 있다.

그리고 프랑스의 국제 문화교류는 **쌍방향 교류** 원칙을 강조한다. 1980년대 미테랑 대통령 시절 창설된 문화행동(francophonie culturelle) 프로그램 등은 아프리카, 아시아, 동유럽 등지의 예술가들을 프랑스에 초청하여 공연과 전시를 열고, 동시에 프랑스 예술가들은 해당 지역에 파견하여 협업하도록 지원했다. 이를 통해 문화 식민주의가 아닌 **상호 존중의 교류**를 실현하고자 했다. 이 정신은 프랑스가 주도한 **프랑코포니**(Francophonie) 운동에서도 드러나는데, 프랑스어를 공용어로 쓰는 아프리카·아시아국가들과 함께 국제기구(OIF)를 구성하여 문화와 교육 협력을 강화하고 있다.

또한 프랑스는 **대형 문화행사**를 통해서도 문화교류에 앞장선다. 칸 국제영화제, 아비뇽 연극제, 앙굴렘 국제만화페스티벌 등 세계 각국 예술인이 참여하는 행사를 개최함으로써 문화 교류의 장을 마련하고 특히 칸 영화제는 세계 영화인들의 축제로, 프랑스가 영화 예술을 통해 국제교류를 선도하는 상징적 플랫폼이다. 또한 2024년 파리 올림픽과 패럴림픽을 준비하며 문화 프로그램을 연계하여, 스포츠와 문화를 아우르는 국제적 축제를 기획하고 있다. **정부 간 문화교류 협정**도 프랑스 문화외교의 기반이다. 프랑스는 130여 개국과 문화협정을 체결해 정례적인 문화교류 계획을 운영하며, 정부 차원의 **교차 문화의 해**를 열곤 한다.

예를 들어 2015~2016년은 한불 상호교류의해로 지정되어 한국과 프랑스에서 300건이 넘는 문화행사가 열렸다. 마찬가지로 2019년 프랑스-일본 문화의 해, 2022년 프랑스-포르투갈 문화시즌 등 특정 국가와 주제를 정해 대규모 교류를 추진한다. 이는 단발성 행사가 아니라 양국 문화기관, 예술인 간에 지속 가능한 파트너십을 구축하는 계기가 된다. 마지막으로, 프랑스 문화교류의 중요한 측면은 **지속적인 문화적 영향력 유지**이다. 패션, 요리, 예술 등 생활문화 영역에서 프랑스의 위상은 여전히 높고, 이는 정부 정책뿐 아니라 역사적으로 축적된 문화 자본 덕분이기도 하다. 프랑스는 이를 현대적으로 계승·발전시키기 위해 국제 학생 교환(에라스무스 프로그램 참여, 해외 문화인에게 장학금 등), 외국 현지인 대상 축제(예: 세계 각국의 음악가들이 함께하는 'Féte de la Musique' 국제화) 등을 추구한다.

이러한 노력으로 프랑스는 글로벌화 시대에도 **문화민족의 정체성**을 확고히 하면서, 세계 시민들과 풍부한 **문화적 대화**를 이어가는 모범을 보여주고 있다. 이와 같이 일본, 프랑스는 각기 고유한 역사·사회적 맥락 속에서 **다양한 문화정책을 실**

천해왔으며, 그 과정에서 **우수한 사례**들을 만들어냈다. 일본은 전통과 대중문화를 아우르며 문화의 힘을 높였고, 프랑스는 문화적 가치 수호와 산업진흥의 균형을 이뤘다. 이들 사례는 문화정책의 주요 영역, 전통문화 보존, 문화산업 진흥, 예술가 지원, 디지털 전환, 국제교류마다 시사점과 교훈을 제시한다. 각국의 성공 요인은 제도적 뒷받침, 지속적 투자, 민관 협력, 문화의 자율성 존중 등으로 요약될 수 있으며, 이러한 요소들은 우리나라를 비롯한 다른 국가의 문화정책 수립에도 유용한 참고가 될 것이다. 문화는 한 국가의 얼굴이자 미래 세대를 위한 자산인 만큼, 세계 각국의 우수 사례를 벤치마킹하며 **창의적이고 지속가능한 문화정책**을 모색해 나가는 노력이 계속되어야 한다.

Chapter 4 한국의 문화예술조직과 예술단체의 예산과 재원조성

한국의 문화예술 조직은 매우 다양하며, 그 성격과 역할에 따라 여러 기준으로 분류될 수 있다. 본 절에서는 **공공 vs 민간, 장르별, 법적 형태별, 기능적 역할별, 지역 기반별** 다섯 가지 관점에서 한국 문화예술 조직을 구분하고 설명하겠다.

1 ▶▶ 공공 문화예술 조직 vs 민간 문화예술 조직

공공 문화예술 조직은 국가 또는 지방자치단체가 설립하거나 운영을 주도하는 조직으로서, 주로 공공재적 성격의 문화예술 서비스를 제공한다. 예를 들어 문화체육관광부 산하의 국립극단, 국립발레단, 국립현대미술관, 국립중앙박물관 등 국립 예술기관과 각 지자체가 운영하는 시립예술단(시립교향악단, 시립무용단 등)과 지역 문화시설이 이에 해당한다. 공공 조직들은 정부 예산의 지원을 받아 운영되며, 예술의 전당이나 세종문화회관처럼 대규모 인프라를 갖추고 국민들에게 공연·전시 관람 기회 제공, 예술교육, 문화유산 보존 등의 공적 임무를 수행한다.

이러한 공공 문화예술 기관들은 설립 주체가 국가/지자체이므로 운영에 있어 공공성, 접근성, 공익성이 강조된다. **민간 문화예술** 조직은 개인이나 민간 법인에 의해 설립·운영되는 조직으로, 영리 여부와 관계없이 다양하게 존재한다. 민간 조직에는 순수 예술가들이 자발적으로 모여 결성한 예술단체, 사립 미술관이나 갤러리, 민간 공연기획사, 예술가 협회, 그리고 기업이 운영하는 문화재단 등이 모두 포함된다.

이들은 시장 메커니즘이나 민간의 후원, 자체 수입 등에 기반하여 활동하며, 공공 조직에 비해 운영의 자율성과 유연성이 높은 편이다. 민간 문화예술 단체 중 상당수는 비영리 형태로 운영되면서 공익적 활동을 하며, 일부는 상업 공연기획사나 엔터테인먼트 회사처럼 영리 기업 형태로 운영되기도 한다.

한국의 문화예술 분야에서는 공공과 민간 조직이 함께 예술 서비스 공급 체계를 이루고 있다. 공공 부문이 예술의 기반을 마련하고 접근성을 높이는 역할을 한다면, 민간 부문은 다양한 창의적 시도를 통해 예술현장의 활력을 불어넣는다.

연구에 따르면 한국에서 **법인 형태**로 공식 등록된 문화예술 조직은 약 760여 개(2001년 기준)였으며, 법인으로 등록되지 않은 민간 조직까지 포함하면 총 2,200여 개에 달하는 것으로 파악된 바 있다. 이는 문화예술 분야에서 정부나 공공기관뿐만 아니라 수많은 민간 조직이 예술 서비스 공급에 참여하고 있음을 보여준다. 문화예술이 갖는 준공공재적 성격 때문에 현대사회에서는 국가, 지자체, 기업, 시민 등이 예술가와 예술조직을 지원하는 제도를 마련해왔고, 그 결과 시장(영리 기업)·비영리 조직·공공기관 등이 공존하는 복합적인 예술 생태계가 형성되어 있다. 이러한 공공과 민간의 균형을 통해 한국의 문화예술은 발전해왔으며, 정부도 민간 부문과 협력하여 예술 지원 정책을 추진하는 등 거버넌스를 구축하고 있다.

1-1 장르별 문화예술 조직 분류

문화예술 조직은 다루는 예술 장르에 따라 분류할 수도 있다. **공연예술, 시각예술, 문학, 전통예술, 융합예술** 등 각 예술 분야별로 특화된 조직들이 활동하고 있다.

공연예술 분야 조직: 연극, 무용, 음악(양악/국악), 오페라, 뮤지컬 등 공연예술을 창작·공연하는 단체들이 해당된다. 예를 들어 국립극단, 국립무용단, 국립국악원 등 국공립 공연단체뿐 아니라, 민간에서도 극단 △△(연극단체), ○○무용단, △△오케스트라 등의 이름으로 수많은 전문 공연예술단체가 활동 중이다. 2022년 기준 공연예술 분야의 활동 건수가 크게 늘어나 전체 문화예술 활동에서 가장 큰 증가세를 보였으며, 이는 공연예술 단체들의 활발한 창작을 반영한다. 공연예술 조직들은 해당 장르의 특성에 맞는 예술가(배우, 무용수, 연주자 등)와 제작진을 갖추고 작품을 기획·제작하여 무대 공연을 선보인다.

시각예술 분야 조직: 미술(회화, 조각, 사진 등), 디자인, 공예, 설치미술 등 시각예술을 다루는 조직이다. 대표적으로 국립현대미술관, 시립미술관과 같은 공공미술관과 더불어, 사립미술관(예: 리움미술관), 화랑(갤러리), 미술협회, 전시기획사 등이 있다. 이들은 전시회를 기획하고 작가를 지원하며 미술작품의 유통과 교육을 담당한다. 시각예술 조직은 작가들의 창작 발표 기회를 제공하고 시민들의 미술 향유를 증진시키는 역할을 한다. 예컨대 한국문화예술위원회(문예진흥기금)를 통한 시각예술 창작지원 사업이나, 지역미술관들의 전시 개최 등이 시각예술 조직의 활동으로 이루어진다.

문학 분야 조직: 문인협회, 출판사, 문학관, 문예지 발행 단체 등 문학과 출판예술 영역의 조직들이다. 한국문화예술위원회 문학지원사업이나 지역문학관 운영 등이 공공측면의 예이며, 민간에서는 한국작가회의, 펜클럽, 출판문화협회 같은 단체들이 활동한다. 문학 조직은 문학창작 지원, 문학행사 개최(예: 문학제, 낭독회), 작가와 독자를 이어주는 출판 및 유통 등을 수행한다.

전통예술 분야 조직: 전통음악(국악), 전통무용, 연희, 전통공예 등 한국의 전통문화예술을 계승·발전시키는 조직들이다. 국립국악원 산하의 국악단이나 각 시·도립 국악관현악단, 무형문화재 보존회, 전통예술단체 등이 이에 속한다. 예를 들어 중요무형문화재로 지정된 종목(판소리, 가야금산조 등)의 보유자들이 구성한

보존회는 해당 전통예술의 전승을 위한 공연·전수활동을 펼치는 단체이다. 또한 민간의 전통예술단(예: ○○농악단, △△탈춤보존회 등)도 지역마다 존재하여 전통예술 공연과 교육을 담당하고 있다.

융합예술 및 기타 분야 조직: 현대예술에서 장르 간 경계가 허물어지면서 다원예술, 복합예술을 지향하는 단체들도 있다. 미디어아트, 퍼포먼스아트, 설치·공연 결합 형태의 예술 등 융복합예술 조직들이 실험적인 작품 활동을 한다. 아울러 영화, 건축, 문화재 등 특정 분야에 특화된 조직(예: 영화진흥위원회, 건축가협회, 문화유산보호재단 등)도 넓은 의미의 문화예술 조직에 포함된다. 다만 영화나 디자인 산업 등은 별도의 콘텐츠 산업으로 다루어지는 경우가 많아, 순수예술단체와는 지원 체계나 성격에 차이가 있다.

각 예술 장르별 조직들은 자기 분야의 예술가들을 결집시키고 전문성을 발휘하여, 한국 문화예술의 장르적 다양성과 심화를 이끌고 있다. 정부의 문화예술진흥 정책도 장르별 특성을 고려하여 사업을 설계하는데, 예를 들어 문화예술진흥법에 근거한 지원사업은 문학, 미술, 음악, 무용, 연극, 전통예술 등 장르 구분에 따라 추진된다.

1-2 법적 형태별 분류 (사단법인, 재단법인, 비영리민간단체, 사회적기업 등)

문화예술 조직은 법적 지위와 설립 형태에 따라 구분할 수 있다. 법적 형태는 조직의 **거버넌스 구조, 의사결정 방식, 권리 · 의무 관계**를 규정짓는 중요한 요소로, 특히 자금 조달과 정부지원 측면에서 영향을 미친다. 한국의 문화예술 조직들이 취하는 주요 법적 형태는 다음과 같다.

임의단체: 법인격을 취득하지 않은 상태의 자발적 모임을 말한다. 많은 예술단체들이 초기에는 별도의 법적 절차 없이 예술가들 또는 기획자들의 동호회적 모임으로 출발한다. 이런 **비법인 임의단체**는 법률적으로는 권리능력이 없고 공식 후원

금을 받거나 계약 주체가 되는데 한계가 있지만, 설립과 운영이 간편하여 소규모 예술모임에 흔하다. 문화예술 분야에서는 상당 기간 임의단체로 활동하다가 필요에 따라 법인격을 취득하는 사례가 많으며, 어떤 단체는 아예 끝까지 임의단체로 남기도 한다. 임의단체라도 사업자등록을 통해 고유번호를 받아 세무 처리나 계약을 진행하는 경우도 있다.

비영리 사단법인: 회원들이 모여 공동의 비영리 목적을 추구하는 법인 형태이다. **사단법인**은 민법 제32조에 따라 주무관청(문화예술 단체의 경우 문화체육관광부 장관이나 해당 지자체장)의 허가를 받아 설립된다. 문화예술 분야의 사단법인은 대개 문화예술 진흥이나 예술가 권익 보호 등의 목적을 지닌다(예: 한국음악협회, 한국미술협회 등). 사단법인 설립을 위해서는 일정 요건을 갖춰야 하는데, 보통 관련 부처의 내부 지침으로 **회원 수 100명 이상, 기본재산 5억원 이상** 등의 요건이 요구된다.

실제로 문화체육관광부 문화예술과의 안내에 따르면 "회원 100명 이상 및 5천만 원 이상의 기본재산"이 있어야 설립 허가를 고려하며, 기본재산은 법인이 해산될 때까지 처분할 수 없고 청산 시 유사 단체에 귀속되어야 한다. 법적으로는 민법상 최소 발기인 2인이면 설립이 가능하나, 주무관청의 인가단계에서 더 엄격한 기준을 적용하는 셈이다. 허가를 받으면 등기 절차를 통해 법인격이 부여되고, 총회와 이사회 등 법인 운영체계를 갖추어 활동하게 된다. 비영리 사단법인은 수익사업을 할 경우 사전에 신고하도록 규정되어 있으며, 정관상 목적사업 수행 외 영리 배분을 할 수 없다.

비영리 재단법인: 특정 목적을 위해 출연된 재산을 기반으로 설립되는 법인으로, 이사진이 재산을 관리·운영하여 목적사업을 수행한다. 문화예술 분야에서는 주로 **문화예술 후원재단**이나 **장학재단, 문화재단** 형태가 재단법인에 속한다. 예를 들어 삼성문화재단, 아름지기재단(전통문화 분야) 등은 설립자가 출연한 자산으로 문화예술 지원사업을 운영하는 재단법인이다. 재단법인도 사단법인과 마찬가지로

주무관청 허가와 등기 과정을 거쳐 성립하며, 일정 규모 이상의 기본재산(예: 수억 원 이상 출연)이 필요하다.

재단법인은 회원제가 아니라 출연재산과 운영주체(이사회)를 중심으로 하기 때문에, 장기적 안정성이 보장되는 대신 의사결정이 이사회에 집중된다. 문화예술 분야 재단법인은 장학금 지급, 예술인 복지, 문화유산 보존, 문화행사 개최 지원 등 다양한 공익사업을 수행하며, 법적으로 비영리법인이므로 수익 배분은 하지 않는다.

비영리민간단체(Non-Profit NGO): 법인이 아니면서 일정 요건을 갖춘 민간단체를 관할관청에 등록한 경우를 말한다. 행정안전부소관 「비영리민간단체 지원법」에 따라 공익활동을 주목적으로 하는 단체가 등록할 수 있는 제도이다.

비영리민간단체 등록 요건은 최근 1년 이상 공익활동 실적, 상시 구성원 100인 이상 등이며, 법인처럼 기본재산을 요구하지 않고 설립허가도 필요 없으므로 절차가 간편하다. 다만 임의단체보다는 요건이 엄격하여, 비교적 규모가 있는 단체들이 등록을 통해 법적 지위를 인정받는 문화예술분야에서도 일부 단체는 법인설립 대신 이 방식을 택해 지자체 등에 **비영리민간단체**로 등록하고, 보조금 신청 등의 자격을 얻는다.

예를 들어 지역에서 활동하는 생활예술 동호회나 문화예술교육 단체 등이 일정 규모에 도달하면 비영리민간단체로 등록하여 행정적 지원을 받기도 한다.

사회적기업: 문화예술 조직 중에는 고용노동부 인증을 통해 사회적기업이 된 사례도 있다. **사회적기업**은 「사회적기업 육성법」에 근거하여 취약계층 일자리 제공이나 사회서비스 제공 등 사회적 목적을 추구하면서 영업활동을 하는 기업을 말한다. 문화예술분야의 사회적기업은 예술을 통한 사회공헌을 목표로 하며, 예술가들의 일자리 창출, 문화복지 향상 등을 위해 설립된다. 예를 들어 발달장애인 예술가들을 고용하여 공연을 만드는 극단, 문화소외 지역에 예술교육 서비스를 제공하는 단체 등이 사회적기업으로 인증받은 사례가 있다.

사회적기업이 되면 세제 혜택, 인건비 지원 등 정부의 지원을 받을 수 있으나, 이를 위해서는 유급근로자 고용, 의사결정에 이해관계자 참여, 수익의 사회적 목적 재투자 등의 까다로운 인증 요건을 충족해야 한다. 문화예술분야 예비사회적기업 지정 제도도 있어, 일부 단체는 예비사회적기업으로 지정된 후 요건을 갖춰 정식 사회적기업으로 전환하기도 한다.

영리법인(회사): 문화예술 분야에서도 영리 추구를 목적으로 한 기업 형태 조직이 존재한다. 예를 들어 상업공연 기획사, 연예 매니지먼트 회사, 영화제작사, 음반사, 아트페어 주최 회사 등은 주식회사 등 영리회사 형태로 운영된다.

순수예술 부문에서는 상대적으로 소수지만, 뮤지컬이나 대중음악 등 산업화된 예술분야에서는 CJ엔터테인먼트, SM엔터테인먼트와 같은 대기업 계열의 문화사업 법인부터 중소규모 기획사까지 다양한 영리법인이 활동한다.

이들은 문화상품의 제작·유통을 통해 수익을 창출하며 산업적 성격을 띤다. 한편 영리기업이라도 문화예술 진흥에 기여하는 경우, 정부의 지원 대상에서 완전히 배제되지는 않는다(예를 들어 우수 영화에 대한 정책자금 지원 등). 이처럼 법적 형태에 따라 문화예술 조직은 그 설립 절차와 운영 방식이 크게 달라진다. 특히 **전문예술법인 · 단체 제도**는 정부가 문화예술 분야 비영리 조직의 전문성을 인정하여 별도로 지정하는 제도인데, 이는 법인의 형태와는 별도로 주어지는 **인증 지위**다. 문화예술진흥법 제7조에 근거한 전문예술법인·단체 지정제도는 2000년 처음 도입되어 일정 기준을 충족하는 예술법인이나 단체를 문화체육관광부장관 또는 시·도지사가 전문예술법인(단체)으로 지정·육성하도록 한 것이다.

전문예술법인·단체로 지정되면 여러 혜택이 있는데, 가장 큰 혜택은 **기부금품 공개모집 허가**이다. 해당 법인·단체는 「기부금품의 모집 및 사용에 관한 법률」의 제한을 받지 않고 자유롭게 기부금을 모금할 수 있어 재원 조달이 용이해진다. 2022년 1월 법 개정으로 전문예술단체(법인격 없는 단체)까지도 이러한 기부금 공개모집 권한을 갖게 범위가 확대되었다. 다만 상업적 성격을 배제하기 위해 영리법인은 지정 대상에서 제외되었으며, 기존에 지정받은 영리 법인은 일정 유예기간 후 지위를 상실하도록 변경되었다. 전문예술법인·단체 제도를 통해 정부는 재정이 열악한 비영리 예술단체의 **자생력**과 **경쟁력**을 높이고자 하며 실제로 전국 각지에서 많은 예술단체들이 이 지위를 취득하여 혜택을 받고 있다. 예를 들어 강원특별자치도는 2023년 기준 도내 15개 시·군에 총 125개의 전문예술법인·단체를 지정하여 운영 중이다. (춘천 53개, 원주 25개 등) 이처럼 전문예술법인·단체로 공인된 예술단체들은 정부 인증을 통해 신뢰도를 높이고, 기부 문화 활성화 및 세제 혜택 등을 통해 활동 기반을 강화하고 있다.

1-3 기능적 역할별 분류(기획, 제작, 유통, 교육, 지원 등)

문화예술 조직은 수행하는 주요 기능이나 역할에 따라 분류하기도 한다. 한 조직이 여러 기능을 겸할 수도 있지만, 주된 운영 목적에 따라 다음과 같은 유형으로 나눌 수 있다.

창작/제작 중심 조직: 예술작품을 직접 창작하고 제작하는 것을 주된 목적으로 하는 조직이다. 공연예술 창작단체(극단, 무용단, 작곡가 그룹 등)는 새로운 공연 작품을 만들어 무대에 올리는 **제작사** 역할을 한다. 시각예술 분야의 창작 중심 조직으로는 창작스튜디오(레지던시)나 예술인 공동체 등이 있어 작품 제작과 실험을 주도한다.

이러한 조직들은 예술가(창작자)들이 중심이 되어 예술 창작 그 자체에 조직의 역량을 집중하며, 완성된 작품을 세상에 내놓는 데에 목표를 둔다. 예컨대 민간 연극단체인 △△극단은 연중 새로운 연극 작품을 개발하고 연출하여 공연하고, 독립영화 제작사 ㅇㅇ필름은 예술영화를 기획·촬영하여 완성하는 식이다.

기획/프로듀싱 조직: 문화예술 콘텐츠를 기획하고 프로듀싱하는 데 특화된 조직이다. 공연기획사, 전시기획사, 축제기획위원회 등이 이에 속한다. 이들은 반드시 자체 예술가를 고용하지는 않지만, 외부 예술가들과 협업하여 하나의 작품이나 행사를 기획·총괄한다.

예를 들어 ○○공연기획사는 다양한 아티스트의 공연 투어를 기획하여 무대, 홍보, 판매를 관리하고, △△비엔날레 조직위원회는 국내외 작가들을 섭외해 전시 전체를 기획한다. 이러한 기획 조직은 예술과 관객을 연결하는 **중개자** 역할을 하며, 프로그램 구성 능력과 예술경영 역량이 중요하다.

유통/공연장 및 전시공간 운영 조직: 만들어진 예술 작품을 **유통**하고 **전시·공연 공간**을 제공하는 조직이다. 극장, 공연장, 콘서트홀, 미술관, 갤러리, 아트페어 운영기관 등이 해당된다. 공공부문의 문화예술회관이나 시립미술관부터 민간의 소극장, 사설 갤러리까지 다양하다.

이들은 자체 기획 공연이나 전시도 하지만, 타 단체의 작품을 유치하여 관객에게 선보이는 **플랫폼 역할**을 한다. 공연장 운영조직의 예로 세종문화회관(서울시 산하)은 자체 제작 공연도 하지만 다양한 외부 공연단의 무대를 제공하고 있고, 민간 극장인 샤롯데씨어터는 뮤지컬 전문 공연장으로 여러 제작사의 뮤지컬을 유치한다.

마찬가지로 화랑협회가 주최하는 한국국제아트페어(KIAF)는 작품 유통을 위한 시장 플랫폼이며, 전국 문예회관들은 **공연장 대관**을 통해 작품 유통을 지원한다. 이러한 유통 조직이 있어 예술창작물이 관객과 만나고 경제적 거래(티켓 판매, 작품 판매)가 이루어질 수 있다.

교육 및 인력양성 조직: 문화예술 교육과 인재 양성에 중점을 둔 기관들이다. 예술대학, 예술중·고등학교, 문화예술교육센터, 지역문화학교, 청소년 예술단 등이 이에 포함된다. 이들은 **예술가를 육성**하거나 **대중의 문화예술 역량을 높이는 교육**을 수행한다.

예를 들어 한국예술종합학교나 서울예술대학교 등은 전문 예술인을 양성하는 고등교육기관이고, (재)한국문화예술교육진흥원은 아동·청소년·생활문화 대상의 문화예술교육 정책을 추진한다. 각 지자체 문화재단에서도 지역주민 대상 예술 강좌, 동아리 활동 지원 등을 통해 생활문화교육을 제공한다. 이러한 교육 조직은 예술의 **저변 확대와 지속적인 인력 공급**에 기여하며, 교육을 통해 미래의 예술가와 관객을 함께 길러낸다.

지원/중간지원 조직: 문화예술계를 직접 지원하거나 행정적·재정적 뒷받침을 하는 조직들이다. 대표적인 것이 **예술지원기관**으로, 한국문화예술위원회(예술위)와 같은 공공기금 운영 기관과 지역문화재단들이 있다.

한국문화예술위원회는 문화예술진흥기금을 통해 매년 수천 건의 예술 창작·공연·전시 등에 보조금을 지원하는 핵심 기관이다. 서울문화재단, 경기문화재단 등 지역문화재단들도 지역 예술가와 단체를 공모를 통해 지원하며 지역문화진흥 정책을 집행한다.

이외에도 기업 메세나(문화예술 후원)를 중개하는 **한국메세나협회**, 예술인들의 복지를 담당하는 **예술인복지재단**, 예술경영 컨설팅과 정보제공을 수행하는 **예술경영지원센터**(KAMS) 등 다양한 중간지원 조직이 있다.

이들은 직접 창작을 하진 않지만, **재원 지원, 경영 자문, 국제교류 지원, 정책 개발** 등으로 예술 생태계를 간접적으로 떠받치는 역할을 한다. 가령 예술경영지원센터는 문화예술 단체 대상 컨설팅, 교육, 자료 발간 등을 통해 예술단체들의 경영역량 강화를 돕고 있으며 한국메세나협회는 기업들의 문화예술 후원을 장려하고 우수 후원 사례를 인증하는 사업을 한다.

축제/이벤트 조직: 축제 조직위원회나 문화행사 추진위원회처럼, 특정 **프로젝트성 이벤트**를 주관하기 위한 조직도 있다. 예를 들어 **부산국제영화제 조직위원회, 서울비엔날레 운영위원회** 등은 행사의 기획·운영에 집중하는 조직이다. 이들은 행사가 끝나면 활동이 일시적으로 소강상태가 되거나 조직이 해산되기도 하나, 주기적으로 행사를 개최하며 상설 조직화된 경우도 많다.

축제 조직은 행사기간에는 제작·유통·홍보 등 모든 기능을 수행하는 종합 조직으로 기능하고, 지역 경제와 관광에도 파급효과를 주기 때문에 지방자치단체와 협력하여 운영된다.

요약하면, 어떤 조직은 예술을 **만드는 데** 주력하고, 어떤 조직은 **관객에게 전달하는 통로** 역할을 하며, 또 어떤 조직은 **배후에서 지원**하거나 **예술 인력을 키워내는** 데 주력한다. 이러한 기능별 분화는 문화예술 생태계의 각 단계(창작→제작→유통→소비→평가)에 전문성을 제고하고 효율성을 높이는 역할을 한다. 다만 최근에는 한 조직이 복합 기능을 수행하는 경우도 많다.

예를 들어 지역문화재단은 지원조직이면서 지역 축제도 주관하고, 예술단체들이 교육 프로그램을 운영하거나 자체 공연장을 관리하기도 한다. 따라서 경직된 구분보다는 **주요 사업의 비중**에 따라 이해하는 것이 바람직하다.

1-4 지역 기반별 분류(중앙 vs 지역 문화예술 조직)

한국의 문화예술 조직은 **활동 기반 지역**에 따라서도 구분된다. 이는 문화분권과 지역문화진흥이 강조되면서 중요한 분류 기준이 되고 있다. 크게 **중앙(전국단위) 조직**과 **지역 조직**으로 나눠볼 수 있다.

중앙 문화예술 조직: 전국적 범위에서 활동하거나 수도권(서울)을 중심으로 운영되는 조직들이다. 문화체육관광부 및 산하기관, 국립 예술단체, 주요 중앙단위 협회 등이 해당된다.

예컨대 한국문화예술위원회, 한국예술인복지재단, 국립중앙극장, 국립현대미술관(서울관), 대한민국예술원 등은 국가 차원의 문화예술 진흥을 목적으로 서울 등에 위치하면서 전국을 대상으로 서비스한다. 이 밖에도 대한민국미술협회, 한국음악협회와 같이 각 예술분야별로 전국 회원을 거느린 중앙 협회조직도 있다.

이러한 중앙 조직들은 정책 결정이나 자원 배분에서 중심적 역할을 하지만, 한편으로는 서울 등 수도권에 집중되어 **지역 간 격차**를 초래한다는 지적도 있어왔다. 정부는 이러한 편중을 완화하기 위해 정책적으로 중앙 조직과 지역 조직 간 **네트워크 구축, 지원 예산의 지역안배** 등을 도모하고 있다.

지역 예술단체 및 문화시설: 지역 기반 예술단체로는 각 지방의 민간 예술단체(연극단, 국악단, 미술모임 등)와 지역 예술인 협회, 동호회 등이 있다.

예를 들어 부산의 ㅇㅇ연극협회, 광주 무용협회, 전주 국악단 등의 형태로 지역 예술인들이 결집한 단체들이 활동한다. 이들은 지역 문화예술 창작의 주체로서 지역민들을 위한 공연·전시를 올리고, 지역 문화 정체성을 지켜가는 역할을 한다.

그러나 수도권에 비해 관객 저변이나 후원 기반이 약해 **재정적 어려움**을 겪는 경우가 많다. 이를 지원하기 위해 지역문화재단이나 지자체 문화부서에서 보조금을 지급하고, 중앙 정부에서도 지역문화예술 지원사업(지역문화예술특성화 지원 등)을 별도로 운영한다.

또한, 각 지역에는 문화원, 예총(한국예술문화단체총연합회의 지역 지부) 등이 있어 지역문화 행사를 주관하고 예술인 교류를 촉진한다.

지역 문화기반시설: 지역마다 공연장, 미술관, 박물관, 문화의집, 생활문화센터 등의 시설들이 있다. 정부 조사에 따르면 2020년 기준 전국 245개 지자체를 대상으로 한 **지역문화 현황 통계**에서 각 시·군 별로 크고 작은 문화기반시설 수가 집계되고 있다. 이러한 시설들은 대개 지자체가 설립·운영하지만, 일부는 민간위탁이나 민간운영 형태로 지역 조직에 의해 운영된다. 예를 들어 작은 지역극장이 민간 예술단체에 위탁되어 운영되기도 하고, 지역 사립박물관이 지역문화재단과 협약을 맺고 공동사업을 하기도 한다.

지역 기반 분류의 중요성은 **문화균형 발전**의 관점에서 크다.

한국은 수도권에 예술 인프라와 자원이 집중되어 있었으나, 지난 수십년간 지역문화 정책을 통해 지방에도 상당한 문화조직과 시설들이 구축되었다. 지역문화재단의 설립은 그 핵심 성과 중 하나이며, 현재 모든 광역지자체와 다수의 기초지자체에서 문화재단을 운영하며 지역 맞춤형 문화예술 사업을 벌이고 있다. 앞으로도 지방시대를 맞아 지역 문화예술 조직의 역량 강화를 위한 지원과 함께, 중앙과 지역 조직 간 **협력 체계**를 공고히 하여 전국이 고르게 문화예술을 향유할 수 있도록 하는 과제가 남아 있다.

2 ▶▶ 문화예술 조직의 구성요건과 운영

문화예술 조직이 효과적으로 활동하기 위해서는 **인적 구성, 재정 구조, 법적 절차, 운영 시스템, 조직 문화** 등의 측면에서 탄탄한 기반을 갖추는 것이 중요하다. 본 절에서는 하나의 문화예술 조직이 성공적으로 설립되고 지속적으로 운영되기 위해 필요한 구성 요건들을 세부 항목별로 기술한다. 예술 조직의 **내부 구성과 운영 방식**, 그리고 장기적 **지속가능성**을 확보하기 위한 요소들을 살펴봄으로써, 건강한 문화예술 조직의 상을 그려보고자 한다.

2-1 조직의 인력 구조

인적 자원은 문화예술 조직의 핵심이다. 예술 조직은 일반 기업과 달리 예술가(창작자)와 행정인력, 기술인력 등 서로 다른 전문성을 가진 인력이 협업하여 목적을 달성한다. **조직의 인력 구조**는 조직의 성격과 규모에 따라 다양하지만, 일반적으로 다음과 같은 인력들이 포함된다.

예술가(창작/공연 인력): 조직의 예술적 성과를 창출하는 주역들이다. 공연예술 단체라면 배우, 무용수, 연주자, 연출가, 안무가, 지휘자 등이 이에 해당하고, 미술 조직이면 화가, 조각가, 큐레이터(학예사) 등이 포함된다. 이들은 작품의 **창작과 구현**을 담당하며, 조직 목적 자체가 이들의 예술활동을 지원하는 데 있다.

많은 예술 조직에서 예술가들은 상근보다는 프로젝트 단위로 계약되거나 프리랜서로 참여하기도 하지만, 국립예술단이나 시립예술단처럼 상근 단원 체제를 가진 경우도 있다. 예술가들은 조직 내에서 가장 핵심적인 산출물을 만들어내므로, 그들의 **역량과 창의성**이 조직 성과를 좌우한다.

행정/경영 인력: 조직의 운영을 뒷받침하는 관리 전문 인력이다. 기획자, 예술경영자, 행정 직원, 재무담당자, 홍보·마케팅 담당, 관객개발 담당, 후원개발 매니저 등이 이 범주에 속한다. 이들은 예술가들이 창작에 전념할 수 있도록 **환경을 조성**하고, 조직의 재정·홍보·인사·사업계획 등의 업무를 수행한다. 작은 단체에서는 한두 명이 여러 역할을 겸하지만, 큰 기관일수록 기획팀, 경영지원팀, 홍보팀 등 **전문화된 부서**를 둔다. 예술 조직은 창작과 경영이 유기적으로 맞물려야 성공할 수 있기 때문에, 행정인력의 전문성(예술경영 지식, 행정 능력)과 예술 분야에 대한 이해가 매우 중요하다.

기술/무대/지원 인력: 공연이나 전시의 기술적 실현을 담당하는 스태프들이다. 공연예술 분야에서는 무대감독, 조명기사, 음향기사, 무대미술가, 의상·분장 담당 등 **공연기술 인력**이 필수적이며, 전시 분야에서는 전시디자이너, 아트텍니션(작품 설치 요원) 등이 필요하다. 이들은 예술가와 협업하여 작품이 **안전하고 효과적으로 구현**되도록 기술적 지원을 제공한다. 특히 공연장이나 미술관을 자체 운영하는 조직의 경우 무대/전시 운영 인력이 상주하여 시설관리와 기술지원을 맡는다. 이 밖에도 관객 안내, 티켓 관리, 작품 관리 등 **운영 지원인력**도 조직 인력 구조의 일부이다.

운영진/리더십: 조직의 상층부에서 방향을 결정하는 사람들로, 예술감독(예술 분야 총책임자)과 행정책임자(단체장, 관장, 대표이사 등)를 들 수 있다. 예술감독은 작품의 예술적 방향과 프로그램 구성을 총괄하고, 행정 책임자는 조직 경영과 대외협력을 총괄한다. 공공조직의 경우 이사회나 운영위원회가 있어 조직 운영에 대한 의사결정을 하며, 민간단체도 임원진이나 운영위원을 둘 수 있다.

리더십 간에 예술적 비전과 경영 전략이 조화를 이룰 때 조직이 효율적으로 굴러간다. 조직의 인력 구조는 이처럼 예술(Artistic)과 **경영**(Administrative), 그리고 **기술**(Technical) 파트로 크게 나눌 수 있다. 한 연구에서 문화예술 분야 **사회적경제 조직**(비영리 기업)의 평균 인력 구성을 조사한 결과, 사무행정 인력이 33.3%, 창작인력이 25.0%, 기획인력이 22.2%, 기술인력이 19.4%를 차지한 것으로 나타났다. 즉 운영을 책임지는 행정인력이 약 1/3로 가장 많고, 작품을 만드는 창작자와 이를 기획하는 인력, 그리고 기술지원 인력이 고르게 분포한다는 의미이다.

물론 이 비율은 조직 성격마다 다르지만, **예술가와 이를 지원하는 행정 · 기술 스태프의 팀워크**가 어느 조직에서나 중요함을 시사한다. 또한 문화예술 조직은 종종 **프로젝트 단위의 인력운영**이 이루어진다. 예를 들어 축제 조직은 행사 시기에 계약직 스태프나 자원봉사자를 다수 활용하고, 공연단체도 작품별로 출연진·스태프를 모집하여 팀을 꾸린다. 따라서 상시 인력(core staff)과 유동적 인력의 관리가 모두 필요하다.

지속가능한 조직을 위해서는 **전문 인력의 역량 강화와 복지**도 중요하다. 문화예술계에는 낮은 보수와 고용 불안으로 인한 인재 이탈 문제가 지적되어 왔으며, 이를 개선하기 위해 정부는 '공정한 보수 기준'을 마련하거나 예술인 고용보험 제도를 도입하는 등 정책적 노력도 기울이고 있다. 조직 내부적으로는 구성원 간 원활한 소통과 협업 문화, 경력개발 기회 제공 등을 통해 **인적 자본의 축적**을 도모해야 한다.

2-2 조직의 재정 구조

문화예술 조직이 활동을 지속하려면 **재정적 기반**이 필수적이다. 예술 조직의 재정 구조는 주로 **수입원 구성**과 **지출 구조**로 파악할 수 있는데, 수입 측면에서 보면 보통 **자체 수입, 공공재원 지원, 민간후원/기부**의 세 갈래로 이루어진다.

자체 수입(영업수익): 조직이 자체적으로 벌어들이는 수입이다. 공연단체의 티켓 판매 수익, 미술관의 입장료, 작품 판매 수익, 예술교육 프로그램의 수강료, 출판사의 도서 판매 수익 등이 이에 해당한다. 일부 단체는 MD상품(기념품) 판매나 카페 운영 등의 부대사업으로 수입을 올리기도 한다.

그러나 순수예술 영역에서는 시장 규모의 한계로 자체 수입만으로 조직을 운영하기 어려운 경우가 많다. 예를 들어 국내 대표적 공연장인 예술의전당의 경우 2023년도 예산 약 660억 원 중 자체수입(대관료, 공연·전시 수입 등)은 35%에 불과했고, 나머지는 정부 및 공공지원으로 충당되었다. 이처럼 많은 예술 조직은 **자체적 수입**만으로는 경비를 충당하기 어려워 공공보조나 후원에 의존하게 된다. 다만 일부 상업공연 기획사나 엔터테인먼트 회사처럼 흥행에 성공하여 티켓판매 등으로 상당한 수입을 내는 영리단체도 존재한다. 또한 관객층이 두터운 전통예술 공연(사물놀이 등)이나 K-팝 분야 등은 자체 수익 비중이 높은 편이다. 일반적으로 예술의 창조적 가치와 대중성 사이에서 균형을 찾으며, 시장 수입과 공공 지원을 조합하는 **복합 재원 구조**를 형성하는 것이 많다.

공공재원(정부·지자체 지원): 정부나 지방자치단체로부터 받는 지원금, 보조금, 출연금, 공공기관 사업수탁 등을 의미한다. 공공재원은 공모를 통한 문화예술지원사업, 기관 운영비 보조, 공연장상주단체 육성지원, 문화예술교육 지원 등 다양한 형태로 예술 조직에 제공된다.

국고 지원의 큰 축은 한국문화예술위원회가 집행하는 **문화예술진흥기금 보조금**으로, 수많은 민간 예술단체들이 프로젝트 지원을 받고 있다. 지방자치단체들도 자체 예산으로 지역 예술단체 지원을 시행한다. 공공 출연기관(국립극단, 시립미술관 등)의 경우 예산의 상당 부분을 정부나 지자체로부터 **출연**받아 운영한다. 공공지원의 규모는 조직 성격에 따라 편차가 크다.

국립·공립 조직은 예산의 70~90% 이상이 정부 재원인 경우가 많고, 민간 비영리단체는 전체 예산 중 공공보조금이 차지하는 비율이 크면 50% 내외, 적으면 1020% 수준이다. 예를 들어 어느 예술단체의 재원 구성 예시를 보면, 회원 후원회 수입이 70%, 한국문화예술위원회나 지방문화재단 등 공공지원금이 약 15~20%, 공연 자체수입은 10% 정도인 경우도 있었다. 이는 해당 단체가 민간 후원에 상당히 의존하고 공공지원은 일부에 그치는 사례이지만, 반대로 후원 기반이 약한 단체는 공공지원금 비중이 절대적일 수도 있다. 공공재원은 예술의 공공성을 유지하고 시장 실패를 보완한다는 장점이 있으나, 지원금 사용에 대한 행정적 절차와 규제가 따르고 지원 대상 선정의 경쟁이 심화되는 경향이 있다. 최근에는 공공지원의 효율성과 투명성을 높이기 위해 **성과평가 제도**를 강화하고 있다.

민간 후원 및 기부: 기업이나 개인으로부터 받는 후원금, 협찬, 기부금 등이 해당된다. 전통적으로 문화예술 메세나는 기업의 사회공헌 차원에서 활발히 이루어져 왔다. 많은 기업들이 문화예술 공연이나 전시를 협찬하고, 기업 재단(예: LG연암문화재단, 삼성문화재단 등)을 통해 예술단체에 지원금을 제공한다. 2020년 기준 국내 500대 기업 중 상당수가 문화예술 지원 실적을 보유하고 있으며, 기업 출연 문화재단과 메세나협회 회원사 등을 대상으로 한 조사에서 **기업의 문화예술 지원금** 현황이 분석되기도 했다.

아울러 개인 후원자들도 미술관의 회원 제도, 오케스트라 후원회 등으로 참여한다. 예술단체는 자체 후원회를 조직하거나, 온라인 크라우드펀딩을 활용해 소액 다수의 **개인 기부**를 모으는 등 민간 모금에 힘쓴다. 앞서 언급한 전문예술법인·단체로 지정된 경우 **공개모금**이 가능하여 적극적인 기부 유치를 펼칠 수 있다. 민간 후원은 공공지원의 부족분을 채우고 단체의 자율성을 높이는 장점이 있지만, 경기 상황이나 후원 유행에 영향을 받아 **변동성**이 크다.

예컨대 2020년 코로나19 위기 때 기업 메세나와 개인 기부, 정부가 **문화예술 후원매개단체 인증제**를 통해 후원 활성화를 장려하는 대책을 내놓기도 했다. 2022년 조사에 응답한 1,087개 문화예술 법인·단체의 경우 연평균 27억 원의 총수입을 기록했는데, 이는 이전보다 증가한 수치로 민간 후원과 자생적 수입이 점차 늘어나는 추세를 보였다. 정리하면, **문화예술 조직의 재정 포트폴리오**는 자체수입 + 공공지원 + 민간후원으로 구성되며, 이 세 가지의 비율은 조직의 성격과 환경에 따라 다르게 나타난다. 공립문화시설은 정부지원에 절대적으로 의존하고, 반면 일부분의 민간 정예단체는 티켓 수입과 후원으로 자립하기도 한다.

이상적인 지속가능 모델은 **수입원의 다변화**이다. 한쪽에 치우치지 않고, 일정 수준의 자체 수입을 확보하면서(관객 기반 확보), 공공지원으로 기본 운영을 보장받고(공공성 유지), 추가로 민간의 후원을 통해 혁신적 시도를 가능케 하는 재량 재원을 확보하는 것이다. 이를 위해 많은 예술 조직들이 **경영 전략**을 수립해 노력하고 있다. 예를 들어 관객 개발 프로그램으로 티켓 매출 증대를 시도하거나, 기업 스폰서십을 유치하기 위해 전문 마케팅 인력을 두고, 정부 공모사업에도 꾸준히 도전하는 등 다각적인 활동을 펼친다. 재정 구조 측면에서 간과할 수 없는 부분은 **지출 관리**이다. 예술단체들은 재정이 열악하여 적자를 보기 쉬운데, 이를 개선하려면 비용 통제와 효율적 운영이 필요하다. 그러나 공연예술 분야의 **비용병**(Cost Disease) 현상처럼, 예술의 특성상 인건비와 제작비 절감에 한계가 있다는 문제가 있다.

기술 발전이 생산성을 높여주지 못하는 예술 영역의 특성상, 수입은 정체되는데 비용은 상승하여 격차가 벌어지는 것이다. 이런 구조적인 제약 때문에 공공지원과 후원이 예술분야에서 중요한 이유이기도 하다. 최근 일부 문화예술기관은 경영 효율화와 더불어 **ESG 경영** 등을 도입해 지속가능한 재정 운영을 도모하고 있다.

2-3 법적 요건 및 설립 절차

앞서 문화예술 조직의 법적 형태를 분류하며 개괄했듯이, 조직을 공식적으로 설립하고 인정받기 위해서는 일정한 **법적 요건**과 절차를 거쳐야 한다. 이는 조직의 신뢰성과 책임성을 확보하고, 필요시 정부의 감독과 지원을 받기 위한 기본 토대가 된다. 주로 비영리 사단/재단법인 설립과 비영리민간단체 등록, 그리고 사회적 기업 인증 절차를 중심으로 살펴본다.

1) **비영리법인(사단/재단) 설립 절차**: 문화예술 분야에서 비영리 사단법인이나 재단법인을 설립하려면, 민법 및 해당 주무관청의 설립허가 규정을 따라야 한다.

기본 절차는 다음과 같다:

발기인 구성 및 정관 작성: 사단법인의 경우 설립취지에 동의하는 발기인(최소 2인 이상, 권고로는 5인 이상)을 모집하고, 단체의 목적·사업·조직 등에 관한 정관을 마련한다. 재단법인은 설립자(출연자)가 출연할 재산과 용도를 정하고 정관을 작성한다. 정관에는 법인의 명칭, 목적, 사업내용, 사무소, 회원자격(사단법인), 임원 구성, 회의에 관한 사항 등을 포함해야 하며 법령에 위배되지 않아야 한다.

설립총회 개최(사단법인): 사단법인은 발기인이 **창립총회**를 열어 정관을 승인하고 임원을 선출하며, 법인 설립을 결의한다. 이때 회원 명부를 확정하고 회의록을 작성한다. 재단법인은 총회가 없으므로 이 절차는 없다.

주무관청 허가 신청: 준비된 정관과 관련 서류(설립취지서, 임원명단, 재산목록 등)를 갖추어 문화체육관광부(전국적 단체의 경우)나 관할 시·도청(지역단체의 경우)에 **설립허가 신청**을 한다. 이때 앞서 언급한 요건(예: 회원 수, 기본재산 등)이 충족되어야 허가가 가능하다. 주무관청은 해당 법인의 목적과 사업계획의 실현가능성, 재정능력, 공익성 등을 심사하여 **허가 여부를 결정**한다. 특별한 사유가 없으면 접수 후 20일 이내에 허가 또는 불허가 처분을 하도록 규정되어 있다. 문화체육관광부 및 문화재청 소관 비영리법인 설립허가에 관한 규칙에 따르면, 유사 명칭 금지, 목적사업 수행 능력 등 몇 가지 기준을 충족해야 한다. (일부 지방자치단체는 자체 조례로 문화예술법인 설립요건을 정하기도 한다.)

법인 등기: 설립허가를 받으면 3주 이내에 관할 등기소에 법인설립 등기를 함으로써 법인이 성립된다. 등기가 완료되면 비로소 법인격을 취득하여, 계좌 개설, 부동산 등기, 계약 체결 등 법인 명의의 활동이 가능해진다. 등기 후 고유번호(사업자등록)를 국세청에 발급받아 세무 식별도 확보한다.

사후 관리: 법인 설립 후에도 주무관청의 감독 하에 각종 변경허가(정관 변경, 임원변경 신고 등)와 사업실적 및 결산보고의 의무가 있다. 또한 공익법인으로서 기부금 모집을 원하면 국세청에 별도로 지정기부금단체 지정을 신청해야 하는 등 추

가 절차가 있다. 해산 시에는 주무관청의 허가를 받아 남은 재산을 유사 목적 단체에 귀속시키는 등 법령에 따른 청산을 해야 한다.

비영리법인 설립은 다소 복잡하고 시간이 걸리지만, 일단 법인이 되면 공신력과 법적 권리를 얻어 각종 지원 사업 참여, 세제 혜택(고유목적사업 면세 등), 기부금 영수증 발급 등에서 유리하다. 문화예술 단체들이 일정 규모가 되면 법인화를 고려하게 되는 이유다.

2) **비영리민간단체 등록 절차**: 임의단체 상태의 문화예술 조직이 간편하게 공식 지위를 얻는 방법으로 **비영리민간단체 등록**이 있다. 이는 행정안전부 또는 각 시·도청에 등록하는 제도로, 앞서 요건에서 말한 것처럼 최근 1년 이상 공익 활동 실적과 100인 이상의 회원을 갖춰야 한다. 절차는 비교적 단순하다:

관할 관청(단체 주사무소 소재지 시·도청 혹은 중앙행정기관)에 **등록 신청서**를 제출한다. 신청 서류에는 단체 현황(연혁, 조직도), 회원 명부, 지난 1년간 활동실적 보고서, 회칙(정관에 준하는 것) 등이 포함된다.

관청은 서류심사 및 필요시 현장 확인 등을 거쳐 요건 충족 여부를 판단한 뒤, 이상이 없으면 **등록증**을 발급한다. 처리기간은 보통 20일 이내이다.

비영리민간단체로 등록되면 해당 지위가 인정되어 정부 혹은 지자체의 **보조금 신청 자격**을 얻고, 공익단체로서 세제 혜택 일부를 받을 수 있다. 다만 법인이 아니므로 여전히 민사상의 권리·의무는 대표자 개인 명의로 행해야 하는 제약은 있다.

등록 이후 일정 규모 이상의 기부금을 모집하거나 국고보조를 받게 되면 매년 사업실적과 결산 보고를 해야 하고, 2년 연속 활동실적이 없으면 등록이 취소될 수 있다(비영리민간단체 지원법 시행령 규정).

비영리민간단체 등록은 사단법인 설립보다 요구조건이 적고(허가가 아닌 등록제), 기본재산 등기가 필요없어 **신속성**이 장점이다. 실제로 전국에 수많은 문화예술 관련 동호회·단체들이 이 제도로 등록되어 있다. 예술축제나 문화행사를 주최하는 지역 민간단체들도 보조금을 받기 위해 이 경로를 활용한다.

3) 사회적기업 인증 절차: 문화예술분야에서 사회적기업을 추구하는 조직은 고용노동부의 인증을 받아야 정식 사회적기업으로 인정된다. 인증 요건은 일반 사회적기업과 동일하며, 절차는 다음과 같다:

먼저 해당 조직이 영리회사든 비영리법인이든 **조직형태** 요건을 충족해야 한다. 법인 또는 조합 등 법적 실체가 있어야 하고, 정관에 사회적 목적 실현 내용을 명시해야 한다.

예비사회적기업 지정을 받아 요건을 갖추는 경우가 많다. 문화체육관광부와 예술경영지원센터 등에서 문화예술 예비사회적기업을 발굴·컨설팅하기도 한다.

이후 고용노동부에 사회적기업 인증 신청을 제출하면, 심사위원회에서 **7가지 요건**(①유급근로자 고용, ②사회적 목적 실현(취약계층 고용이나 사회서비스 제공 등), ③이해관계자 참여의사결정 구조, ④영업활동 수행, ⑤수입의 2/3 이상을 사회적 목적 재투자, ⑥정관 및 규약 구비, ⑦법 준수)을 검토한다.

요건 충족 시 노동부 장관이 인증을 부여하고, 한국사회적기업진흥원을 통해 사후관리 및 지원사업 연계가 이루어진다. 사회적기업으로 인증되면 **일자리 창출 사업 지원금, 세금 감면, 컨설팅 지원** 등의 혜택을 받을 수 있지만, 대신 영업활동 실적 보고, 재정지원사업 참여 시 성과 보고 등의 의무도 따라온다. 문화예술 분야에서는 서울시 사회적기업 중 예술분야 기업이 상당수 차지하기도 했으며, 예술의 사회적 가치 창출에 대한 관심으로 이러한 인증을 추진하는 단체들이 존재한다. 다만 순수예술 단체는 사회적기업 요건(수익모델 확보, 취약계층 고용 비율 등)을 충족하기 어려운 면도 있어, 주로 교육이나 문화복지와 연계된 단체들이 사회적기업화하고 있다.

4) 기타 법적 고려사항: 이 외에도 문화예술 조직은 관련 법령에 따른 각종 인허가를 고려해야 한다. 예컨대 공연장을 직접 운영하려면 「공연법」에 따른 공연장 등록을 해야 하고, 박물관·미술관을 설립하려면 「박물관 및 미술관 진흥법」에 따라 등록 요건(전시시설 기준, 학예사 인력 등)을 갖춰야 한다. 또한 기부금품을 모집하려면 「기부금품법」에 의거한 모집등록을 해야 하지만, 전문예술법인·단체로 지정

되면 그 절차가 면제된다.

아울러 조직 형태별 세법상 지위(법인세법상 고유번호단체 vs 법인사업자 등)에 따라 회계·세무 처리 방식이 달라지므로, 설립 시부터 전문적인 자문을 받아두는 것이 좋다. 종합하면, 문화예술 조직 설립에는 **법적 틀**을 제대로 마련하는 작업이 수반된다. 법인이나 인증을 얻게 되면 조직은 비로소 사회적으로 공식 인정받고 각종 지원제도에 접근할 수 있게 된다. 물론 법적 지위를 얻지 않고도 비공식적으로 활동하는 예술모임도 존재하지만, 규모가 커지고 영향력이 커질수록 제도권 안으로 들어와 **투명한 거버넌스와 법적 책임**을 지는 것이 바람직하다. 이를 통해 대외 신뢰도를 높이고 조직의 수명도 길게 가져갈 수 있기 때문이다.

2-4 운영 방식 및 내부 시스템(거버넌스, 평가 등)

문화예술 조직의 **운영 방식**은 효과적인 목표 달성과 지속적인 성장에 직결된다. 여기에는 **내부 거버넌스 구조, 의사결정 시스템, 사업 운영 프로세스, 성과 평가 체계** 등이 포함된다. 또한 공공성과 예술성의 조화를 이루는 운영 원칙도 중요하다.

거버넌스 구조: 조직의 지배구조는 구성원 간 권한과 책임 배분을 결정한다. 비영리법인의 경우 **이사회**(이사장 및 이사들)와 **감사**가 법적으로 필수이며, 이사회가 중요한 전략과 예산을 승인하고 기관장을 선임·평가하는 역할을 한다. 문화예술 조직에서는 이사회에 예술계 전문가, 후원자, 회계전문가 등을 고르게 포함하여 다양성·전문성을 확보하는 것이 권장된다.

예를 들어 한 국공립 문화예술기관의 경우, 예술가 출신 이사와 경영 전문가 이사가 함께 참여함으로써 예술적 가치와 경영 효율성을 균형 있게 고려하도록 하고 있다. 공공 문화예술기관의 이사회나 운영위원회에는 정부 또는 지자체 측 추천 인사가 들어와 공공책임성을 담보하며, 기관 운영은 기관장(예술단체의 예술감독 겸 단장 등)에게 위임된다. 민간 단체의 경우 총회에서 선출된 임원진이 거버넌스 핵심이며, 대개 단체 대표(상임이사, 단장) 한 사람이 리더십을 가지고 조직을 이끄는 경우가 많다. 소규모 단체에서는 대표자 한 명이 **전권을 갖고 운영**하기도 하지만, 지속가능성과 투명성을 위해 외부 자문위원단을 두거나 임원회를 형성하는 것이 바람직하다.

의사결정 및 소통 체계: 문화예술 조직은 창의성을 다루는 조직인 만큼 경직된 위계질서보다는 **유연한 소통 구조**가 요구된다. 특히 예술가(창작부서)와 행정부서 간 원활한 커뮤니케이션이 성과에 중요하다. 이를 위해 정기적인 전체 회의, 부서별 조정회의 등을 열어 예술적 방향과 행정적 현실을 조율한다. 예술감독과 경영관리책임자(예컨대 극단의 예술감독과 대표 프로듀서)가 긴밀히 협의하여 작품 선정, 예산 배분, 일정 계획 등을 함께 결정하는 것이 일반적이다. 한편 공공기관은 의사결정에 있어 투명성과 형평성을 중시하여, 주요 사업은 **공모제**나 **위원회 심의제**를 통해 결정한다. 예컨데 한국문화예술위원회의 지원사업은 민간 전문가들로 구성된 심의위원회 평가를 거쳐 지원 대상을 선정하며, 서울문화재단도 사업별 운영위원회를 통해 사업계획을 심의한다.

이러한 **위원회 제도**는 의사결정의 객관성을 높여주지만 절차가 다소 시간이 걸릴 수 있다. 조직 내부적으로는 인사, 재정, 사업평가 등에 관한 내부 규정과 프로세스를 정비하여, 사람에 좌우되지 않고 **시스템에 따라 운영**되도록 하는 것이 중요하다. 일부 문화예술 기관은 ISO와 같은 국제표준 경영시스템을 도입하거나, 기관 운영 매뉴얼을 만들어 표준화된 절차를 마련해두고 있다.

사업 운영 및 관리: 문화예술 조직은 프로젝트 단위 사업 관리가 잦다. 공연 한 편, 전시 한 번이 하나의 프로젝트이며, 축제나 아카이브 구축 같은 사업도 프로젝트로 볼 수 있다. 이에 따라 **프로젝트 관리 기법**(일정 관리, 예산 관리, 위험 관리 등)이 활용된다.

큰 조직일수록 전문화된 관리도구(PMIS 등)를 사용하기도 하고, 작은 단체는 간트 차트 등 간단한 도구로 일정과 할일을 공유한다. 또한 계약 관리, 저작권 관리 등의 행정도 예술계 특성에 맞게 이루어져야 한다. 예를 들어 음악 단체는 공연권, 저작권 처리를 위해 음악저작권협회 등과 협력해야 하고, 미술 전시기관은 대여 작품의 보험, 운송을 철저히 관리해야 한다.

최근에는 디지털 기술의 도입으로 티켓 예매시스템, CRM(관객관계관리), 온라인 홍보 등 IT **활용**이 필수가 되었다. 많은 공연장은 통합전산망(인터파크 등)을 통해 티켓을 판매하고, 단체들도 SNS와 유튜브를 적극 활용해 홍보 커뮤니케이션을 한다. 내부적으로는 회계 시스템을 구축하여 투명하게 재정 집행을 관리하고, 결과를 구성원과 공유하는 **책무성(Accountability)** 문화가 요구된다.

평가 및 피드백: 조직 운영의 개선과 성과 입증을 위해 **평가 제도**를 도입하는 것도 중요하다. 특히 공공 지원을 받는 예술단체라면 **성과평가**가 의무화되어 있는 경우가 많다. 문화체육관광부는 산하 공공기관들에 대해 매년 **경영평가**를 실시하고 있으며, 경영 효율성, 사업 성과, 사회적 가치 실현 등을 지표로 삼아 점수를 부여한다.

그러나 문화예술기관의 성과는 기업과 달리 정량화하기 어렵기 때문에, **예술적 성과와 공공적 가치**를 반영한 별도 평가모델이 요구된다. 실제 연구에 따르면 공연예술분야 공공 문화예술기관의 성과평가지표 중요도에 대해 전문가들은 **공공성**(43.8%), **예술성**(39.6%), **운영효율성**(16.6%) 순으로 고려해야 한다고 보았다. 이는 단순 수익이나 관객 수보다, 얼마나 공적으로 유의미한 예술성과를 냈는지가 평가에 더 중요함을 뜻한다. 많은 문화예술 조직들이 내부적으로 이러한 맥락을 반영하여 **자체 평가**를 시행한다.

예를 들어 연극단체는 한 시즌의 작품 활동을 끝낸 후 관객 피드백, 언론 리뷰, 예술적 완성도를 종합 검토하여 다음 시즌 기획에 반영한다. 미술관도 전시 종료 후 방문객 설문조사 결과와 작품 판매/대여 실적 등을 분석해 향후 전시 기획에 참고한다. 또한 외부 전문가나 평론가를 초청해 **컨설팅 리뷰**를 받기도 한다. 이러한 평가와 피드백 과정은 조직의 **학습**을 통해 지속적인 질적 향상을 도모한다.

조직 운영의 공정성과 투명성: 문화예술 조직은 공공재원을 다루거나 사회적 영향력을 갖는 경우가 많으므로 윤리 경영과 투명성이 요구된다. 이에 내부에 **윤리강령**을 채택하거나 청렴교육을 실시하는 추세이다. 특히 공공기관은 부패방지와 내부통제 시스템을 운영하고, 인사의 공정성을 위해 공개 채용과 다면 평가 등을 도입한다. 예술계 내부에서도 스태프나 단원에 대한 부당 대우, 성희롱 방지 등을 위한 **조직 문화 개선 노력**이 나타나고 있다.

팔길이 원칙(Arm's Length Principle): 문화예술 조직 운영에서 한 가지 특기할 만한 원칙은 예술적 판단의 자율성이다. 정부와 공공재원의 영향력이 크지만, **팔길이 원칙**에 따라 예술적 결정(지원 대상 선정, 작품 내용 등)에 정치권력이 직접 개입하지 않도록 장치가 마련되는 것이 이상적이다. 한국문화예술위원회의 설립(2005년)은 정부의 예술지원이 전문가 집단에 위임된 대표적 사례다. 이러한 원칙을 지키며 운영될 때 예술 조직은 **창의성과 표현의 자유**를 보장받을 수 있다.

결론적으로, 문화예술 조직의 운영은 **예술적 비전**과 **경영 논리**를 조화시키는 작업이다. 내부적으로 민주적이면서도 전문적인 거버넌스를 구축하고, 명확한 절차와 규정에 따라 사업을 수행하며, 성과를 평가해 개선하는 **선순환 시스템**을 갖추는 것이 이상적이다. 특히 조직규모가 커질수록 시스템 경영의 중요성이 커진다. 최근에는 ESG(Environmental, Social, Governance) 경영 개념이 문화예술기관에도 도입되어, 환경 친화적이고 포용적이며 투명한 운영을 지향하는 움직임이 있다. 한국문화예술위원회는 2022년 문화예술기관 ESG 이니셔티브를 발표하며 예술계 지속가능경영에 대한 약속을 이끌어냈고 세종문화회관 등 일부 기관은 내부에 ESG 경영 TF를 구성하여 10대 전략과제를 수립하기도 했다. 이는 문화예술 조직도 시대적 요구에 맞춰 **책임 경영**과 **지속가능 운영전략**을 고민하고 있음을 보여준다.

2-5 조직 문화와 지속가능성 요소

마지막으로, 문화예술 조직 내부의 조직 문화와 지속가능성은 사람의 열정과 창의력으로 움직이는 조직인 만큼, 조직 내부의 문화, 즉,구성원들의 가치관, 태도, 일하는 방식등이 성과에 미치는 영향이 크다. 또한 예술 환경의 변화 속에서 조직이 오래 살아남고 발전하려면 지속가능성을 뒷받침하는 여러 요소들이 필요하다.

조직 문화: 문화예술 조직의 조직 문화는 대개 **열정 지향**적이고 **가치 중심**적인 경향이 있다. 예술이라는 공통의 열망으로 뭉치였기에, 금전적 보상만으로 움직이지 않고 미션에 대한 헌신과 예술적 성취감이 동기부여의 중요한 부분을 차지한다.

이러한 면에서 예술 조직은 스타트업 이나 사회운동 조직과 비슷한 **사명문화**(Mission Culture)를 보인다. 그러나 한편으로는 작은 조직일수록 **가족주의**나 **카리스마 리더 중심** 문화가 형성되기 쉽고, 이것이 과도하면 내부 갈등이나 비효율을 초래할 수 있다. 최근 예술계에서는 수직적 문화나 관행을 개선하고 보다 **포용적이고 수평적인 문화**를 만들려는 노력이 이루어지고 있다. 특히 젊은 예술인력들은 조직 내 의사결정에 참여하기 원하고, 워라밸(일과 삶의 균형)을 중시하는 경향이 있어, 조직도 이에 맞춰 변화하는 추세다. 예술단체들은 자유로운 토론과 의견 교환이 가능한 분위기를 조성하고, 실패에 대한 관용을 가져야 창의적 시도가 활발해진다. **러닝 조직(Learning Organization)**의 특징을 도입해 구성원들이 계속 학습하고 새로운 아이디어를 제시하도록 장려하는 것도 중요하다. 예술적 실험은 실패 위험이 따르지만, 학습 문화가 있으면 실패도 자산으로 전환할 수 있다. 또한 조직 문화 차원에서 **다양성 존중과 공정성**이 핵심 가치가 되어야 한다. 성별, 연령, 배경에 관계없이 재능과 성과로 평가받는 문화, 투명하게 정보가 공유되고 성과가 인정되는 문화가 조직의 사기를 높인다. 일부 공공 예술기관에서는 매년 내부 **조직문화 진단**을 실시해 문제점을 파악하고 워크숍을 통해 개선방안을 도출하기도 한다.

지속가능성 요소: 문화예술 조직의 지속가능성은 단순히 재정 지속성 뿐 아니라 **예술적 지속성, 인적 지속성, 환경 적응성** 등을 아우른다. 이를 위해 고려해야 할 요소들은 다음과 같다.

재정적 지속가능성: 2-2에서 다룬 바와 같이, 다변화된 수입 구조와 안정적 재원 확보가 핵심이다. 장기 후원 파트너를 발굴하고, 가능하다면 기금(endowment)을 조성하여 수익용 자산에서 발생하는 이자로 운영하거나, 유료회원제를 통해 충성도 높은 관객/후원자 기반을 만드는 등의 전략이 있다. 비용 측면에서는 경상비를 최소화하면서도 핵심 인력과 시설에는 투자하는 효율적 지출 구조가 필요하다. 외부 충격(예: 코로나19 팬데믹)으로 인한 수입 감소에 대비한 비상시 기금(reserve)도 마련되면 이상적이다.

예술적 지속가능성: 이는 조직이 예술적 역량과 평판을 지속적으로 유지·발전시킬 수 있는지에 관한 것이다. 관객의 관심을 지속 끌 수 있는 **프로그램 기획력**, 새로운 인재를 영입하고 성장시키는 **예술 인력 풀**, 작품 아카이브와 레퍼토리의 축적 등이 중요하다.

예를 들어 국립극단은 고전부터 현대 창작극까지 **레퍼토리 체계**를 갖추어 매년 새로운 작품과 재공연 작품을 균형 있게 선보임으로써 예술적 연속성을 유지한다. 또한 실험성과 대중성의 조화를 추구하여 평단과 관객의 지지를 모두 확보하려 노력한다. 이러한 **예술적 정체성과 품질 관리**가 뒷받침되지 않으면 일시적으로 흥행해도 오래가기는 어렵다.

인적 지속가능성: 조직 구성원의 전문성 축적과 세대교체 준비가 여기에 해당한다. 예술감독이나 주요 예술가가 떠나면 조직이 무너지는 일이 없도록 **인재 양성 플랜**을 갖춰야 한다. 많은 단체들이 부문별 차세대 리더를 육성하거나, 외부 인턴십·연수 기회를 제공하여 인력 풀을 확장한다. 또한 구성원들의 **복지와 만족도**를 높여 우수 인력이 이탈하지 않게 하는 것도 중요하다. 예술인 복지제도(4대 보험 가입, 심리상담 지원 등)와 경력개발 지원(교육훈련, 워크숍 참가 등)은 조직의 인적 지

속성을 높인다.

관객 및 커뮤니티와의 관계: 지속가능 하려면 **지속적인 관객 개발**과 커뮤니티 속에서의 지지 기반이 있어야 한다. 충성도 높은 관객, 지역 주민의 지지, 회원제 커뮤니티는 비단 수입원일 뿐만 아니라 예술 활동의 정당성과 에너지원이다. 지역 밀착형 조직이라면 지역의 문화적 자부심을 높이고 공동체에 기여함으로써, 지역사회가 조직을 존속해야 할 존재로 인식하게 만들어야 한다. 예를 들어 전주문화재단은 시민 후원 모임 '이팝프렌즈'를 조직하여 3년간 70명의 예술가를 지원함으로써 지역 예술생태계에 활력을 불어넣고 지역민의 자부심을 높인 사례가 있다. 이런 **공동체 내 포지셔닝**이 조직 존립의 이유를 공고히 해준다.

환경 변화 대응력: 문화예술 환경은 기술 변화, 팬데믹 같은 위기, 정책 변화 등에 크게 영향을 받는다. 최근 온라인 공연, 메타버스 전시 등 **디지털 전환**이 가속화되고 있는데, 여기에 얼마나 빨리 적응하느냐도 지속가능성의 관건이다. 실제로 코로나19 시기에 온라인 미술관, 스트리밍 공연을 시도한 단체들은 관객 접점을 유지하며 위기를 넘겼다.

또한 정책 변화에 대응해 새로운 지원 사업을 적시에 활용하거나, 국제 교류의 흐름에 맞춰 해외 네트워크를 확보하는 등 **외부환경에 유연한 조직**이 생존에 유리하다. 반면 변화에 둔감하고 기존 방식만 고수하면 도태되기 쉽다.

투명성과 책무성: 지속가능성은 이해관계자들의 **신뢰**가 바탕이 되어야 한다. 후원자, 공공기관, 관객, 직원 등 이해관계자들에게 신뢰받는 조직은 어려움이 닥쳐도 지지를 받아 극복할 수 있다. 신뢰 구축을 위해 운영을 투명하게 공개하고, 의사결정 과정에 이해관계자 의견을 반영하며, 성과와 한계를 정직하게 소통하는 문화가 중요하다. 요즘은 연차보고서 공개, 문화영향평가 등 **사회적 성과 측정**을 시도하며 대외책임을 다하는 노력도 나타난다.

결론적으로, 문화예술 조직의 지속가능성은 단편적인 재정 안정만이 아니라 **예술적 · 인적 · 사회적 지속성**을 모두 포함하는 개념이다. 이를 위해 조직은 내부적으로 학습하고 혁신하며, 외부적으로 협력과 지지를 이끌어내야 한다.

한국의 문화예술 조직들은 지난 수십 년 간 이러한 방향으로 진화해왔다. 공공과 민간의 협력 모델이 자리잡고, 예술경영 전문성이 축적되면서, 이제는 많은 조직이 **체계적 경영 마인드와 예술혼**을 함께 갖춘 전문 조직으로 성장했다. 앞으로도 이들이 한국 문화예술의 창조적 토양을 풍요롭게 가꾸고, 예술을 통한 사회 기여를 지속해나갈 수 있도록 제도적 뒷받침과 스스로의 노력 모두가 중요할 것이다.

3 ▶▶ 문화예술단체의 예산과 재원조성

문화예술단체의 재정은 조직의 지속 가능성과 예술활동의 성패를 좌우하는 핵심 요소이다. 이 글에서는 **예산편성, 정부예산, 재원조성** 세 가지 측면에서 국내 문화예술단체(국공립 예술기관, 지역문화재단, 민간 비영리단체, 공연예술단체 등)의 재정 구조와 코로나19 전후의 변화를 살펴본다. 정책 변화, 재정 구조, 실무 관행, 법적 제도, 통계자료에 근거하여 문화예술단체 예산의 편성 방식과 정부 지원, 민간 재원 조성 현황을 상세히 설명한다. 특히 코로나19 팬데믹 이전(2019년 이전)과 이후(2020년 이후)의 변화를 비교하여, 문화예술계 재정환경이 어떻게 대응·변화해왔는지를 사례와 데이터를 통해 조명하고자 한다.

3-1 예산편성

코로나19 이전의 예산편성 관행과 구조

문화예술단체의 예산편성은 단체의 성격(국공립 vs. 민간)에 따라 그 구조와 과정에 차이가 있다. **국공립 문화예술기관**(예술의전당, 국립극단 등)의 경우 정부 또는 지자체로부터의 보조금과 출연금이 예산의 상당 부분을 차지하며, 자체 수입은 비교적 적은 비중을 차지해왔다. 예를 들어, 2023년 예술의전당의 총예산 약 660억 원 중 자체 수입(대관료, 공연·전시 수입 등)은 35%에 불과하고, 나머지는 정부 지원으로 충당되었다.

지역문화재단 역시 재원의 70% 이상을 지방자치단체 보조금에 의존하는 구조로, 지자체장의 정책 성향이나 재정 여건에 따라 크게 영향을 받는다. 이들은 설립 시 지자체의 출연금으로 기본자산을 마련하며, 이후 운영 전반에 사용되는 출연금과 특정 사업 목적의 보조금을 주요 수입원으로 삼는다. 해당 재단의 법령에는 정부 및 지자체의 지원이 우선적으로 명시되며, 그 다음으로 민간 기부금과 사업 수익이 언급될 정도로 애초에 공공재원 기반의 운영 체계를 갖추고 있다. **민간 비영리 예술단체**(공연단체, 미술단체 등)는 정부보조금, 민간후원, 자체 수입의 조합을 통해 예산을 편성해왔다. 공연예술 분야를 예로 들면, 공연예술통합전산망(KOPIS) 통계에 따르면 2019년 국내 공연시장 규모는 약 8,232억 원에 달하며, 이 중 민간기획사의 비중이 가장 컸다. 국립예술단체의 경우, 2019년 매출이 약 147억 원에 불과하였는데 이는 이들의 활동이 정부 예산으로 대부분 뒷받침되고 있기 때문이다.

반면, 민간 공연예술단체들은 같은 해 약 1,082억 원의 매출을 올리며 티켓 수입, 공연장 대관료, 작품 판매 등 자체 수입을 기반으로 운영비의 상당 부분을 충당했다. 다만 이들 역시 한국문화예술위원회나 지역문화재단의 창작지원사업에 참여하여 정부 보조금을 확보하는 것이 일반적인 방식이다. 결과적으로 코로나19 이전의 문화예술단체 예산 구조는 국공립 부문은 공공재정에 의존하는 안정적인 형태, 민간 부문은 자체 수입과 후원, 정부 보조금으로 구성된 이원적 구조를 이루고 있었다. 예산편성 절차 측면에서는, 국공립 기관들은 정부의 **예산편성 지침**에 따라 내부 계획을 수립한 뒤 이사회나 감독기관의 승인을 거쳐 정부 전체 예산안에 포함되고 국회의 심의를 받는다. 반면, 민간 문화예술단체는 프로젝트 단위로 예산을 편성하는 경향이 크다. 공연단체는 각 작품 제작별로 개별 예산을 짜며, 정부 지원사업 공모에 신청하여 일부 재원을 확보한 뒤, 나머지는 티켓 수익이나 자체 기금으로 충당한다.

Case Study

1. 서울문화재단(Seoul Foundation for Arts and Culture, SFAC)

서울문화재단은 서울시가 출연한 공공기관으로, 다양한 예술 지원 사업을 통해 서울의 문화예술 발전을 도모하고 있다.

예산 구조 및 재원 조성

2025년 예산 총괄:
세입 예산: 약 618억 원
출연금 수익: 약 537억 원
후원금 수익: 약 10억 원
기타 수익: 약 71억 원
세출 예산: 약 618억 원
예술창작 활성화: 약 229억 원
문화진흥 활성화: 약 92억 원
정책 및 협력 관리: 약 22억 원
문화시설 및 시스템 운영: 약 58억 원
재단의 주요 재원은 서울시의 출연금으로 구성되며, 후원금과 자체 수익도 포함되어 있다.

주요 사업

예술창작지원: 청년예술지원, 원로예술지원, 공연장상주단체육성지원 등 다양한 예술 창작 활동을 지원한다.

[사진: 서울 문회재단]

예술축제: 서울거리예술축제, 서울서커스페스티벌 등 시민 참여형 예술축제를 개최하여 문화 향유 기회를 확대시킨다.

문화향유 및 예술교육: 생활예술 활성화, 예술교육 거점 공간 운영 등을 통해 시민들의 문화예술 참여를 장려한다.

2. 한국문화예술위원회(Arts Council Korea, ARKO)

한국문화예술위원회는 문화체육관광부 산하의 공공기관으로, 전국의 문화예술 진흥을 위한 다양한 지원 사업을 수행하고 있다.

예산 구조 및 재원 조성

문예진흥기금: 정부 출연금, 공익자금, 기부금 등으로 조성되며, 다양한 예술 지원 사업의 재원으로 활용된다.

재원 조성 방식:

정부 출연금: 문화체육관광부의 예산 지원

공익자금: 한국방송광고공사의 광고수수료 중 일부를 공익자금으로 조성

기부금 및 모금: 민간의 기부와 모금을 통해 추가 재원 확보

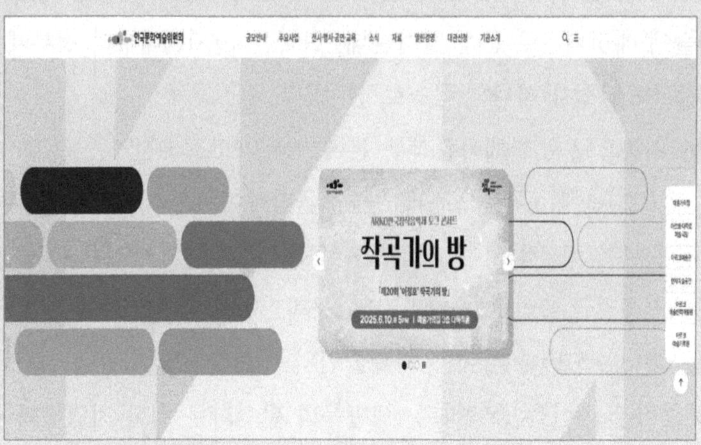

[사진: 한국문화예술위원회]

주요 사업

창작산실: 무용, 연극, 음악 등 다양한 분야의 예술 창작 활동을 지원하여 예술가들의 창작 역량을 강화합니다.

국제예술교류지원: 해외 레지던스 참가 지원, 국제예술교류 프로그램 운영 등을 통해 한국 예술의 국제적 경쟁력을 높인다.

지역대표공연예술제지원: 전국 각 지역의 특성화된 공연예술축제를 지원하여 지역 문화예술의 육성과 국민의 문화향유를 증진시킨다.

3-2 정부예산

국가 문화예산의 구성

정부예산은 문화예술단체 재원의 근간으로서, 중앙정부와 지방정부 차원에서 다양한 경로로 예술계를 지원한다. 중앙정부의 문화예산은 주로 문화체육관광부 및 산하 기금(영화진흥기금, 문화예술진흥기금 등)을 통해 집행되며, 지방정부는 자체 문화예산과 매칭 보조사업 등을 운용한다. 문화예산이라 함은 정부 전체 예산 중 문화예술에 배정되는 부분을 말하는데, 한국은 1990년대부터 정부예산 대비 문화예산 비중 1% 달성을 하나의 목표로 삼아왔다.

2019년 기준으로 문화체육관광부 본예산은 약 5조 9천억 원(정부 총지출의 약 1.3%)이었고, 2020년에는 처음으로 6조 원을 돌파하여 6조 4,758억 원이 편성되었다. 문화예술 진흥 부문(예술정책, 문화산업 제외 순수예술 분야)의 예산은 이 중 약 2조원가량으로, 문예진흥기금 출연, 예술창작지원, 문화기반시설 운영 등에 사용되었다.

정부는 2018~2019년 사이 문화예술인의 사회안전망 확충을 위해 예술인 복지 및 창작준비금 예산을 증액하고, 생활문화 활성화를 위한 지역문화예산(작은도서관, 생활문화센터 등)도 늘리는 등 문화예술 분야 지출을 꾸준히 확대해왔다. 이러한 정부예산은 국공립 예술기관의 운영을 뒷받침하고 민간 예술계에 보조금을 지급하는 두 축으로 흐른다. 국공립 문화예술기관의 경우 문체부 소속 국립예술단체(국립극단, 국립현대무용단 등)와 국립중앙극장·예술의전당 같은 기관들이 정부 예산으로 운영된다.

이들 기관의 인건비와 기본 운영비는 거의 전액 정부예산에서 지원되며, 사업비 일부만 자체수입 또는 별도 수주사업으로 충당된다. 한편 민간 예술단체 지원은 주로 국고보조금 형식으로 이뤄지는데, 대표적으로 **한국문화예술위원회**(ARKO)가 문예진흥기금을 통해 민간 예술가와 단체에 지원금을 배분한다.

또한 문체부와 지방자치단체가 함께 시행하는 문화예술지원 공모사업들이 있어, 선정된 민간단체에 국고와 지방비가 매칭되어 지원된다. 예를 들어 지역문화예술육성지원 사업의 경우 국비 50%와 지자체 대응투자 50%로 구성되어 지역 예술단체들에 보조금을 지급해왔으며, 공연예술 창작산실 사업 등도 국고와 일부 자부담을 통해 민간 공연단체를 제작 단계에서 돕는 제도이다. 코로나19 이전까지 정부의 문화예술 보조금은 예산 편성 단계에서 큰 변동 없이 유지되었고, 다년도 계속사업으로 안정성을 갖춘 경우가 많았다.

한편 지방자치단체의 문화예산도 지역 문화예술단체에 직접적인 영향을 미친다. 광역 및 기초자치단체는 각자의 예산에서 문화예술 관련 지출을 편성하며, 지역문화재단 출연금, 문화행사 개최비, 예술단 운영비 등을 부담한다. 2010년대 지방분권 강화와 함께 문화 분야 재정도 지방 비중이 커져, **2019년에는 전국 지자체들의 문화예술분야 예산 합계가 중앙정부 문체부 예산을 상회**하기도 했다.

예를 들어 문화도시 조성 사업, 생활문화센터 운영 등은 국비 보조 없이 전적으로 지방재정으로 운영되는 경우가 많았다. 다만 지역별 재정여력 차이로 인해 지역 간 문화예산 격차가 존재하는데, 일부 문화도시를 표방한 지자체(전주 등)는 예산 대비 문화예산 비중이 **3%를 초과**하기도 했으나, 상당수 기초자치단체는 **1% 내외**에 그쳤다. 이는 국공립 문화예술단체가 주로 수도권에 집중된 현실과 맞물려, 지역 문화예술단체들이 접할 수 있는 공공지원의 규모가 지자체에 따라 편차가 있음을 의미한다. 2019년까지 정부의 문화예산 기조는 성장과 저변 확대로 요약되며, 이는 문화예술단체들에 안정적인 지원환경을 조성했다.

문재인 정부 기간(2017~2021) 문화체육관광부 예산은 해마다 증가하여 2021년도 문체부 예산은 6조 8,637억 원으로 확정되었는데, 이는 전년도 대비 5.9% 증가한 규모였다. 특히 2021년 예산안에는 코로나 이전 계획과 달리 디지털 문화콘텐츠와 온라인 예술활동 지원 관련 예산이 신설·증액되었고, 예술인 고용보험 도입(2020년 12월)과 관련한 행정비용 등 새로운 항목도 포함되었다. 2020년 이전 정부예산을 통해 마련된 여러 제도 중 예컨대 예술인생활안정자금 융자, 창작준비금 지원, 통합문화이용권(문화누리카드)는 코로나 시기에 예술인과 시민 지원에 크게 기여하며 그 필요성을 입증했다. 예술인 창작준비금의 경우 2020년에 지원 대상과 금액이 대폭 확대되어 1만 2천명에게 1인당 300만 원씩 지급되었고, 이는 코로나로 인한 창작중단 위기를 일부 완화했다.

3-3 재원조성 관련 제도와 향후 과제

한국의 문화예술단체 재원조성에는 몇 가지 제도적 특징이 있다. 세제 혜택으로는 문화예술단체(공익법인으로 지정된 경우)에 대한 기부금은 법정기부금 또는 지정기부금으로서 세액공제 혜택을 받을 수 있다. 개인은 소득금액의 30% 한도 내에서 기부금의 15%(일정금액 초과분 30%)를 세액공제 받을 수 있고, 법인은 소득의 10%까지 손비인정 된다.

이러한 세제는 민간 후원을 유인하는 장치로 작용하지만, 일반 대중이 체감하는 인센티브가 크지는 않아 기부 문화 확산에 한계가 있다는 평가가 있었다. 문화예술후원 매개자 제도는 문화체육관광부가 2014년 도입한 것으로, 기업과 예술단체를 연결해주는 전문 매개자를 인증·육성하고 일부 지원하는 정책이다. 이를 통해 예술단체들은 후원 유치에 전문성을 가진 단체(예컨대 예술경영지원센터나 지역문화재단 내 전담부서)의 도움을 받을 수 있다.

코로나19 이후 이러한 매개자의 중요성이 더 커져, 2022년에는 매개자들을 통한 기업-예술 매칭이 활발히 이루어졌고 정부도 성공 사례를 공유하며 확산을 모색했다. 공공-민간 매칭펀드도 재원조성의 한 방식이다. 예술위원회는 예술기업 매칭펀드 사업을 통해 기업이 예술단체에 일정 금액을 후원하면 동일액을 정부가 매칭 지원하는 프로그램을 운영해 왔다.

이 제도는 기업 입장에서 부담을 줄여주어 코로나 이전에도 수차례 활용되었고, 코로나 이후 기업후원을 회복시키는 데에도 기여했다. 향후 문화예술단체의 재원조성에 있어서 과제는 다변화와 지속가능성이다. 코로나19는 과도한 특정 재원 의존(예: 티켓수입 일변도 또는 정부지원 일변도)이 위기 시 위험하다는 점을 보여주었다. 이에 단체들은 재원 포트폴리오를 다양화하여 한 축이 무너지더라도 전체 운영은 유지되도록 해야 한다는 인식을 갖게 되었다.

예를 들어 국립 단체들도 자체수입 비중을 높이려는 노력을 하고, 반대로 민간단체들도 평소에 기부금 적립이나 펀드레이징을 강화하여 비상시 버틸 완충재원을 마련하려 한다. 또한 예비비 적립이나 적극적 후원자 관리 등 재정 건전성을 높이는 경영전략도 중요해졌다.

정부와 공공부문에서도 지속적인 역할이 요구된다. 메세나 총액은 회복되었지만 장르별 편중 문제, 지역과 소규모단체에 대한 후원 부족 등 구조적 이슈가 있다. 이를 해소하기 위해 세제 혜택 확대나 후원캠페인 전개 등의 지원책을 보완할 필요가 있다.

아울러, 코로나19로 한차례 시행된 긴급재원 동원 경험을 토대로 문화예술 긴급지원 기금을 상시적으로 마련하자는 제안도 있다. 이는 향후 또다른 팬데믹이나 재난으로 예술계가 타격받을 경우 신속히 지원할 수 있는 장치를 미리 구축하자는 취지다. 결론적으로, 문화예술단체의 예산과 재원조성은 코로나19 이전과 이후 상당한 변화를 겪었다.

예산편성 방식은 위기를 통해 유연성과 전략성이 강화되었고, 정부예산은 단순 지원자에서 위기관리자의 역할까지 수행하며 예술계를 지탱했다. 재원조성 측면에서는 전통적 수입원에 더해 새로운 디지털 · 공동체 기반의 후원 모델이 등장하여 재정구조의 지평을 넓혔다. 이러한 변화들은 궁극적으로 문화예술단체의 재정적 회복력을 높이는 방향으로 나아가고 있으며, 앞으로도 공공과 민간이 협력하여 지속가능한 예술환경을 만들기 위한 노력이 계속될 것이다.

Chapter 5 공연예술 기획

1 ▶▶ 공연기획이란 무엇인가: 개념 정의와 해석

공연예술 기획은 단순히 공연을 무대에 올리는 것 이상의 의미를 지닌다. 이는 예술 창작의 초기 구상 단계에서부터 관객에게 작품을 전달하기까지 전 과정을 계획하고 조율하는, 고도의 통합적 활동이다. 다시 말해 공연기획은 예술적 상상력을 실현 가능한 형태로 구체화하는 작업이자, 공연예술의 가치와 성과를 극대화하기 위한 전략적 판단이 요구되는 복합적 과정이다. 일반적으로 공연기획은 영어로 '프로듀싱(producing)' 또는 '프로그래밍(programming)'으로 구분되며, 이 두 용어는 기획의 범위에 따라 구체적인 차이를 지닌다.

프로그래밍은 일정 기간 동안 어떤 공연을 어떤 순서와 주제로 편성할 것인가에 초점을 두는 개념으로, 주로 공공 공연장에서 시즌별 프로그램을 설계할 때 사용된다. 반면 프로듀싱은 공연의 기획뿐 아니라 제작, 유통, 마케팅, 사후 평가에 이르기까지 전체 과정을 포괄하는 넓은 의미의 용어로 이해된다. 이처럼 공연기획은 단일한 용어로 규정하기 어려운, 다층적인 의미 구조를 지니며, 기획자의 역할과 기획 목적에 따라 그 범위와 깊이가 달라질 수 있다.

한국 사회에서 공연기획이라는 개념이 체계적으로 정착하기 시작한 것은 1970

년대 이후이다. 특히 1973년 국립극장에 공연부가 신설되고, 1978년 세종문화회관이 개관되면서 본격적인 공연기획 전담 인력이 등장하였다. 당시에는 공공기관 중심의 공연이 대부분이었으며, 기획보다는 행정 운영 중심의 구조가 일반적이었다. 그러나 1990년대 들어 민간 제작사와 기획사의 활발한 등장과 함께, 기획의 영역은 단순 행정이 아닌 독자적인 콘텐츠 개발과 창의적인 시장 대응을 아우르는 분야로 확대되었다. 이러한 변화는 공연예술이 국가 주도형에서 민간 주도형 산업으로 전환되는 과정과 맞물려 있었다.

최근의 공연기획은 더욱 전문화되고 복합적인 양상을 띤다. 단순히 공연 하나를 성사시키는데 그치지 않고, 예술적 방향성과 관객 전략, 사회적 메시지까지 고려하는 기획이 요구된다. 예컨대 오늘날의 공연기획자는 단순한 관리자나 실무자가 아니라, 하나의 창작자이자 브랜딩 전략가로서의 역할을 동시에 수행해야 한다. 특히 '창의성과 지속가능성'이라는 키워드는 현대 공연기획의 필수 가치로 자리 잡았다. 이는 공연이라는 예술적 결과물이 단발성 이벤트에 그치지 않고, 중장기적으로 관객과 관계를 형성하고 예술단체의 정체성을 구축하는데 기여해야 함을 뜻한다. 이러한 관점에서 공연기획은 예술성과 실현가능성, 그리고 사회적 파급력을 조율하는 교차지점 이라 할 수 있다. 창작자의 예술적 욕망이 시장 현실과 조화를 이루는 지점을 설계하고, 관객과의 만남을 성공적으로 이끌어내는 것이 바로 기획의 핵심 과제이다. 따라서 공연기획자는 예술과 경영, 창작과 운영, 이상과 현실을 잇는 중개자 로서 기능하며, 그 역할은 갈수록 다층적이고 중요해지고 있다.

1-1 공연기획의 역사: 한국 공연기획 시스템의 형성과 발전

한국에서 공연기획이라는 개념이 본격적으로 자리 잡기 시작한 것은 20세기 중반 이후의 일이다. 특히 해방 이후 국가 주도로 이루어진 문화예술 진흥 정책과 공공기관의 설립은 공연예술 기획의 제도적 기반을 마련하는 데 중요한 역할을 했다.

그러나 오늘날 우리가 인식하는 체계적인 공연기획의 시작은 대체로 **1970년대 이후**로 거슬러 올라간다. 1973년, 국립극장은 공연예술의 기획과 제작을 담당하는 **전담 부서인 '공연부'**를 신설하였다. 이 부서는 단순히 행정적으로 공연을 운영하는 수준을 넘어, 연극과 무용, 음악 분야에 대한 작품 발굴과 연출자 섭외, 출연진 조직 등을 주도하는 중심축 역할을 맡았다. 이는 곧 국가 차원에서 공연예술을 '계획'하고 '생산'하는 기획 시스템의 출발점으로 볼 수 있다. 이어 1978년 **세종문화회관의 개관**은 공연기획의 전문화를 가속화한 계기가 되었다.

세종문화회관은 서울시가 설립한 최초의 대형 종합문화공간으로, 연간 수십 편의 기획 공연을 자체적으로 운영하였으며, 이에 따라 상설 예술단체(예: 서울시립교향악단, 시립극단)와의 협업 체계도 구축되었다. 이 시기 공연기획자는 대부분 공공기관 소속으로서 행정적 업무와 공연 운영을 병행하는 '사무행정가'에 가까운 역할을 수행했지만, 공연의 성패에 따라 기획력이 평가받기 시작하면서 기획의 전문성이 점차 부각되었다.

1980~90년대에 접어들면서 공연예술 환경은 큰 전환점을 맞이한다. **첫째**, 민간 공연기획사의 등장은 공연예술계에 새로운 경쟁과 창조적 기획의 시대를 열었다. 대표적으로 1995년 창립된 'PMC 프로덕션'은 연극 〈난타〉를 통해 비언어 공연이라는 새로운 장르를 개척하였고, 이를 통해 **글로벌 시장 진출형 기획모델**을 정립했다. 이처럼 민간 영역에서는 수익성과 대중성을 중심에 둔 기획이 활발히 이루어졌으며, 이는 공공기관의 기획 방식과 뚜렷한 대비를 이루었다. **둘째**, 이 시기 등장한 **라이선스 뮤지컬**과 대형 콘서트의 기획은 공연기획의 스케일을 한층 확대시켰다. 2001년 〈지킬 앤 하이드〉, 〈오페라의 유령〉 등의 흥행을 통해 뮤지컬 시장이 급성장하면서, 기획자는 더 이상 공연 한편만을 책임지는 관리자가 아니라, 콘텐츠 기획, 투자 유치, 마케팅, 라이선스 계약까지 관장하는 총괄 제작자의 위치에 서게 되었다. 이때부터 '기획자'라는 직함은 단순한 실무를 넘어 **전략적 사고를 요구하는 예술경영의 핵심 역할**로 자리잡기 시작했다. **셋째**, 2000년대 들어 '공연기획

자 양성 과정'이 각 대학 및 공공기관(예: 예술경영지원센터, 국립예술단체 등)을 통해 마련되면서 공연기획은 하나의 **독립된 전문 직업군**으로 인식되기 시작했다. 특히 예술경영 전공이 국내 대학원에 개설되고, 문화체육관광부 산하 정책에서 '문화기획자'의 필요성이 언급되며, 공연기획은 창의와 행정을 겸비한 **미래 문화산업의 핵심 직능**으로 부상하게 된다.

또한, 최근 10년간은 **디지털 기술의 도입과 관객 소비 방식의 변화**가 공연기획의 방식에도 변화를 주고 있다. 팬데믹 이후 '온라인 생중계 공연, 인터랙티브 공연 VR/AR 기술을 활용한 무대' 등이 시도되며, 기획자 역시 단지 무대 위 콘텐츠만을 설계하는 것이 아니라 **관객 경험 전반을 디자인**하는 존재로 변모하고 있다. 이는 곧 기획자의 역할이 단순한 '공연 제작자'에서 '문화 브랜드 매니저'로 확장되었음을 보여주는 대목이다. 이처럼 한국의 공연기획 시스템은 **공공에서 민간으로, 행정 중심에서 창의적 중심으로, 단일 작품에서 플랫폼형 운영까지** 점차 발전해왔다. 현재 공연기획자는 작품 기획의 출발점일 뿐 아니라, 관객과의 관계를 구축하고 예술단체의 지속가능성을 설계하는 전략가이자 콘텐츠 기획자, 브랜딩 책임자로 그 위치가 진화하고 있다. 결국 공연기획의 역사는 단순히 기획자의 활동사를 넘어서, **한국 공연예술이 어떻게 성장해왔는지, 그리고 어떤 환경적 조건 속에서 진화해왔는지를 보여주는 창**이기도 하다. 오늘날 공연기획자는 과거보다 훨씬 복잡하고 변화무쌍한 문화 생태계 속에서, 시대의 흐름을 읽고 새로운 방향을 제시하는 창조적 리더십을 요구받고 있다.

1-2 프로그래머와 프로듀서: 기획자의 유형과 진화

공연기획자를 정의할 때 우리는 흔히 '기획자'라는 포괄적 용어를 사용하지만, 실제 현장에서는 이들이 수행하는 역할과 책임에 따라 **서로 다른 유형의 기획자들**이 존재한다. 특히 공연예술계에서 두드러지게 구분되는 두 가지 유형은 바로 프로그래머(programmer)와 프로듀서(producer)이다. 이 둘은 각각 공공성과 예술성을 중시하는 프로그램 설계자와, 제작·운영 전반을 아우르는 총괄 책임자로서의 정체성을 갖고 있으며, 공연기획의 구조와 지향점에 따라 선택적으로 혹은 동시에 등장한다. 프로그래머는 주로 **공공극장**이나 **지역문화재단, 국공립 예술기관**에서 활동하며, 시즌제 공연의 기획, 콘텐츠 큐레이션, 해외 초청작 선정 등 '프로그램 구성' 자체에 중점을 둔 역할을 수행한다.

이들은 특정 시즌 혹은 연간 단위로 예술적 방향을 설정하고, 해당 기관의 미션과 철학에 맞는 공연을 **기획 의도에 따라 선별**한다. 예를 들어, LG아트센터의 시즌 프로그래머는 '현대 공연예술의 실험성과 미학'을 지향하는 철학 아래, 매년 유럽 현대무용, 실험 연극, 음악극 등을 아우르는 라인업을 구성하며, 이를 통해 공연장 자체의 브랜드 정체성을 구축해간다. 프로그래머는 이처럼 예술성과 공공성의 균형을 설계하는 전략가로서, 다수의 작품들을 조합해 하나의 **맥락 있는 문화적 흐름**을 만들어내는 데 중점을 둔다. 이 과정에서 이들은 단일 공연의 흥행 가능성보다는 공연장의 전체적인 프로그램 '결'(결국 관객이 체감하는 문화적 연속성과 방향성)에 더 큰 의미를 둔다. 예를 들어, 특정 시즌을 '여성 창작자 집중 조명', '남미 현대음악 소개' 등으로 테마화 하여 연속 기획을 구성하고, 해당 주제에 걸맞은 국내외 작품들을 선별함으로써, 관객에게 **지적인 경험과 미학적 탐색의 기회를 제공**하려는 접근이 그것이다.

반면 프로듀서는 보다 **제작 중심의 실무자이자 총괄 지휘자**로 기능한다. 프로듀서는 공연 콘텐츠의 기획은 물론, 제작비 마련, 배우 및 제작진 섭외, 마케팅 전략 수립, 공연장 대관, 기술적 실행, 그리고 유통과 투어 기획에 이르기까지 공연 제작의 A부터 Z까지를 총괄하는 인물이다. 특히 상업 공연(뮤지컬, 대중 콘서트 등)에서 프로듀서는 단순한 기획자가 아니라 **경영자이자 투자자, 심지어 창작자에 가까운 위치**에 있다. 예컨대 EMK뮤지컬컴퍼니나 CJ ENM 공연사업본부의 프로듀서는 대형 라이선스 작품의 국내 제작 권리를 확보한 후, 한국 시장에 맞는 연출 수정과 캐스팅 전략을 수립하고, 수십억 원에 달하는 투자 자본을 조율하며, 최종적으로 작품을 완성도 있게 무대에 올리는 데 중심 역할을 수행한다. 이처럼 프로듀서는 **기획과 경영, 창작과 운영, 문화와 자본 사이를 유기적으로 연결하는 핵심 매개자**이다.

최근에는 이와 같은 총괄 프로듀서형 인물들이 단순히 흥행에만 몰두하는 것이 아니라, 창작 환경 전반을 개선하고 새로운 형식의 공연을 제시하는 등, 공연예술계 전반의 생태계 조성에 기여하고 있다. 대표적으로 창작뮤지컬 〈마리 퀴리〉를 기획·제작한 라이브㈜는 제작자 스스로가 프로듀서로서 작품 개발부터 무대화, 해외 진출까지를 주도하며 **중소기획사의 창작 역량이 상업적 성과로 이어지는 모델**을 제시한 바 있다.

한편 최근에는 이 두 유형의 경계가 점차 **융합되거나 확장되는 경향**도 나타난다. 과거에는 프로그래머가 공공 영역에, 프로듀서가 민간 영역에 고정되어 있는 경우가 많았으나, 오늘날에는 공공기관에서도 **'기획–제작 일체형' 시즌 공연**이 늘어나면서 프로그래머가 제작 기획까지 맡는 일이 많아졌고, 민간 프로듀서들도 문화재단과의 협업을 통해 공공성과 예술성의 기획 목표를 고려하게 되었다.

더불어 디지털 환경의 확장으로 인해, 오늘날의 공연기획자들은 '프로듀서'나 '프로그래머'라는 이분법적 역할 구분을 넘어, 콘텐츠 개발자이자 문화 플랫폼 설계자, 심지어 관객 경험을 디자인하는 **UX기획자**의 정체성까지 요청받고 있다. 이는 '공연 한편'이 아니라 '공연과 관객의 관계 전체'를 설계하는 포괄적 역량이 필요하다는 시대적 변화에 기인한다. 예를 들어 국립극단은 최근 공연에 **디지털 아카이빙, 온라인 관람 콘텐츠, VR 체험 공간**을 결합해 관객에게 입체적 관람 경험을 제공하는 기획을 선보이고 있으며, 이는 기존의 프로그래밍 역할을 넘어선 **복합기획의 새로운 유형**이라 볼 수 있다. 결론적으로, 공연기획자는 시대의 흐름에 따라 **기획의 범위와 정체성**을 지속적으로 확장해 왔다. 전통적인 프로그래머와 프로듀서의 역할이 여전히 공연예술 기획의 핵심축을 이루지만, 이제는 이 둘을 아우르거나 넘어서려는 **새로운 유형의 기획자상**이 등장하고 있으며, 이는 공연예술의 진화와 함께 기획자의 진화 또한 불가피하다는 점을 시사한다. 공연기획이 단순한 무대 제작을 넘어, 하나의 **문화적 브랜드 전략**으로 기능하는 시대에, 기획자의 역할은 단순한 직무가 아니라 하나의 **문화적 리더십의 실천**이라 할 수 있을 것이다.

Case Study

- VR 사례 -

VR 기반 1인 퍼포먼스 연극 코오피와 최면약은 2021년 서울로7017과 국립극단 백성희장민호극장에서 공연되었다.

이 공연은 1인 독립체험으로 구성되어 하루 16~22명만 관람할 수 있으며, 관객은 안내소에서 이어폰과 스마트폰을 연결한 뒤, 배우의 내레이션(이상의 문학 작품에서 발췌된 내용)을 들으며 약 1.1km를 혼자 산책한다. 이후 극장에 도착하면 VR 고글을 착용하고 가상 공간 속 1930년대 해방 전 서울을 탐험하는 방식으로 구성되어 있다.

문학, 오디오, VR, 걷기라는 네 가지 요소가 융합된 이 작품은, 전통적인 '연극의 4요소'를 해체하는 실험적 형식으로서, 관객의 몰입과 주체적 경험을 극대화하는 새로운 형식의 퍼포먼스다.

[사진: 서울로7017 → 국립극단 백성희장민호극장]

1-3 공연 장르별 기획 프로세스의 차이

공연기획은 하나의 통합적 작업처럼 보이지만, 실제로는 **장르에 따라 기획 방식, 단계별 절차, 관객 접근 전략, 기술적 요구**까지 모두 달라진다. 특히 **뮤지컬, 음악회, 연극**은 한국 공연예술계에서 대중성과 예술성을 동시에 추구하는 대표적 장르로서, 각기 다른 기획 구조와 생산 논리를 갖고 있다. 기획자는 이러한 장르 특성을 정확히 이해하고, 그에 맞는 전략과 자원을 설계해야 한다. 우선 **뮤지컬 기획**은 가장 **상업적이고 자본 집약적인 방식**으로 운영된다. 한 편의 뮤지컬은 수십억 원에서 많게는 백억 원이 넘는 제작비가 투입되며, 제작 기간도 통상 1~2년 이상이 소요된다. 기획 초기 단계에서는 공연의 원작(창작 또는 라이선스 여부)을 결정하고, 스토리텔링 구조와 음악적 방향을 기획한다. 이후에는 연출가, 음악감독, 안무가 등 주요 창작진을 섭외하고, 초기 콘셉트를 바탕으로 캐스팅 작업이 병행된다. 특히 흥행성을 고려한 배우 섭외가 중요한 요인이 되며, 이 과정에서 이미 확보된 투자금과 티켓 선판매 전략 등이 유기적으로 연결된다.

예를 들어, EMK뮤지컬컴퍼니가 제작한 〈엘리자벳〉은 오스트리아 원작의 라이선스를 바탕으로 한국 정서에 맞춘 번안과 무대 연출을 기획하면서, 뮤지컬 팬층을 타겟으로 한 티켓 마케팅, 포토카드 제공, 굿즈 연계 등 수익 다각화 전략을 동시에 전개하였다. 이처럼 뮤지컬 기획은 하나의 공연이 아니라, 콘텐츠상품으로서의 포괄적 설계가 요구된다. 반면 **음악회 기획**, 특히 클래식 음악 공연의 경우, 훨씬 **짧은 주기의 기획과 예술적 완성도 중심의 접근**이 일반적이다. 기획자는 공연장의 시즌 콘셉트와 부합하는 프로그램을 구성하고, 지휘자 및 연주자 섭외, 악보 확보, 리허설 일정을 조율한다. 음악회는 대체로 작품 레퍼토리의 구성(예: 교향곡, 협주곡, 실내악 등)이 공연의 주제를 결정하며, 이 과정에서 관객층의 취향, 시기적 이슈(예: 베토벤 탄생 250주년), 지역의 문화적 배경 등을 고려한다. 또한 서울시향이 진행한 '말러 교향곡 전곡 시리즈'는 특정 작곡가에 대한 깊이 있는 탐색을 중심으로 한 기획이며, 이는 관객에게 단발적 감상이 아닌 **지적 맥락 속 감상 경험**을 제공하는 데 목적이 있다. 또한 음악회 기획은 리스크 대비가 상대적으로 적고, 제작비 부담도 뮤지컬에 비해 낮지만, 공연장의 음향, 리허설 퀄리티, 프로그램 북 제작 등 **기술적 · 편집적 완성도**가 작품의 품격을 좌우하는 중요한 요소로 작용한다.

연극 기획은 이 두 장르와는 또 다른 특성을 지닌다. 연극은 대체로 뮤지컬보다 규모가 작고, 음악회보다 내러티브 중심의 구성이 강조되며, **기획자의 철학과 메시지의 명확성**이 기획의 중심축이 된다. 기획자는 먼저 어떤 주제와 사회적 메시지를 담을 것인지 결정한 후, 해당 주제를 잘 구현할 수 있는 작가, 연출가와의 협업을 통해 작품 개발을 시작한다. 특히 독립 극단이나 공공극장의 창작극 프로젝트에서는 초고 단계부터 기획자가 개입하여 공동 창작의 흐름을 주도하기도 한다. 연극은 예산 규모가 작지만, 관객과의 밀착성과 예술적 실험 가능성이 크기 때문에, 기획자는 극장의 물리적 제약과 관객 반응을 세심하게 고려하며 연출, 무대, 조명, 음향 등을 간결하면서도 효과적으로 설계해야 한다.

예를 들어 국립극단의 〈리차드 3세〉는 고전 텍스트를 한국 현대사적 맥락과 결합한 연출 콘셉트를 통해 **관객과 사회적 맥락을 연결하는 기획 전략**을 선보인 사례로 평가된다. 이처럼 공연 장르에 따라 기획자는 요구되는 역량과 절차, 협업 구조가 달라진다. 뮤지컬은 산업적 기획 역량과 투자 유치 능력이 중요하며, 음악회는 예술적 안목과 레퍼토리 기획 능력이, 연극은 기획자의 철학과 메시지 구현 역량이 핵심이다. 또한 장르에 따라 리허설 구조, 기술 장비, 대관 시기, 마케팅 방식 등도 달라지므로, 기획자는 장르 특성에 따른 **기획 모델의 차이**를 철저히 이해하고 적용할 필요가 있다. 나아가 오늘날에는 이러한 장르 간 경계가 점차 흐려지고 있다. 음악극, 융복합 공연, 인터랙티브 연극 등은 기획자에게 **다장르적 이해와 융합적 상상력**을 요구하고 있으며, 이는 기획의 전문성과 창의성이 더욱 고도화되고 있음을 보여준다. 공연기획자는 단순히 장르별 관례를 따르는 수준을 넘어서, **새로운 형식의 실험과 콘텐츠 간 융합을 기획할 수 있는 역량**을 갖추는 것이 중요해지고 있다.

Case Study

- 연극연전와 같은 연극제작, 프로젝트 사례 -

예술의전당 '토월정통연극시리즈'

개요: 예술의전당은 '토월정통연극시리즈'라는 이름으로, 순수 예술로서의 연극 복원을 위해 기획·제작 브랜드를 운영 중이다. 2024년 하반기에는 신유청 연출의 창작 〈햄릿〉을 선보이며 '브랜드 고전 재해석'을 선보였다.

특징: 고전 작품을 기반으로 한 브랜드화된 시즌 기획.

젊은 예술가 오디션, 스타 배우 캐스팅, 고품격 창작진 투입.

예술성·신인 발굴·공공 수용의 균형 추구.

[사진: 연극 햄릿]

- 대형 뮤지컬 제작비 및 홍보마케팅 비용 사례: 뮤지컬 〈명성황후〉 -

1. 제작비

초연 제작비: 약 12억 원

제작 기간: 4년 (1991~1995) (기획부터 초연까지)

당시로선 "어마어마한 규모"였던 대형 창작 뮤지컬로 평가되었다.

2. 홍보·마케팅 전략 및 비용

홍보·마케팅 비용: 정확한 액수는 공개되지 않았지만, 당시 업계 평균 '제작비의 10-15%' 비중을 적용하면 약 1.4억 ~ 2.1억 원으로 추정 가능. (공식 자료는 없음).

1) 전통 미디어 PR

신문 및 잡지 인터뷰 중심의 보도자료 배포.

라디오·TV에도 적극적 보도 및 프로그램 활용으로 대중 노출 강화.

2) 팬 커뮤니티 입소문

관객들이 자발적으로 인터넷 팬사이트 및 카페를 개설

커뮤니티에서 경험과 감상을 공유하며 구전 효과 크게 확산.

3) 웹사이트 기반 서비스

공식 웹사이트 운영: 공연 정보, 예매, 회원관리, 커뮤니티 게시판, 미디어 자료 제공 등 통합적 활용.

웹사이트는 '초연' 시기보다는 이후 1997년 브로드웨이 진출 준비 등 시점부터 본격화되어, 마케팅 전략에 포함된 것으로 분석됨.

4) 민족주의 감성 마케팅

'국모 명성황후의 일대기'라는 강렬한 소재를 애국심에 호소하는 마케팅으로 전략화. ("국뽕"이라 불리는 접근 방식)

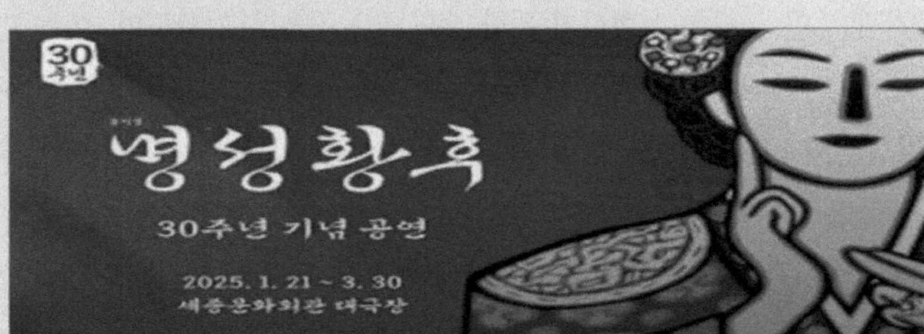

[사진: 뮤지컬 명성황후]

2 ▶▶ 공공성과 사명: 기관의 목적이 이끄는 기획

공연기획의 동기는 기획자가 속한 조직의 성격과 목적에 따라 뚜렷하게 달라진다. 특히 공공기관이나 국공립 예술단체에서 이루어지는 공연기획은 **단순한 흥행이나 수익**을 목적으로 하지 않는다. 그 대신 **공공성, 문화 향유권 보장, 지역 균형발전, 예술 생태계 보호** 등 다양한 공익적 가치 실현이 기획의 핵심 동기로 작용한다. 이러한 기획의 출발점은 공연예술이 단지 소비재로서 존재하는 것이 아니라, **사회적 필요에 응답하는 공공재**로 작동해야 한다는 인식에서 비롯된다.

공연은 사회 구성원 모두가 누려야 할 문화권의 중요한 요소이며, 특정 계층이나 지역에 편중되지 않고 **다양한 시민에게 접근 가능해야 할 권리**로 간주된다. 따라서 공공기관은 이 권리를 실현하기 위한 수단으로 공연을 기획하며, 이는 민간 영역에서 흔히 강조되는 '흥행성'과는 전혀 다른 평가 기준을 갖게 된다. 예를 들어, 국립극단의 기획 방향은 '공공연극의 정체성 정립'이라는 목표를 중심으로 형성되어 있다. 국립극단은 매년 사회적으로 중요한 이슈를 반영하거나, 문화 소외계층을 대상으로 한 순회공연을 진행하며, 특정한 시장성과 무관하게 예술적·사회적으로 가치 있는 콘텐츠를 발굴하고 제작하는데 중점을 둔다. 이는 공연을 통해 **공적 담론을 형성하고 사회적 소통을 이끌어내는 플랫폼**으로 서의 기능을 수행하는 사례라 할 수 있다. 또한 지방자치단체 산하 문화재단이나 문예회관에서의 공연기획은 지역민의 문화 향유권을 실질적으로 확대하고, **지역문화 정체성 확립과 주민 참여 증진**을 주요 목표로 설정한다. 예컨대 전북문화관광재단은 지역 창작자들과 협업하여 지역 설화 기반 창작극을 개발하거나, '작은 마을 순회공연'을 통해 공연 접근성이 낮은 농산어촌 지역으로 예술을 확산시키는 프로그램을 운영하고 있다. 이와 같은 기획은 관객 수나 매출로 평가되지 않지만, 지역 문화 환경을 변화시키는 장기적 성과로 이어진다.

더불어 공공기관의 기획 동기는 **예술계 생태계의 다양성과 안정성 확보**에도 깊은 관련이 있다. 시장 논리에 의해 소외되기 쉬운 장르(예: 전통예술, 현대무용, 아동극 등)나 신진 예술가의 작품을 기획·제작하여 무대에 올리는 것은 공공기관의 중요한 책무 중 하나다. 이는 결국 민간 영역이 따라올 수 없는 **기회의 분산과 다양성 보장의 기획 전략**으로, 공공이 공연예술계의 균형을 유지하는 보이지 않는 안전망 역할을 수행하고 있음을 보여준다. 예술의전당이나 세종문화회관과 같은 대형 공공 공연장은 연간 수십 편의 자체 기획공연을 통해 공연장 브랜드 정체성을 형성하고, 시민에게 문화예술의 기준점을 제시한다.

예술의전당의 '세계국립발레단 시리즈'나 세종문화회관의 '세종시리즈'는 공공의 권위와 예술성 간의 균형을 고려한 기획 사례로, 예술성과 접근성을 동시에 확보하려는 시도라 할 수 있다. 이처럼 공공기관에서 이루어지는 공연기획은 그 본질부터 다르다. 그것은 단순히 좋은 공연을 고르고 무대에 올리는 행위가 아니라, **사회적 가치와 예술적 실천을 동시에 담아내는 기획 철학의 구현**이다. 기획자는 자신이 속한 조직이 가진 미션을 공연을 통해 어떻게 구체화할 것인지 고민해야 하며, 이는 결국 **기획의 사회적 책임과 윤리적 기반**을 형성하는 출발점이 된다. 공연기획의 공공성은 특히 **지역 간 문화 격차 해소, 사회통합, 세대 간 이해 증진**이라는 폭넓은 문화정책 목표와 직결되어 있다. 따라서 공공기획자는 단지 프로그램을 구성하는 것이 아니라, **사회 전체의 문화 생태계를 설계하는 문화정책 실천자**로서의 정체성을 자각하고 있어야 한다.

2-1 수익성과 시장 적합성: 민간 기획의 동기 구조

공연기획의 또 다른 중요한 동기는 바로 **수익성과 시장 적합성**이다. 이는 주로 민간 기획사, 상업 제작사, 프로덕션, 대중음악 기획사, 또는 독립 극단 등 **자체 수익 모델에 기반한 조직**에서 출발하는 기획에서 두드러지게 나타난다. 민간 영역에서의 공연기획은 본질적으로 **시장성과 관객성, 투자 회수 가능성**을 중심으로 작동하며, 이는 곧 흥행성과 수익 창출이 기획의 핵심 동기가 된다는 것을 의미한다.

민간 공연기획자는 기획 초기 단계에서부터 공연의 수요를 예측하고, 타겟 관객층과 마케팅 가능성을 분석하며, 공연이 시장에서 경쟁력을 갖출 수 있을지를 판단한다. 이 과정에서 관객 선호도, 장르 트렌드, 스타 파워, 공연 일정, 유통 채널 등 **다각적인 요인들을 복합적으로 고려**하여 기획안을 수립한다. 다시 말해, 민간 기획에서의 공연은 예술적 메시지를 담은 '작품'이면서 동시에 명확한 시장 대상과 수익 구조를 지닌 '상품'으로 기획된다. 대표적인 예로 **EMK뮤지컬컴퍼니**는 수년 간 〈엘리자벳〉, 〈레베카〉, 〈팬텀〉 등 대형 라이선스 뮤지컬을 기획하며 한국 뮤지컬 시장에서 흥행의 공식과 시장 메커니즘을 정교하게 구축해왔다. 이들은 공연 기획에 있어 원작 IP 확보, 번안·연출 수정, 스타 배우 캐스팅, 티켓 가격 설정, 프로모션 전략, 지역 투어 계획, 파생 상품 개발까지 **수익을 중심으로 한 전방위적 기획 모델**을 확립한 바 있다. 이러한 모델은 공연예술이 순수예술에 머무르지 않고 문화산업의 하나로서 자리잡기 위한 구조적 기반이 되었다.

특히 민간 기획에서는 **스타 마케팅**이 핵심 전략 중 하나로 작용한다. 인기 배우, 아이돌 출신 배우, 인플루언서 등은 단순한 출연자 이상의 흥행 보증 수단이며, 이들의 참여 여부에 따라 티켓 판매율이 현격히 달라지는 경우가 많다. 예를 들어 뮤지컬 〈데스노트〉는 일본 원작에 기반한 라이선스 공연으로, 카이·홍광호·김준수가 더블/트리플 캐스팅되면서 공연 시작 전부터 전석 매진을 기록했다. 이는 민간 기획에서 **브랜드와 캐릭터, 배우가 만들어내는 시너지**가 곧 기획 성패를 좌우한다는 것을 보여주는 대표적인 사례다. 또한 민간 기획은 공연의 단기 성공만이 아니라, 장기적인 **레퍼토리화와 시즌화 전략**을 통해 수익성을 극대화하기도 한다. 대표적인 예가 〈난타〉와 〈점프〉와 같은 넌버벌 퍼포먼스다. 이들은 초기에는 신선한 기획으로 출발했지만, 이후 꾸준히 리뉴얼을 거치며 **전용관 상설 공연, 해외 투어, 학교 대상 교육 공연** 등 다양한 형식으로 확장되어 왔다. 이처럼 민간 기획자들은 수익을 단발성이 아닌 **지속 가능한 비즈니스 모델**로 만들어가는 데 중점을 둔다. 그러나 모든 민간 공연기획이 대형 자본과 스타를 중심으로 작동하는 것은 아니다. 중소 규모의 극단, 독립 기획자, 지역 문화기획자들은 제한된 예산 안에서 창의성과 기획력만으로 시장에서의 위치를 확보해야 하는 이중의 과제를 안고 있다. 이들은 후원사 유치, 크라우드 펀딩, 티켓 예매 플랫폼 연동, SNS 기반 입소문 마케팅 등 다양한 방식으로 제한된 자원을 극복해 나가며 시장 적합성을 확보하고자 노력한다. 예를 들어, 창작뮤지컬 〈마리 퀴리〉는 비교적 낮은 예산과 신진 배우 중심의 출연진에도 불구하고, 극의 완성도와 기획자의 전략적 배치(여성 중심 서사, 페미니즘 테마, 역사적 인물 활용)로 관객층을 성공적으로 끌어모은 사례이다. 이후 이 작품은 예술의전당, 블루스퀘어 등 중대형 공연장으로 진출하며, '작은 기획이 성공적으로 시장에 안착한 사례'로 꼽히고 있다. 결국 민간 기획에서의 공연기획 동기는 다음과 같이 요약될 수 있다.

첫째, 시장에서의 수익 실현 가능성.

둘째, 관객을 중심에 둔 기획 전략.

셋째, 지속 가능한 운영 모델로의 확장 가능성.

민간 기획자는 끊임없이 시장을 읽고, 변화에 민감하게 반응하며, 관객의 취향과 참여 방식을 기반으로 새로운 콘텐츠를 개발해야 한다. 이들은 예술과 산업의 경계를 넘나들며, 공연예술이 살아있는 시장 생명체로 유지되도록 기획력을 발휘하는 문화창업가 라 할 수 있다.

2-2 브랜드 구축과 예술가 개발

공연기획의 또 다른 중요한 동기 중 하나는 브랜드 정체성 확립과 예술가의 성장 지원이다. 이는 단기적 수익이나 한 편의 공연 성과를 넘어, 장기적으로 공연장, 기획사, 또는 예술단체가 문화적 신뢰와 정체성, 예술가 풀(pool)을 축적하고자 할 때 중심이 되는 전략이다. 특히 시즌제 운영을 채택하는 공공 공연장이나 중장기 프로젝트를 운영하는 민간 기획사는, 매년 반복되는 공연기획을 통해 기관이나 단체의 브랜드를 구축하고, 유망 예술가를 발굴·육성하는 데에 기획의 목적을 둔다. 브랜드 구축을 위한 공연기획은 단순히 '좋은 공연'을 선택하는 데 그치지 않는다.

그것은 **기획철학, 미학적 지향, 관객 커뮤니케이션 방식** 등이 일관되게 반영된 공연 시리즈를 통해, 관객에게 특정 기관이나 기획자의 정체성을 인식시키고, 반복 관람과 충성도를 유도하려는 시도이다. 대표적으로 **LG아트센터**의 '스테이지 시리즈'는 2000년대 초반부터 현대무용, 실험극, 음악극 등을 꾸준히 소개하며, 국내에 해외 동시대 예술의 흐름을 정기적으로 소개하는 브랜드로 자리 잡았다. 이 시리즈는 단발성 흥행작 대신, 예술성과 실험성을 중시하는 작품군을 일정한 철학 아래 연속 기획함으로써, 관객층에게 "이 공연장은 이런 공연을 소개하는 곳"이라는 **문화적 기대와 신뢰를 형성**하는 데 성공했다. 이처럼 브랜드 기반 기획은 개별 작품의 성과를 넘어, **공연장 자체가 하나의 문화 콘텐츠로 인식되도록 만드는 전략**이라 할 수 있다. 이러한 전략은 지방 공연장에서도 시도되고 있다. **대전예술의전당**은 '아티스트 인 레지던스' 프로그램을 통해 지역 출신 예술가를 장기적으로 지원하며, 이들과 협력해 신작 공연을 제작하거나 기존 작품을 재해석하는 기획을 지속하고 있다.

이를 통해 공연장은 지역성과 창의성 모두를 담은 브랜드 이미지를 구축하고 있으며, 이는 단순한 장소를 넘어 **예술 창작의 발신지이자 문화 커뮤니티의 허브**로 기능하게 만든다. 브랜드 구축과 더불어, 공연기획자는 **예술가의 성장과 개발을 위한 '인큐베이팅' 역할**도 수행한다. 특히 국립단체나 문화재단, 대형 기획사에서는 유망 예술가를 발굴하고, 실험 기회를 제공하고, 이를 무대화함으로써 예술가의 지속적인 성장을 돕는다.

이는 단기적 수익과는 무관할 수 있지만, **예술 생태계의 순환과 창작 인프라의 안정성 확보**를 위한 필수 전략이다. 예를 들어 국립극단은 '젊은 연출가전', '희곡 개발 프로젝트' 등을 통해 신진 연출가와 극작가에게 무대 경험과 교육 기회를 제공하며, 동시에 새로운 레퍼토리를 확보하는 방식으로 기획을 진행하고 있다. 이

기획은 단순히 인재를 발굴하는 데 그치지 않고, 작품의 리서치 단계부터 극장 측 기획자와 협력하여 **기획과 창작의 동반자 관계**를 형성하는 데 목적을 두고 있다.

민간에서도 이와 같은 예술가 지원형 기획은 활발히 진행 중이다. 두산아트센터의 '두산아트랩'은 매년 신진 예술가에게 창작비, 공간, 리허설, 쇼케이스 기회를 제공하며, 이후 해당 예술가가 메인 시즌에 진입할 수 있도록 체계적인 지원을 한다. 이 프로그램은 민간 기획사가 예술 생태계 전반의 구조를 설계하고, **콘텐츠 생산의 전 단계에 개입하여 새로운 창작 동력을 확보하는 방식**으로 주목받는다. 또한 이러한 브랜드와 예술가 개발 중심의 기획은, 장기적으로 **기획사 또는 공연장의 경쟁력과 지속 가능성**을 담보하는 전략이기도 하다. 관객은 공연 한편이 아니라, 기획자가 꾸준히 선보이는 **철학 있는 프로그램**에 신뢰를 형성하며, 이는 곧 반복 관람으로 이어지고 충성 고객층을 형성한다.

특히 공연예술과 같이 반복 소비가 쉽지 않은 장르에서는, **브랜드 기획력이 티켓 파워를 대체하는 유일한 자산**이 될 수 있다. 결국 브랜드와 예술가 개발을 중심으로 한 공연기획은 단기적 성과를 넘어, 예술단체의 **미래 자산을 설계하는 기획의 상위 전략**이라 할 수 있다. 공연기획자는 이 전략을 통해 창작의 생태계를 유지하고, 예술가의 커리어를 성장시키며, 관객과의 신뢰를 지속적으로 구축하는 문화적 설계자로 기능하게 된다.

Case Study

- LG아트센터 시즌권 -

1. 2022년 마곡 개관과 함께 도입된 1년 단위 '시즌제' 선공개 정책-

관객에게 1년간 공연 라인업을 한 번에 공개하고,서로 다른 공연을 묶어 구매할 수 있는 패키지 상품을 제공.

이는 전통적 '초대권 없는 공연장' 운영 기조와 맞물려, 예비 관객의 예매 동기를 강화하고, 예측 가능한 수요 기반 확보를 위한 전략적 도입이다.

2. 패키지 콘텐츠 구성 및 특징

CoMPAS, CREATOR's BOX, VOID, ClubARC 등 장르·형식을 구분한 여러 브랜드 시리즈로 구성.
공연 결합 상품 형태로 시즌권에 준하는 패키지 운영.
관객이 자유롭게 조합할 수 있도록 설계된 라인업 구성: 예: 클래식/무용/연극/컨템포러리 다채롭게 섞인 구성 ,"각자의 취향에 따라 묶어서 구매" 가능.

3. 혜택 및 포인트 적립 제도

아트포인트 제도 운영: 회원 가입 시 예매 금액의 일반회원 1%, 우수회원 2% 적립, 포인트는 1,000원 단위로 티켓 예매 시 사용할 수 있음.

우수회원 기준
연간 유료공연 10회 이상 관람 또는 티켓 구매액 100만 원 이상 연간달성시 다음 해 우수회원 자격 부여.
우수회원에게는 무료 음료 쿠폰, 주차권 등 추가 혜택도 제공.

회전문 관객의 정의와 특징
반복 관람의 빈도: 일반적으로 한 공연을 10~20회 관람하는 경우가 흔하며, 일부 관객은 100회 이상 관람하기도 한다.
몰입과 자기 초월: 이들은 공연을 통해 일상에서 벗어나 자신을 초월하는 경험을 추구하며, 공연 관람 자체를 일종의 의례로 인식한다.
사회적 상호작용: 공연 후 온라인 커뮤니티나 팬덤 활동을 통해 다른 관객들과 감상을 공유하고, 배우나 작품에 대한 정보를 교환한다.

회전문 관객에 대한 연구 사례
임찬묵의 미시사회학적 분석: 성균관대학교 임찬묵 교수는 Benzecry의 Opera Fanatic 개념을 바탕으로, 뮤지컬 〈헤드윅〉의 회전문 관객을 연구하였다. 그는 이들이 단순한 소비자가 아니라, 공연을 통해 자기 정체성을 형성하고 사회적 연대를 구축하는 주체로 분석하였다.
문화체육관광부의 관객성향 조사: 2023년 아트코리아랩의 조사에 따르면, 공연시장 내 마니아 관객의 규모와 유형을 파악하여, 이들을 대상으로 한 맞춤형 마케팅 전략의 필요성이 강조되었다.

회전문 관객의 문화적·경제적 영향

공연 산업의 안정성 기여: 이들은 공연의 초기 흥행을 견인하고, 장기 공연의 지속 가능성을 높이는 데 기여한다.

팬덤 문화의 확산: 특정 배우나 작품에 대한 팬덤을 형성하여, 공연 외적인 굿즈 구매나 SNS 홍보 등 다양한 방식으로 공연의 인지도를 높인다.

재관람 혜택과 소비 문화: 일부 공연에서는 재관람 관객에게 폴라로이드 사진 등의 혜택을 제공하며, 이는 관객의 소유욕과 수집욕을 자극하여 반복 관람을 유도한다.

[사진: LG 아트센터]

2-3 사회적 맥락과 기획의 사건성

공연기획은 특정한 시점에, 특정한 사회적 맥락 속에서 이루어진다. 따라서 때로는 하나의 공연이 단순한 예술작품을 넘어, 사회적 의미와 시대적 메시지를 담는 사건으로 기능하기도 한다. 이처럼 공연기획이 **기념일, 역사적 사건, 사회적 쟁점 등과 맞물려 기획 동기로 작용**하는 경우, 공연은 문화적 표현을 넘어 하나의 **사회적 의제 설정 수단**이 된다. 이러한 '사건적 기획'은 **공공기관, 문화재단, 국공립 예술단체**에서 특히 빈번하게 등장하며, 특정 이슈에 대한 집단적 기억 환기, 정체성 회복, 공동체 통합 등을 목표로 설정된다.

예를 들어 2015년 광복 70주년을 기념하여 국립극장이 제작한 창작국악극 〈장사익의 광복절〉은 단순한 공연을 넘어, 독립운동가들의 삶을 예술로 재현함으로써 역사적 의미를 공유하는 계기를 마련했다. 이는 예술이 사회적 기억을 소환하고, 집단 정체성을 형성하는 매개로 활용된 대표적인 공연기획 사례라 할 수 있다. 또한 사회적 재난이나 국가적 위기 상황 이후 기획되는 공연도 있다. **세월호 참사 이후 다수의 연극과 무용 공연**은 그 비극을 추모하거나, 집단 트라우마를 치유하고 성찰의 시간을 제공하고자 기획되었다.

이때 공연기획자는 작품의 감정적 울림 뿐 아니라, 그 시점에 관객이 예술을 통해 무엇을 공감하고 나눌 수 있을지를 판단하여 기획의 방향을 설정한다. 즉 공연은 예술적 성과보다 **사회적 메시지와 공감의 깊이**로 평가되며, 기획자의 기민한 시대 감각이 요구되는 영역이다. 이러한 맥락 중심 기획은 때때로 **캠페인형 공연**이나 **사회 연계 프로젝트**로 확장되기도 한다. 예를 들어 **서울문화재단**은 2021년 '장애예술인 인식 개선 캠페인'의 일환으로, 발달장애 아티스트와 연출가가 공동 창작한 연극 〈당신이 사는 곳〉을 기획했다.

이 공연은 단순한 무대 예술을 넘어서, **장애 인식 전환이라는 사회적 목적과 공연예술이 결합한 기획의 사례**로 평가받았다. 기획자는 이 프로젝트에서 단순히 작품을 제작하는 것을 넘어, **사회적 메시지를 예술로 번역하고, 관객과 공동체 간의 연결 지점을 설계**하는 역할을 수행하였다. 기념일이나 특정 시점과 결합된 공연은 **일회성 행사에 그치기도 쉽지만**, 반대로 **지속적인 문화적 기억을 재생산**하는 전략으로 활용되기도 한다.

예를 들어 프랑스의 아비뇽 축제는 제2차 세계대전 이후 유럽 사회의 재건이라는 맥락 속에서 시작되었고, 지금도 여전히 **정치와 예술, 사회와 연극의 접점을 실험하는 기획**으로 평가받고 있다. 이는 공연기획이 단순히 연례 이벤트가 아니라, 사회적 사건의 문화적 해석이자 공동체를 재조직하는 장치로 기능할 수 있음을 보여준다. 또한 **사회적 맥락 기반의 공연기획**은 최근 젠더, 기후위기, 이주민, 도시 재생 등 다양한 사회적 키워드 와도 연결되고 있다. 예를 들어 독립극단 〈창작집단독〉은 2022년 '도시의 파편' 시리즈를 통해 재개발 지역의 이주민과 예술가의 삶을 주제로 한 리서치 공연을 선보였으며, 이 기획은 지역 아카이빙, 커뮤니티 리서치, 소규모 상연 등 다양한 형식을 포괄한 **사회참여형 공연기획**의 사례로 주목받았다.

이처럼 사건성과 사회적 맥락을 고려한 공연기획은 단순히 공연을 '만드는 것'이 아니라, **시대의 목소리를 포착하고 예술로 응답하는 행위**이다. 공연기획자는 관객이 처한 사회적 환경과 정서를 읽어내고, 이를 작품을 통해 반영하며, 궁극적으로 예술을 통해 사회적 소통을 이끄는 '해석자이자 번역자'로 기능한다.

3 ▶▶ 예술적 타당성: 작품성과 창의성의 기준

공연기획에서 가장 먼저 검토되어야 할 타당성은 단연 **예술적 타당성**이다. 이는 공연이라는 결과물이 단지 상품이나 행정적 과업을 넘어서, **예술 작품으로서 지닌 가치와 창의성, 그리고 미학적 완결성**을 갖추었는지를 평가하는 과정이다. 기획자는 어떤 주제와 형식의 작품이 예술적으로 설득력을 지니며, 해당 시기와 사회에서 **관객이 공감할 수 있는 메시지를 품고 있는지**를 면밀히 검토해야 한다. 우선 기획자는 이 공연이 **새롭고 독창적인 시도를 담고 있는가**를 자문해 보아야 한다.

동일한 장르나 유사한 서사가 반복되는 공연 시장 안에서, 어떤 실험적 형식이나 미학적 접근이 공연을 차별화하고, 관객의 시선을 사로잡을 수 있을지를 고민해야 한다. 예를 들어 인터뷰형 구성, 다매체 활용, 혹은 장르 혼합형 무대 구성 등은 창의성을 보여주는 요소가 될 수 있다. 다음으로 **공연이 미학적으로 완성도 있는 구조를 갖추고 있는가**도 중요한 판단 기준이 된다. 작품은 단지 '내용이 좋은가'에 그치지 않고, 무대 연출, 조명, 음악, 배우의 연기 등 여러 요소가 유기적으로 조화를 이루어야 한다. 공연의 예술적 설계가 각기 분절된 요소들의 집합이 아닌, 통합적 내러티브와 감성의 흐름으로 작동할 때 관객은 진정한 몰입을 경험하게 된다. 아울러 기획자는 **공연이 지금의 사회와 어떻게 연결되는가, 관객과 어떤 접점을 가질 수 있는가**를 스스로에게 물어야 한다.

예술은 시대를 반영하거나 선도할 수 있어야 한다. 젠더, 세대, 이주, 기후위기 등 동시대 사회적 쟁점이 작품 속에서 어떻게 재해석되고, 어떤 시선으로 관객에게 제시되는지를 고민해야 한다. 이로써 공연은 단순한 감상 대상이 아니라, **관객의 삶과 사고에 질문을 던지는 장치**가 될 수 있다.

또한 **참여하는 예술가들이 해당 기획과 얼마나 조화를 이루는가** 역시 예술적 타당성 판단의 핵심이다. 기획의 성격에 따라 필요한 역량은 다르며, 작가·연출가·무대 디자이너 등 창작진이 해당 콘셉트를 충분히 소화하고 구현할 수 있는가를 검토해야 한다. 예술가는 단순히 참여하는 기술자가 아니라, 기획의 철학을 함께 구축하는 공동 창작자이기 때문이다. 이러한 기준들은 공연의 콘셉트 설정, 대본 개발, 연출 방향, 무대예술 디자인 등 기획 초기 단계부터 면밀히 고려되어야 한다. 특히 공공기관이나 창작 중심 극단의 경우, 수익성보다 작품성의 타당성을 우선시하며, 기획안 심의나 공모작 선정에서도 **예술적 기준은 핵심 평가 요소**가 된다. 예를 들어 **서울예술단의 '창작가무극' 프로젝트**는 매년 내부·외부 작가의 제안을 바탕으로 신작을 선정하는데, 이때 서사 구조의 예술성, 음악과 무용의 융합 가능성, 한국적 소재와 현대적 해석 간의 균형, 창작진의 경력과 수행 역량 등을 종합적으로 고려한다. 이와 같은 내부 심의 프로세스는 기획 단계에서부터 예술성이 확보될 수 있도록 제도적으로 설계된 대표적 사례이다.

민간 영역에서도 **예술적 완성도는 공연의 품격과 브랜드 신뢰도에 직결되는 요소**로 인식된다. CJ ENM, 신시컴퍼니와 같은 대형 제작사는 대중성과 수익성을 고려하는 동시에, 연출적 통일성, 번안의 자연스러움, 조명·무대·영상 간의 조화 등 예술적 퀄리티를 극도로 세심하게 관리한다. 관객은 단지 유명 배우나 음악 때문에 공연을 찾는 것이 아니라, 그 공연이 가진 완성도와 정체성 때문에 브랜드에 대한 신뢰를 쌓아간다. 나아가 오늘날 예술적 타당성은 **단지 새롭거나 예쁜 무대를 만드는 수준을 넘어**, 공연이 사회와 어떻게 교감하고 관객의 정서와 지적 호기심을 어떻게 자극하는가에 이르는 깊이 있는 기준으로 확장되고 있다.

예를 들어 기후위기, 젠더 갈등, 불평등 등의 주제를 다룰 경우, 그것이 단순한 소재 소비에 그치지 않고 **관객에게 의미 있는 질문을 던질 수 있을 때** 예술적 타당성은 더욱 강하게 작동한다. 실제로 2022년 국립극단의 **〈사라지는 사람들〉**은 이주노동자의 삶을 다룬 창작극으로, 무대 구성과 배우 동선, 인터뷰형 서사를 실험적으로 결합함으로써 예술적 독창성과 현실성을 함께 성취한 사례로 평가받았다. 이 공연은 단지 감상용 텍스트가 아닌, 관객의 인식과 윤리적 상상력을 확장시키는 공연이었다.

기획자는 이 작품을 통해 **사회적으로 은폐된 현실을 예술의 언어로 가시화**하고, 관객에게 감정적 울림과 성찰의 계기를 제공하였다. 또한 예술적 타당성은 **기획자의 주관적 안목만으로 판단되어서는 안 된다.**

오늘날 많은 공연장은 작품성을 객관적으로 점검하기 위해 리서치 리딩, 워크숍 쇼케이스, 창작자 미팅, 사전 설문 조사 등 **집단 검토 방식**을 채택하고 있다. 이를 통해 공연기획은 단지 '한 명의 아이디어'가 아니라, 공동 창작과 협업 속에서 더 높은 예술적 완성도로 다듬어질 수 있다. 공연기획에서의 예술적 타당성은 단순히 '예술적으로 멋진 공연'을 만들기 위한 체크리스트가 아니다.

그것은 기획자가 **시대와 사회를 어떻게 예술 언어로 해석할 것인가,**
그리고 그것을 **무대 위에서 어떤 감각과 메시지로 구현할 것인가**를 묻는,
기획의 본질적 질문이자 창작자의 윤리적 책임이기도 하다.

3-1 시장 타당성과 수요 분석

공연기획에서 예술적 타당성과 함께 반드시 고려해야 할 또 다른 핵심 요소는 시장 타당성(market feasibility)이다. 이는 공연이 관객에게 얼마나 매력적으로 받아

들여질 수 있는지, 수요층이 존재하는지, 실제 공연으로 이어질 동력이 충분한지를 분석하는 과정이다. 특히 **민간 기획사, 상업 제작사, 프리랜서 프로듀서**들에게 있어 시장 타당성은 기획의 시작과 끝을 좌우하는 핵심 판단 기준이다. 시장 타당성은 단지 '티켓이 팔릴 것인가?'라는 단순한 질문이 아니라, 공연을 둘러싼 **소비 환경, 관객 심리, 장르 경쟁력, 시기적 맥락**을 입체적으로 분석해야 한다는 점에서 매우 복합적인 개념이다. 공연기획자는 다음과 같은 질문을 기반으로 기획의 시장 적합성을 구체적으로 검토할 수 있다.

3-2 공연과 관객행동

관객의 의사결정과정

관객이 공연을 보기로 결심하고 공연을 관람하기까지는 복잡한 의사결정 과정을 거친다. 수많은 공연 중 원하는 공연을 찾기 위해 정보를 수집하고 입장료, 장소, 취향 ,관람 목적 등 다양한 요건을 비교 검토한다. 물론 공연 제품에 따라 충동구매를 하거나 깊이 생각하지 않고 쉽게 구매하는 경우도 있다. 또는 골치 아픈 의사결정 과정을 피하려고 친숙한 제품을 그냥 택하기도 한다. 그러나 공연은 종전과 매번 다른 창의적이고 개성적인 제품이기 때문에 다른 일반 재화에 비해 구매 전에 많은 정보가 필요하다. 또한 비용 이외에도 시간이 투자되는 행위이어서 구매 결정에 신중을 기하게 된다.

일반적으로 공연 한편을 보는데 소요되는 시간은 이동, 대기시간을 포함하여 5시간 정도다. 공연 마케팅 담당자들은 관객의 의사결정 과정을 면밀하게 분석해 마케팅 계획을 세워야 한다. 관객의 행위에 기초한 마케팅은 흥행의 불확실성을 최대한 줄여주고 마케팅의 효율성을 높일 수 있다. 관객들의 의사결정 과정은 다음과 같이 요약된다. 공연 관람의 욕구 인식 → 공연정보 탐색 → 공연의 대안 평가 → 관람 공연 선택 및 결정 → 공연 관람 후 평가 → 공연 관람의 욕구 인식 공연 관람의 의사결정과정은 잠재 관객이 특정 공연을 관람해야겠다는 욕구를 인식하면서부터 시작된다. 공연에 대한 욕구는 내적 또는 외적 자극에 의해서 생긴다.

내적 자극은 보통 과거의 경험에서 나온다. 즉전에 본 공연에서 진한 감동을 받았거나 마음이 후련해졌다거나 하는 경험이 있을 때 자연스레 각인된 과거 경험이 되살아나 공연에 대한 욕구를 만들어낸다. 또는 개인적인 특성 때문에 공연 관람에 대한 욕구가 생긴다. 우리나라의 경우 20대 후반의 직장여성의 공연 수요가 많은 것으로 나타나는데 이는 나이 성별 직업 등 개인적 특성이 공연 관람에 영향을 미친 경우다. 외적 자극은 첫째, 주변 환경에서 영향을 받는 경우를 들 수 있다. 친구가 특정 공연 이를 함께 보러 가자고 제안한다든가 주변 사람들로부터 특정 공연에 대한 이야기를 자주 들으면 공연에 대한 호기심이 발동하게 된다.

흔히 '입소문 마케팅'이라는 것은 이러한 상황을 유도하는 것이다. '해외에서도 호평을 받았다는 〈난타〉가 도대체 어떤 공연이기에 주변 사람들이 이토록 떠들까?' 관객들은 이런 상황에서 자기를 둘러싼 여러 집단의 구성원들과의 대화에서 소외되지 않기 위해서라도 〈난타〉를 보려는 강한 욕구가 발생한다. 둘째는 마케팅 활동에 노출된 결과다 즉 공연 광보를 보고 공연을 관람할 욕구가 생겼다든지 갈 생각은 별로 없었는데 팬사인회나 프러포즈 시간 등 재미있는 이벤트에 끌려서 공연 관람의 욕구가 생기는 경우다. 관객의 욕구는 공연에서 실용적 혜택을 얻고자 하는 효용적 욕구(Utilitarian needs)와 자기를 표현하고 허영적 혜택을 추구하는 가치 표현적 욕구(I-Iedonic needs)로 구분할 수 있다. 가령 애인을 위해 비싼 오페라 표를 샀다면 오페라를 관람하고자 하는 실용적인 욕구와 더불어 자신의 문화적 경제적 수준을 과시하려는 가치 표현적 욕구가 더해졌다고 볼 수 있다. 일반적으로 제품의 구매 행태는 위 두 가지의 양면성을 지닌 경우가 많다. 제품의 성격에 따라 욕구비 중에는 차이가 있을 뿐이다.

3-3 소비자의 구매행위유형

1. 관성 구매(Inertia Buying)

정의

- 소비자가 복잡한 의사결정을 피하고자 습관적으로 익숙한 제품을 반복 구매하는 행위이다. 이는 제품에 대한 심리적 애착보다는 구매 편의성에 기반한다.

특징

- 제품에 대한 관여도가 낮다.
- 브랜드 간 차이를 인식하지 못하거나 중요하게 여기지 않는다.
- 가격이 저렴하고 자주 구매하는 제품에서 주로 나타난다.

사례

- 일상용품인 치약, 세제, 화장지 등을 특별한 브랜드 선호 없이 반복 구매하는 경우
- 마트에서 항상 같은 브랜드의 생수를 별다른 고민 없이 구매하는 경우

마케팅 전략

- 브랜드 인지도를 높이기 위한 반복적인 광고 노출
- 진열 위치 확보를 통한 구매 편의성 제공
- 가격 할인이나 프로모션을 통한 구매 유도

2. 상표 충성도(Brand Loyalty)

정의

- 소비자가 특정 브랜드에 대해 긍정적인 태도와 감정을 가지고 지속적으로 해당 브랜드를 구매하는 행위이다.

특징

- 제품에 대한 관여도가 높다.
- 브랜드에 대한 강한 선호와 신뢰를 보인다.
- 브랜드 변경에 대한 저항이 크다.

사례

- 특정 스마트폰 브랜드를 지속적으로 구매하는 소비자
- 자신이 선호하는 커피 브랜드만을 고집하는 경우

마케팅 전략

- 고객 충성도 프로그램 운영
- 브랜드 커뮤니티 활성화를 통한 고객 참여 유도
- 일관된 브랜드 이미지와 메시지 유지

3. 다양성 추구 구매(Variety-Seeking Buying)

정의

- 소비자가 새로운 경험이나 변화를 추구하기 위해 다양한 브랜드나 제품을 시도하는 행위이다.

특징

- 제품에 대한 관여도는 낮지만 브랜드 간 차이를 인식한다.
- 기존 브랜드에 대한 불만보다는 새로운 것을 시도하려는 욕구가 강하다.
- 제품의 품질이나 가격보다는 다양성과 새로운 경험을 중시한다.

사례

- 다양한 맛의 스낵이나 음료를 번갈아가며 구매하는 경우
- 여러 브랜드의 화장품을 번갈아 사용하는 소비자

마케팅 전략

- 한정판 제품이나 새로운 맛 출시를 통한 관심 유도
- 샘플 제공이나 체험 마케팅을 통한 제품 경험 제공
- 다양한 제품 라인업을 통한 선택의 폭 확대

4. 고관여 제품(High-Involvement Products)

정의

- 소비자가 구매 결정 시 많은 시간과 노력을 들여 정보를 수집하고 신중하게 선택하는 제품이다.

특징

- 제품에 대한 관여도가 매우 높다.
- 가격이 높거나 구매 빈도가 낮은 제품이 많다.
- 구매 결정이 소비자의 삶에 큰 영향을 미칠 수 있다.

사례

- 자동차, 주택, 고가의 전자제품 구매
- 대학 선택이나 직업 결정과 같은 중요한 선택

마케팅 전략

- 상세한 제품 정보 제공과 비교 자료 제공
- 전문가 리뷰나 소비자 후기 활용
- 체험 기회 제공을 통한 제품 신뢰도 향상

5. 저관여 제품(Low-Involvement Products)

정의

- 소비자가 구매 결정 시 큰 고민 없이 빠르게 선택하는 제품이다.

특징

- 제품에 대한 관여도가 낮다.
- 가격이 저렴하고 구매 빈도가 높다.
- 브랜드 간 차이를 크게 인식하지 않는다.

사례

- 일상용품인 세제, 휴지, 생수 등
- 간단한 간식류나 음료수

마케팅 전략

- 반복적인 광고를 통한 브랜드 인지도 향상
- 진열 위치 확보를 통한 구매 편의성 제공
- 가격 할인이나 프로모션을 통한 구매 유도

4 ▶▶ 공연정보탐색

잠재 관객은 공연 관람 욕구가 생기면 다양한 정보 원천을 통해 공연정보를 탐색한다. 일반적으로 정보 원천에는 개인적 상업적 중립적 원천이 있다. 개인적 원천은 관객의 입을 통한 구전(口傳) 커뮤니케이션을 상업적 원천은 광고를 중립적 원천은 전문가의 평가나 언론 보도 등을 뜻한다. 잠재 관객이 관람전 공연의 객관적 속성을 완전히 파악하기란 쉽지 않다.

따라서 공연마케터가 제공하는 상업적 원천과 친구 또는 이웃으로 구성된 개인적 원천에 관심을 갖고 정보를 얻으려 한다. 또한 신문 잡지 등 대중매체를 통해 부족한 공연 정보를 탐색하기도 한다. 따라서 공연마케터는 잠재 관객의 정보 원천을 신 중하게 파악하고 정보 원천의 상대적 중요도를 평가해 대응해야 한다. 공연 제품의 관성 구매 공연은 매번 새로운 제품을 구입함으로 구입 시 신중을 기하는 고관여 제품이지만 구매가 반복되면서 관성 구매가 이루어지기도 한다. 즉 관객들은 매번 구매 정보를 얻는데 너무 많은 시간을 들이지 않거나 또는 복잡한 의사결정 과정이 번거로워 과거 만족스러운 관람을 했던 친숙 한 극장과 단체를 찾게 된다. 서울 예술의전당 관객을 분석해 보면 처음 극장을 찾은 관객보다 기존 관객이 70% 이상을 차지한다. 관객은 공연 정보를 얻기 위하여 처음에는 많은 시간과 노력을 투자하지만 그 이후에는 시간과 노력을 절감하기 위하여 이미 공연을 경험한 극장을 찾는 경향이 있다.

따라서 한번 공연장을 찾은 기존 관객을 유지하는 것은 비용과 노력 면에서 새로운 관객을 유치하는 것 못지않게 중요하다. 한 명의 새로운 소비자를 유치하는 것이 기존의 소비자를 유지하는 것보다도 6배 이상의 경비가 소요된다는 연구결과도 있다. 이는 기존 관객을 회원으로 유도하여 관리하고 이들의 참여를 적극 유도하는 회원제의 중요성을 뒷받침하는 자료다.

Case Study

- 두 요소 이론(Two Factor Theory) -

소비자의 만족과 불만족은 따로 형성된다 따라서 만족을 높이는 것과 불만족을 낮추는 것은 따로 접근해 해결해야 한다. 가령 공연이 취소되어 공연 티켓을 환불해 줄 경우 불만족을 낮출 수는 있지만 만족도를 높일 수는 없다. 이때 관객의 만족도를 높이려면 프로그램 템플릿을 증정하 거나 경품을 제공히는 등의 추가적인 혜택이 필요하다.

4-1 공연의대안평가

공연에 대한 정보를 탐색하는 과정에서 수집된 정보를 통해 관객들은 몇가지 대안을 선정하고 합리적인 기준에 따라 구매의사결정을 내린다 대안을 평가하는 방법은 크게 보정적 방법과 비 보정적 방법이 있다. 보정적 방법은 가격 품질 면에서 제품을 종합적으로 비교 평가하는 것이다. 비 보정적 방법은 종합적 비교보다는 자신의 가치관에 따라 주관적으로 비교한다. 일반 실용재는 대부분 종합적 비교를 통해 구매의사를 결정한다. 하지 만 공연 제품은 제품의 객관적 비교보다는 선호하는 배우나 장르 극장의 위치 등 자기 취향 및 선호도에 따라 주관적 결정을 하는 경우가 많다. 따라서 공연 마케터는 어떤 관객층이 어떤 선택 기준을 가지고 작품을 선택하는지를 파악하는 것이 중요하다.

5 ▶▶ 관람공연 선택 및 결정

일단 관객은 가장 좋은 평기를 한 공연을 관람하려고 한다. 그러나 관람 의사를 가졌다 해도 관람 비용을 마련해야 하고 공연장을 확인해서 그곳까지 이동해야 하고 동반자가 있는 경우 상호 일정을 조정하는 문제가 남아있다. 이런 것들이 모두 결정되면 관객은 그 공연을 최종 선택하지만 이들 중 하나라도 만족스럽지 못하면 중도에 마음을 바꿔 공연과 람을 포기하거나 다음 기회로 미룰 수 있다.

설사 이 조건이 모두 충족되어 티켓까지 샀다고 해도 100% 만족하지 못한다. 관객들은 자신이 내린 구매 결정에 대해 확신하지 못하거나 불만을 느낄 때 심리적 갈 등을 하게 된다. 이를 심리학이나 마케팅론에서 '인지적 부조화'라고 한다. 가령 한 주부가 비싼 연극 티켓을 구입한 뒤 너무 사치스러운 여가를 즐기는 게 아닌가 하는 자책감에 빠질 수 있다. 또는 값에 부응하는 좋은 연극인지 의구심이 들 수도 있다. 그때 이 주부는 '인지적 부조화'를 경험한다. '환불을 해달라고 할까 ·아니야 그 연극은 분명 재미있고 유익할 거야' 등 대안을 찾거나 구매를 합리화하는 긍정적 정보를 찾는다. 따라서 공연 마케터는 관객의 '인지적 부조화'를 줄이는 노력을 기울여야 한다 티켓을 이미 산 사람에게도 작품에 대한 긍정적인 정보를 꾸준히 제공하거나 신문 잡지를 통해 작품을 홍보하는 등 관객의 기존 의사결정을 추진해 주는 조치가 필요하다.

6 ▸▸ 공연관람후 평가

관객은 공연 관람 후 주관적 평가를 내린다. 아마추어라 할지라도 자신의 주관적 판단을 객관적 평가인양 가공해 다른 이들에게 전파한다. 관객들의 이러한 입소문은 흥행에 결정적 영향을 미치기도 한다. 구전마케팅이 중요한 이유다. 구전마케팅은 인터넷의 확산으로 그 중요성을 더한다. 인터넷이 없던 시절에도 구전커뮤니케이션은 있었지만 그 확산 속도가 느릿느릿했다면 요즘엔 공연 직후 인터넷 커뮤니티나 메신저 휴대폰 문자메시지 등을 통해 구전효과가 곧바로 확산된다. 특히 불 만족 고객들의 구전 커뮤니케이션은 더욱 활발하다.

공연에 만족한 고객은 평균 3명에게 자신의 관람 경험을 이야기하지만 만족하지 못한 고객은 평균 10-11명에게 부정적 경험을 전한다는 조사 결과가 있다. 또한 26명의 공연 불만족 고객들 중 한 명만이 직접 해당 공연단체에 불평을 털어 놓는다고 한다. 나머지 25명의 관객은 다음부터 그 단체의 공연을 보지 않는 걸로 불쾌감을 표시하는 셈이다. 다만 직접 불만을 토로한 관객의 경우 불만요소가 해소되었을 때 오히려 충성고객으로 돌변하는 경우가 많다고 한다. 불만고객을 잘 관리하는 것은 어찌 보면 충성고객을 쉽게 만들 수 있는 기회이자 지름길일 수 있다.

7 ▶▶ 관객 형성에 영향을 미치는 요인

1단계: 무관심에서 관심으로

특징: 공연에 대한 경험이 거의 없거나 관심이 낮은 상태에서 공연에 대한 호기심이 생기는 단계이다.

영향 요인

문회문화적 배경: 가족의 문화적 관심도, 교육 수준 등이 공연에 대한 초기 관심 형성에 영향을 미친다.

정보 접근성: SNS, 지역 생활 정보지, 대중교통 광고 등을 통한 공연 정보 노출이 관심 유도에 효과적이다.

전략

- 매스 채널을 활용한 공연 정보 노출 확대
- 지역 커뮤니티와 연계한 무료 체험 워크숍 등 체험 유도형 PR 진행

2단계: 관심에서 시도로

특징: 공연에 대한 관심이 실제 관람으로 이어지는 단계이다.

영향 요인

경제적 요건: 티켓 가격, 할인 혜택 등이 관람 결정에 영향을 미친다.

사회적 요인: 친구나 가족의 추천, 동반 관람 등이 관람 시도에 긍정적인 영향을 미친다.

전략

- 초보자용 할인 티켓, 학생·청년 할인 등 장벽 완화

- ‘친구 초청 1+1’ 등 관람 기회 확대 프로모션
- 배우 인터뷰, 무대 비하인드 영상 등 온라인 콘텐츠 제공

3단계: 시도에서 긍정적 평가로

특징: 공연 관람 후 긍정적인 경험을 통해 다음 공연 관람을 고려하게 되는 단계이다.

영향 요인

공연 품질: 작품의 예술성, 연출, 배우의 연기 등이 만족도에 영향을 미친다.

관람 경험: 공연 후 관객과의 소통, Q&A 세션 등이 긍정적 평가를 강화시킨다.

전략

- 리마인더 이메일, 관람자 후기 공유 요청
- 소규모 Q&A 세션 또는 뒤풀이 워크숍 구성
- 공연 후 리뷰 콘텐츠 발행, 관객 체험 후기 중심 콘텐츠 확대

4단계: 긍정적 평가에서 수용으로

특징: 공연 관람이 일상적인 문화 활동으로 자리 잡는 단계이다.

영향 요인

정기성: 공연의 정기적인 개최가 관람 습관 형성에 기여한다.

사회적 연대감: 팬 카페, 스터디 모임 등 커뮤니티 활동이 지속적인 관람을 유도한다.

전략

- 패키지/시즌권 제공, 정기 관람 유도형 상품 개발
- 멤버십 프로그램 구성: 포인트 적립, 선 예매 혜택, 초대권 등
- 팬 카페, 스터디 모임, 예술강연 연계 등 커뮤니티 활동 활성화

5단계: 수용에서 확신으로

특징: 공연을 놓치지 않으려 자주 공연장을 찾는 충성도 높은 관객 단계이다.

공연의 예술적 정체성: 공연의 독창성과 일관된 예술적 비전이 관객의 충성도를 강화시킨다.

개인적 만족감: 공연 관람이 개인의 정체성과 삶의 일부로 자리 잡는다

전략

- 구독권(이용권 자동 갱신) 도입, 충성도 기반 유지 전략 구축
- VIP 프로그램, 기부 및 후원자 전용 리워드 프로그램 운영
- 핵심 팬 대상 퍼포먼스 제작 참여, 제작 체험 프로그램 운영

관객 형성은 단순한 마케팅 전략뿐만 아니라, 개인의 문화적 배경, 사회적 환경, 심리적 요인 등 다양한 요소가 복합적으로 작용한다.

문화적 자본: 유년기의 예술 체험, 가족의 문화적 관심도 등이 공연에 대한 관심 형성에 영향을 미친다.

사회적 환경: 친구나 가족의 추천, 동반 관람 등이 공연 관람 결정에 긍정적인 영향을 미친다.

경제적 요건: 티켓 가격, 할인 혜택 등이 관람 결정에 중요한 요소로 작용한다.

공연의 정체성: 공연의 독창성과 일관된 예술적 비전이 관객의 충성도를 강화시킨다.

커뮤니티 활동: 팬 카페, 스터디 모임 등 커뮤니티 활동이 지속적인 관람을 유도한다.

이러한 관객 형성 과정은 공연 예술의 지속 가능성과 관객층 확대에 중요한 역할을 한다. 따라서 공연 기획자와 마케터는 각 단계별로 적절한 전략을 수립하여 관객과의 지속적인 관계를 구축해야 한다.

8 ▶▶ 관객의 형성

어렸을 때의 예술체험은 성인이 돼 지속적으로 공연을 관람하는데 많은 영향을 미친다. 유년기의 예술체험은 부모 역할이 중요하다. 유년기 음악이나 무용 등 예술교육을 받았거나 부모와 공연장에 한 경험이 있는 사람은 성년이 돼 그렇지 않은 경우보다 적극적으로 예술소비를 하는 경향이 있다. 특히 앞서 5단계에 속하는 열성 관객이 되는 데는 유년기의 예술경험이 절대적이다. 1992년 미국 대중의 예술참여에 관한 한 조사에 따르면 유년기 교육의 차이는 종족 성별 사회경제적 위치 같은 요인보다 예술 참여를 유발하는 효과가 압도적으로 큰 것으로 나타났다.

미국 노스레스턴 대학의 경영학 교수이자 마케팅 분야 대가인 필립 코틀러(Philip Kolter)는 오늘날 공연단체가 위기를 타개하는 두 가지 방법을 제시했다.

하나는 예술 마케팅을 전문화하는 방법이고 또 하나는 자라나는 세대의 예술교육을 강화하는 것이다. 기본적으로 공연예술에 대한 애정을 부추기지 않으면 청소년의 관심을 다른 오락 영역에 빼앗길 수밖에 없다고 그는 확신했다. 효과적인 관객 개발을 위해 예술교육의 중요성을 강조한 것이다. 유년기의 예술교육은 장기적인 차원에서 공연예술 관객을 형성하는 데 절대적 영향을 미친다. 이는 곧 성공적인 공연 마케팅으로 연결된다.

예술교육과 고등교육의 관계 미국 국립예술기금(NEA)의 1992년 연구보고서를 보면 예술교육이 더 강력한 효과를 낼때는 일반 고등교육을 함께 받았을 때라는 흥미로운 결과를 내놓았다. 고등교육이 제공하는 넓고 깊은 사회화 과정 없이 예술교육만 받아서는 향후 공연관람을 유발하는 효과가 크지 않다는 것이다. 한 가지 더 흥미로운 사실은 고등교육과 예술교육을 함께 받은 사람은 예술 창작을 덜 하는 경향이 있다는 것이다. 예술교육만 받고 일반 교육수준이 낮은 사람은 예술 창작에 더 몰두하는 경향이 나타났다.

관객의 연령에 따른 라이프스타일은 공연 관람과 밀접한 연관이 있다. 일반적으로 6세 이하의 자녀가 있는 가정은 육아문제 때문에 공연에 대한 관심이 적다. 외국의 경우 직장 등 현업에서 정년퇴임하여 여가가 많은 60세 이상 노년층의 예술 참여가 활발하다. 반면 우리나라는 노년층의 예술 참여도가 급격히 떨어진다. 빈곤층 노인이 많기도 하겠지만 우리나라 노년층이 어려운 유년 시절과 경제적 성장기를 거치며 예술체험의 기회를 그다지 맛보지 못한 점과 무관하지 않다. 하지만 우리나라도 풍부한 예술체험과 경제력을 갖춘 계층이 두터운 노년층을 형성하면서 선진국의 전례처럼 중요 공연 관객층으로 성장하리라 짐작된다.

특히 여성의 라이프 사이클은 공연 산업의 중대 변수다. 여성들은 마흔 때 예술소비를 활발하게 하지만 결혼하면서 그 열기가 떨어진다 하지만 자녀를 어느 정도 키워 놓은 중년에 접어들면서 예술시장에 복귀한다. 실제로 중년 여성을 겨냥한 공연이 근래 속속 성공을 거두는 것은 이러한 추세를 방증한다. 어린이는 초등학교 저학년때까지 부모 손에 이끌려 예술체험을 한다. 이는 지능지수(IQ) 못지않게 감성지수(EQ)를 중시하는 사회 분위기가 확산되면서 예술교육을 강조하는 것과 연관이 있다.

하지만 청소년기에 접어들어 대학 입시에 몰두하면서 예술체험의 공백기를 거친다. 여성끼리 공연을 관람하는 경우는 많아도 남성끼리 공연장에 오는 경우는 드물다. 남성의 경우 대부분 부인이나 애인과 동반해 수동적으로 관람하는 경우가 많다. 그만큼 여성의 공연예술 참여도는 남성보다 현저히 높다. 여성은 남성에 비해 어린 시절 예술 참여의 기회가 더 많다.

피아노다 뭐다 해서 예술 교육을 받을 기회도 많다. 기질적으로도 남성이 활동적이고 독립적인 성향이라면 여성은 감성적이며 공동체 지향일 경우가 많다. 여성과 남성의 이런 사회학적 생물학적 기질 차이는 관객 중 여성 비율이 왜 높을까 하는 의문에 일부 답이 된다. 문화의여성화와 남성과 여성의 문화 격차가 커지고 여성이 문화의 중심 소비자로 떠오르는 건 문화의 본고장 이라는 프랑스에서도 예외가 아니다.

프랑스에서 남성은 여성에 비해 록이나 재즈, 랩 음악을 즐겨 듣는데 비해 여성은 클래식 음악을 듣거나 공연장에 가는 경우가 많다. 실제로 프랑스가정의 딸들 38%가 무용이나 연극 회화 같은 예술 활동을 하는데 비해 아들들은 이런 수업을 받는 비율이 20% 정도에 머문다. 또한 예술과 관련된 직종에서 여성이 남성보다 많이 종사한 다는 점은 '문화의 여성화'가 다음 세대에도 이어질 가능성이 크다는 전망을 뒷받침한다. 아직까지는 주요 교향악단의 지휘자가 남성이고 문화 관련 기관의 고위직의 남성 비율도 높다. 하지만 여성이 문화의 주요 시장이자 주역으로 등장하면서 이런 분야에도 여성이 부상할 날이 머지않았다.

일반적으로 문화 관련 비용은 소득의 3-5% 정도를 차지한다. 월 소득이 200만 원인 가정의 경우 10만 원을 넘기 어려운 셈이다. 경제적 여유는 예술에 대한 무관심과 관심의 단계를 구별짓는 주요 요소로 작용한다. 하지만 그 이후의 단계에서는 생각만큼 큰 영향을 주지 않는다. 생활이 풍족하다고 해서 반드시 활발한 예술 참여로 연결되지 않는다는 뜻이다. 인터파크 관객 조사에 따르면 관객들은 경비나 교통 문제보다 시간 부족이 예술체험에 장애가 된다고 응답했다. 공연장으로부터 거주지가 얼마나 가깝게 위치하고 있는가 가 공연관람 시간을 줄이는데 결정적이어서 공연과 람에 중요한 요인으로 작용한다.

실제로 티켓링크의 통계에 의하면 서울의 25개 구 가운데 강남구의 인구는 5번째인데 관객은 가장 많다. 예술의전당과 LG아트센터 등 대형 공연장이 밀집해 있는 지역에 위치한 것과 무관하지 않다고 풀이된다. 예술의전당의 경우 정기회원의 30%이상이 30-40분 이내의 거리에 거주한다. 준거집단은 가족 친구 이웃 직장 동료와 같은 1차 집단과 종교나 직업 단 체와 같은 2차 집단으로 나뉜다. 일반적으로 집단의 결속력이 강할수록 집단이 개인에게 미치는 영향은 크다. 따라서 관객이 어떤 준거 집단에 속해 있는가 가 공연 소비에 영향을 미친다. 공연을 함께 관람할 친구가 존재하면 공연 관람 빈도가 높아지게 마련이다. 열성 고객은 대개 공연을 동반 관람할 친구가 많은 편이다.

동호회나 회사가 표를 구입할 경우 할인 등 혜택을 줘 집단 판매를 촉진하는 것은 집합적인 공연예술 참여를 자극할 수 있다. 음악취향도 형성된다. 개인의 음악적 취항은 사회화 과정을 통해 형성된다 사회계층과 직업은 물론이고 성격, 성별 나이, 교육 및 경제 수준, 라이프스타일 등에 따라 음악 취항이 달라질 수 있다는 것이다. 가령 클래식 음악회에 가기 위해서는 경제 시간적 여유와 함께 음악적 지식 즉, 교육적 배경 이 수반되어야 한다.

중상류층 자제가 아니면 어릴 때부터 클래식 공연을 가까이하기가 어렵다. 하지만 경제적 부와 문화적 소양이 반드시 일치하지 않는다. 한 연구결과에 의하면 경제적으로 넉넉하지 않지만 문화적 소양이 높은 계층은 바흐의 〈평균율〉 베르디의 〈라트라비아타〉 요한 슈트라우스의 〈아름답고 푸른 다뉴브강〉 리스트의 〈헝가리 광시곡〉 등 춤곡이나 오페라 음악을 좋아한다고 한다. 같은 클래식이라도 바로크 음악을 좋아하는 사람보다 한국 가곡 을 좋아하는 사람은 보수적 취항이다. 또 오페라를 즐기는 사람은 교향곡을 즐기는 사람보다 상류층에 속하는 경우가 많지만 음악 취항은 보수적이다.

9 ▶▶ 관객의 변화

관객은 시대에 따라 끊임없이 변화하고 진화한다. 관객의 이런 변화를 예측하고 준비하는것은 효율적인 공연 마케팅에 필수적이다. 관객의 변화는 사회의 변화와 밀접한 연관이 있다. 사회의 인구학적, 기술적 변화나 생활 패턴의 변화는 새로운 관객을 예측할 수 있는 방향을 제시해 준다. 최근 관객의 변화를 요약하면 다음과같이 정리할수있다. 통계청 인구조사에 의하면 2022년, 대한민국의 65세 이상 고령인구는 약 927만 명으로, 전체 인구 대비 17.4%를 차지했다. 이는 고령사회(65세 이상 인구 비율 14% 이상) 기준을 크게 넘는 수치로, 빠른 고령화 추세가 지속되고 있음을 보여준다. 2023년에는 65세 이상 인구가 약 973만 명으로 증가하였고, 고령인구 비율은 18.4%로 집계되었다. 이는 전년 대비 약 46만 명의 증가이며, 인구 구조의 고령화 속도가 점점 가속화되고 있음을 나타낸다. 2024년, 행정안전부가 발표한 주민등록 인구 통계(2024년 12월 23일 기준)에 따르면, 65세 이상 인구는 약 1,024만 4,550명으로 전체 인구의 정확히 20.0%를 차지하였다.

이로써 우리나라는 유엔 기준상 '초고령사회(65세 이상 인구 비율 20% 이상)'에 진입하게 되었다. 인터넷이 확산되면서 사이버스페이스 문화에 통달한 디지털 세대의 영향력은 커지고 있다. 그 영향력은 급속히 커지는 추세다. 국내 영화의 1천만 관객 돌파는 더 이상 놀라운 일이 아니며 뮤지컬도 100만 관객 시대를 활짝 열고 있다.

대중문화의 이런 황금기를 이끄는 관객층은 어릴 때부터 영상에 익숙하고 인터넷에 숙달된 디지털 세대다. 이들은 빅스타의 출연이나 마케팅공세와 같은 외형적요소보다 작품성에 열광한다. 인터넷을통해 정보를찾고 구미에맞는 작품을 적극 전파하는 이들의 사이버 입소문은 흥행에 결정적인 영향을 미친다. 인터넷 사이트는 이들이 리뷰와 댓글을 올리며 작품을 분석하는 갑론을박논쟁의 장이다 때로는 적극 적인 홍보요원으로, 때로는 적대적인 안티 세력으로 '디지털 세대'의 영향력은 공연예술 분야에서도 점차 그 영향력을 키워 가고있다. 관객들의 가치관 변화로 공연 소재도 다양해지고 있다. 과거에는 생각도 못 했던 소재들이 관객들에게 자연스럽게 어필하는 경우를 심심찮게 발견할 수 있다.

가령 연극으로 성공해 뮤지컬과 영화로 제작된 〈이〉나 뮤지컬 〈쓰릴미〉의 경우 금기로 돼 있던 동성애를 소재로 다뤘다. 또한 서커스 무술 등 다양한 장르를 뒤섞은 비언어 (Non-verb 외) 공연은 새로이 관객 몰이를 하고 있다.

관객들의 가치관 변화를 따라 새로운 소재를 발굴하고 관객들에게 차 별적으로 가는 것은 향후 관객 개발의 중요한 화두다. 동성연애자들을 위한 공연 〈광고 시대〉라는 미국의 한 잡지는 게이와 레즈비언의 수가 미국 전체 인구의 10%에 달하며 연간 총 소득은 5140억 달러에 이른다고 보도했다. 학력이나 소득도 높은 편이다 동성연애자들의 여행 횟수는 미국인 평균의 5.6배도 서 구입비는 6.5배 CD 구입비는 10배에 이른다고 한다. 미국 텍사스 주의 오스틴 리릭 오페라단은 이러한 생활 패턴에 주목해 텍사스 지역 5만여 명의 동성연애자를 겨냥한 공연을 제작하여 성공을 거두었다. 이 오페라단은 사회의 변화 추세를 읽고 새로운 공연을 기획해 동성연애자들은 물론 사회적으로 찬사를 받았다. 이것이 오페라단의 이미지와 가치를 향상시키는데 크게 기여했음은 물론이다.

트렌드 분석가인 페이스 팝콘(Faith Popcon)에 의하면 현대인은 모든 것을 하고 모든 것이 되고 싶어 한다. 그러기 위해서 사람들이 진정으로 원하는 것은 시간을 절약하는 것이라 는 결론을 내린다. 실제로 공연 관람의 장애요인을 분석한 조사를 보면 시대에 따라 차이가 있는 것을 발견할 수 있다. 가령 미국 NEA(국립예술기금)의 2022 Public Participation in the Arts (SPPA) 조사 결과를 보면, 시간 부족(time scarcity)이 여전히 가장 높은 장벽 중 하나로 언급되고 있다. 다만 구체적 수치는 언급되지 않았지만, 최신 보고서에서도 "시간이 가장 큰 제약"이라는 근본 메시지가 반복되고 있다. 다른 자료에 따르면, 2022년 NEA 연구에서 약 60~70%가 "시간 제약이 예술관람의 주된 방해 요인"이라고 응답한 사례도 확인된다. Dacne/USA의 보고서에 의하면 생활수준이 높아질수록 생활패턴은 가족 중심이 된다. 특히 고소득의 전문 직 종사자나 오피니언 리더는 전통적인 가족주의에 대 한 열망이 상대적으로커 자녀에 대한 시간 할애와 자녀의 문화 교육 등을 중시하는 경향이 있다고 분석한다. 공연예술 시장에서도 가족 단위를 겨냥한 공연이 점차 각광을 받고 있다. 자녀교육에 관심이 크고 자녀 들과 많은 시간을 보내기를 원하는 부모들은 바쁜 와중에도 자녀들과 좀 더 의미 있는 시간을 보내기를 바란다.

공연이라는 문화상품은 부모의 이러한 욕구를 충족시키기에 적합한 장르다. 특히 아동극이나 성인을 위한 공연이 아니라 자녀와 부모 두세대를 동시에 만족시켜주는 가족극이 갈수록 각광받고 있다. 디즈니 뮤지컬의 성공 요인 1994년 월트 디즈니 첫 뮤지컬 〈미녀와 야수〉의 브로드웨이 개막 후 평 단의 시각은 엇갈렸다. 볼거리는 풍성하지만 스토리가 유치하지 않느냐는 것이었다. 디즈니의 히트 만화 영화를 브로드웨이 뮤지컬로 들여온 데 대한 비아냥이 은근히 담겨 있었다. 그런데 이변이 일어났다. 부정적인 평가에도 관객이 물밀듯 몰려든 것이다. 평소 브로드웨이를 거의 찾지 않던 사람들까지 비싼 입장료를 내가면 서 몰려왔다 바로 '가족 뮤지컬'의 새로운 지평이 열린 것이다. 뮤지컬은 성인용 장르라는 통념을 깬 것이다.

성인 고객을 모시는 데 익숙한 제작사들과 성인 관객의 눈높이를 따지는데 길들여진 극장 및 평론가들은 예상치 못한 현상에 당황했다. 남녀노소 가족 단위로 즐길 수 있는 '가족뮤지컬'이라는 새로운 장르를 개척 한 디즈니의 획기적 발상에 브로드웨이의 거대 쇼 비즈니스계가 면을 깎인 사건으로 기록된다. 싱글족 400만 시대를 맞이하여 혼자서 공연을 관람하는 관객이 늘어나고 있다. 공연물 화를 주도하는 20-30대는 혼자 쇼핑하고 밥먹는것에 익숙한 나홀로 문화 계층으로 이미 영화의 경우에는 오래전부터 나홀로 관객이 보편화되어 있었다.

공연산업도 최근 급성 장함에 따라 뮤지컬이나 콘서트가 영화처럼 대중에게 많이 익숙해지면서 나홀로 관객 이 늘어난 것으로 보인다. 실제로 인터파크 통계 조사에 따르면 2005년에는 공연 입장권 예매자 중 1인 1매 구매 비율이 약 8%에 불과했지만, 2012년에는 23.9%로 증가하며 본격적인 '혼공(혼자 공연 관람)' 관람 문화가 확산되기 시작했다.

이후 이러한 흐름은 더욱 뚜렷해져, 2022년에는 전체 공연 예매자의 70.6%가 1인 1매로 티켓을 구매하며 혼공이 대세 트렌드로 자리 잡았다. 장르별로 보면, 2022년 기준 콘서트는 1인 관람 비율이 43.8%로 가장 높았고, 이어 뮤지컬 20.5%, 연극 2.7%, 클래식 0.4% 순이었다. 특히 과거 2012년까지 혼공 비율이 상대적으로 낮았던 뮤지컬 장르에서 10년 만에 큰 폭의 증가가 확인된 것이다.

2023년에는 1인 1매 구매 비율이 **50.0%로 다소 하락**했지만, 여전히 **전체 관객의 절반 이상이 혼자 공연장을 찾는** 것으로 나타나 혼공 문화가 안정적으로 정착되고 있음을 보여준다. 이러한 흐름은 **여성 관객층의 문화 향유 확대, 공연 소비의 일상화, 개인화된 관람 경험 추구**와 같은 요인과 맞물려 공연시장 내 '혼자 보는 관객'을 위한 기획 및 마케팅 전략이 점점 더 중요해지고 있음을 시사한다. 이는 친구들과 같이 가는 것보다 혼자가는 것이 경제적으로 자유로울 수 있기 때문일 것이다. 최근에는 단체 관객 유치뿐만 아니라 한자리 좌석을 할인해 주거나 다양한 패키지 상품을 내놓는 등 1인 관객을 겨냥한 마케팅도 늘어가는 추세이다.

10 ▶▶ 관객개발

관객 개발(Audience development)이란 공연을 관람하는 사람들의 숫자를 늘리거나 새로운 부류의 사람들을 관객으로 끌어들이기 위한 계획적이고 전략적인 마케팅 활동이다. 예술 단체는 관객과의 유대를 공고히 유지하고 더욱 발전시켜 나가기 위해 현재 관객들의 요구가 무엇인지 잠재 관객을 공연장으로 불러들이는 묘안은 무엇인지 끊임없이 고민한다. 진정한 관객 개발 전략은 일방적인 강요일 수 없다. 관객들과 끊임없이 의사를 소통해 그들의 니즈를 파악하고 호기심을 자극해 제 발로 걸어오게 하는 작업이다. 그러려면 주 관객층이 누가 될 것이며 그들이 진정 원하는 것이 무엇인지 설문조사 등의 방법을 동원해 파악하고 이를 마케팅에 꾸준히 반영해 나가야 한다. 관객 개발의 네 단계는 다음과 같다.

1. 관객 유지(AudienceMantenance)

관객 유지는 한번 공연장을 찾은 관객이 다시금 공연 장에 오게 하는 것이다. 새로운 관객을 발굴하기에 앞서 기존의 관객을 관리하고 지키는 일이다. 일반적으로 신규 관객을 유치하는데 드는 비용은 기존 관객을 유지하는데 드는 비용의 6배가 든다는 분석 결과가 있다. 공연단체의 고객 회원을 관리한다든지 티켓을 구입한 관객들의 신상 및 주소 정보를 데이터베이스화해 공연단체 소식을 지속적으로 보내주는 등의 방법이 전형적인 관객 유지 전략이다.

2. 관객 확장(Audience Expansion)

핵심 관객층을 파악해 이를 더욱 집중 공략하는 것이 다 가령 한 뮤지컬 관객 조사를 보면 60%가 서울 강남 지역에 사는 직장여성으로 나와 있다. 당연히 이들에 게 예술 단체의 마케팅 역량을 집중해야 한다. 직장여 성이 많이 오가는 번화가 주변에 포스터를 집중적으로 붙인다거나 직장여성들이 많이 구독하는 잡지에 광고를 내는 것이 효과적일 것이다.

3. 관객 강화(Audience Enrichment)

공연 이외의 다양한 부수적 즐거움과 편안함을 선사해 관객을 끌어들이는 방법이다. 관객이 공연장을 찾을 때 단순히 공연만 보러 오는 건 아니다. 비즈니스 모임의 사교장이거나 애인과 즐거운 시간을 보내는 데이트 장소이기도 하다. 말하자면 공연 이외에 '즐거운 저녁시간'을 만끽하려는 심리가 강하다. 다양한 이벤트와 서비스가 부가된다면 좀 더 많은 관객을 끌어들일 수 있을 것이다.

10-1 관객조사방법

관객 조사는 효율적인 마케팅을 실행하는데 있어 구체적인 데이터를 제공한다. 과거에는 데이터보다 연출가나 배우 스태프 등의 경험과 직관에 의존하는 경우가 많았다. 그러나 공연을 둘러싼 환경 요인이 복잡 다양해지면서 더 이상 공연 참여자의 경험과 직관만으로 정확한 의사결정을 하기 어렵게 되었다.

성공적인 마케팅을 위해서는 관객이 어떤 형태의 공연과 서비스를 원하는지

정확히 파악해야 한다. 이를 위해서는 관객의 욕구와 성 향을 짚어낼 수 있는 객관적 관객 조사가 선행되어야 한다.

1. **관객 조사자료**: 관객 조사의 핵심은 데이터 수집이다. 데이터는 1차 자료와 2차 자료로 바뀐다. 이 중 한 가지를 골라 작업할 수도 있지만 정보의 질을 높이기 위해 1, 2차 자료를 모두 수집해 분 석하는게 보통이다.

2. **1차 자료**: 관객 조사를 통해 얻어지는 자료 즉 현장 자료를 의미한다. 공연 마케터가 얻고자 하는 정보를 직접 수집하는 것으로 일반적으로 공연 현장에서 많이 수행된다. 1차 자료 수집에는 다양한 조사 방법들이 동원된다 대표적인 방법으로 관찰법 설문조사법 실험 법 등이 있다.

3. **2차 자료**: 이미 한차례 가 콩을 거친 자료를 뜻한다 예술 단체의 내부 자료나 연구 보고서 정부간행물 등이 그것이다. 2차 자료는 적은 비용으로 신속하게 정보를 얻는 장점이 있지만 꼭 필 요한 데이터가 없거나 데이터가 오래되어 쓸모가 적다는 단점이 크다. 비용과 시간이 더 들어도 정확한 정보를 얻기 위해 1차 자료를 수집하는 연유다.

10-2 방법

1. **실험조사법**: 다양한 외부 조건의 인과관계를 분석한다. 실험에 참 허할 표본집단을 선택해 이를 두 집 단으로 나누어 각기 다른 조건을 제시한 뒤 두 그룹의 반응을 비교 분석하여 결과를 도출한다. 실험조사법은 민감한 사항을 결정하기 위한 참고 자료를 만드는 데 많이 활용된다. 가령 극장에서 무작위로 추출된 두 부류의 극장 관객에 다른 종류의 시즌 전단을 발송했다고 하자. 두 전단의 내용은 거의 같은데 한전단의 경우 입장료만 상대적으로 높게 책정되어 있다. 이럴 때 각기 다른 전단을 받아본 회원들의 반응이 어떻게 다른가를 분석해 적정한 입장료 수준을 정할 수 있다. 만약 높은 가격이 제시된 전단을 받은 관객이 별다른 반응 없이

표를 구매했다면 다음 시즌에 가격을 올려도 무방하다는 결론을 얻게 된다. 이 경우 실험이 끝난 뒤에는 높은 요금을 지불한 관객에게 더 받은 요금만큼 돌려준다.

2. **설문조사법**: 관객들의 다양한 정보를 얻기 위해 가장 널리 사용된다. 대인 면담과 전화조사는 정확한 조사를 할 수 있지만 비용이 많이 든다. 반면 우편 조사와 온라인 조사는 비용은 덜 들지 만 정확성이 떨어진다.

10-3 조직적 타당성과 실행 가능성

공연기획이 예술적으로 뛰어나고 시장성도 갖추었다 하더라도, 그것이 실제로 실현되지 않는다면 기획은 실패한 것이나 다름없다. 따라서 공연기획자는 초기 단계부터 **조직 내외부의 자원과 구조가 해당 기획을 뒷받침할 수 있는지**를 냉철하게 검토해야 하며, 이는 곧 조직적 타당성과 실행 가능성에 대한 평가로 이어진다.

먼저, 기획자는 "우리 조직은 이 공연을 추진할 수 있는 인적·물적 역량을 갖추고 있는가?"라는 질문을 스스로 던져야 한다. 예를 들어, 대형 기획일수록 프로듀서, 예술감독, 무대디자이너, 테크스태프, 홍보·마케팅 인력 등 각 영역에 필요한 인력의 구성이 복잡하며, 기획·제작·운영 전 과정에 걸친 협업 체계가 필요하다. 반면 소규모 기획이나 독립 프로덕션의 경우에는 제한된 인력 안에서 복수의 역할을 수행해야 하며, 이 경우 기획의 복잡성은 실행 가능성을 제한하는 요인이 될 수 있다. 또한 공연기획자는 **예산 구조의 현실성**을 검토해야 한다. 공연의 기획안이 아무리 훌륭하더라도, 이를 실현하기 위한 자금이 마련되지 않으면 프로젝트는 성립되지 않는다.

기획자는 "예산이 확보되어 있는가?", "정부나 지자체의 지원을 받을 수 있는가?", "민간 투자나 협찬은 가능한가?", "티켓 수익만으로 손익분기점을 넘을 수 있는가?" 등의 질문을 통해 **재정적 기반을 다각도로 검토**해야 한다. 이때 제작비뿐 아니라 마케팅비, 회차별 인건비, 공연장 사용료, 기술 장비 대여비 등 구체적인 실행 비용이 모두 포함되어야 하며, 현실적 범위 내에서 기획 규모를 조정할 수 있는 유연성도 필요하다. 공연장 대관 역시 실행 가능성을 결정짓는 중요한 요소다. 공연장은 단순한 장소가 아니라, 기획의 물리적 조건을 성립시키는 기반이다.

서울 예술의전당, 블루스퀘어, 세종문화회관, LG아트센터 등 주요 공연장은 대관 경쟁이 심하기 때문에, 기획자는 공연 시기와 장르에 적합한 공간을 확보할 수 있는지 미리 파악해야 한다. 반면 지방이나 소규모 대관시설은 물리적 조건은 열악할 수 있으나, 특정한 주제나 지역 기반 프로젝트에는 더 적합할 수 있다. 따라서 기획자는 공연장의 규모, 무대 장비 수준, 접근성, 관객 수용력 등 **하드웨어적 조건을 기획과 일치시킬 수 있는지**를 따져보아야 한다. 그뿐 아니라 공연기획자는 **기획 추진 일정과 내부 의사결정 구조**가 기획을 실현할 수 있도록 조율 가능한지도 검토해야 한다.

예를 들어 공공기관은 예산 편성 시기, 정기공모 일정, 외부 심의 등 절차가 복잡하고 시간 소요가 크기 때문에, 일정이 타이트한 공연은 현실적으로 불가능할 수 있다. 민간 기획의 경우에는 빠른 결정이 가능하지만, 외부 이해관계자(후원사, 투자자, 플랫폼)의 승인 절차가 변수로 작용할 수 있다. 따라서 기획자는 "이 기획은 언제 시작하고 언제 마무리되는가?", "중간 단계에서 필요한 결정과 조율은 어떻게 이루어지는가?"를 사전에 설계해야 한다. 이러한 실행 가능성은 단지 예산과 공간의 문제를 넘어, **조직이 이 기획을 전략적으로 수행할 수 있는지**, 다시 말해 기획을 조직 내부의 다른 사업들과 어떻게 연결시킬 수 있는지를 검토하는 전략적 사고로도 확장된다. 예를 들어, 대전예술의전당은 기존에 운영 중인 시민예술학교, 예술교육 프로그램과 연계하여 공연을 공동 개발하고, 홍보 네트워크도 통합적으로 운영함으로써 **기획 실행의 효율성과 파급력을 동시에 확보**한다. 이런 방식은 공연이 조직 내에 '낯선 과업'이 아니라, 기존 구조 안에 통합된 '유기적 프로젝트'로 작동하게 만든다.

더불어, 기획 실행을 위한 리스크 분석도 중요하다.

"이 공연은 외부 변수(예: 감염병, 사회적 이슈, 출연진 변경, 기술 장애 등)에 얼마나 취약한가?",

"예상 관객 수가 절반 이하로 떨어질 경우에도 손실을 감당할 수 있는가?"

이런 가정적 질문에 대한 시뮬레이션은 기획안의 실행성을 뒷받침하는 중요한 안전장치가 된다. 특히 코로나19 이후, 공연계는 **예측 불가능한 리스크에 대비한 유연한 기획 설계**가 필수라는 교훈을 얻었다.

결론적으로, 조직적 타당성과 실행 가능성은 공연기획의 '이념'이 '현실'로 전환될 수 있는 기반을 마련하는 과정이다. 기획자는 창의적 상상과 시장 전략만이 아니라, 그것을 실현해낼 수 있는 **조직의 구조, 일정, 예산, 공간, 인력, 절차 전반을 설계할 수 있는 운영 역량**을 갖추어야 한다. 그리고 이 역량은 기획의 성패를 가르는 가장 현실적인 조건이 된다.

10-4 정책적 타당성과 공공성

공연기획에서 마지막으로 검토되어야 할 중요한 축은 정책적 타당성과 공공성(public value)이다. 이는 공연이 단지 창작자나 조직의 의도만으로 기획되는 것이 아니라, **국가 문화정책과 제도적 방향성, 그리고 시민사회의 문화적 권리와 얼마나 일치하는가**를 판단하는 기준이다. 특히 공공기관, 국공립 예술단체, 지자체 문화재단 등의 기획자에게 있어 공공성과 정책 연계성은 단순한 선택이 아니라 **기획 실행의 필요조건이자 책무**로 작용한다.

먼저 기획자는 자문해야 한다.

"이 공연은 오늘날 문화정책의 어떤 목표와 연결되어 있는가?"

예컨대 '문화비전 2030'이나 '지역문화진흥기본법'과 같은 문화정책은 모두 문화향유 기회 확대, 문화 불균형 해소, 창작지원 확대, 사회적 약자에 대한 문화접근권 보장 등을 주요 목표로 설정하고 있다. 공연기획이 이러한 정책적 비전과 접점을 형성하고 있다면, 그것은 단순히 공연을 만드는 것이 아니라 **문화정책을 실현하는 수단으로 기능하게 된다.**

또한 공연은 사회적 소수자, 문화 소외지역, 취약계층 등에게 문화접근권을 확장할 수 있어야 한다.

따라서 기획자는 **"이 공연이 누구의 목소리를 대변하고 있는가?"**,

"이 공연이 기존의 문화 소비 구조에서 배제된 사람들에게 도달할 수 있는가?" 라는 질문을 스스로에게 던져야 한다.

이 질문에 긍정적으로 답할 수 있다면, 해당 공연은 **예술적 의미를 넘어서 사회적 책무를 수행하는 문화행위**가 될 수 있다. 실제로 한국문화예술위원회와 광역문화재단들은 해마다 '공연장 상주단체 육성사업', '지역 기반 예술창작 지원', '장애인 예술활동 지원' 등의 공모를 통해 정책적 방향에 부합하는 공연을 집중적으로 선정·지원하고 있다. 예를 들어 경기문화재단의 '동네방네 예술프로젝트'는 마을 공동체 기반으로 기획된 공연과 예술 활동에 집중 지원함으로써, 공연예술이 **지역사회의 삶 속으로 깊숙이 침투하는 기획 방식**을 확산시켰다.

프랑스의 사례도 주목할 만하다. '문화접근권'(droit d'accès à la culture)을 헌법적 가치로 상정한 프랑스는 공연예술이 단지 예술인들의 창작 활동이 아닌, 시민 누구나 누릴 수 있는 **공공재적 성격**을 가지도록 제도화하였다. 특히 '문화패스(Pass Culture)'나 'Intermittents du Spectacle 제도'는 예술의 지속성과 보편성을 동시에 보장하는 대표적 기획·지원 모델이다.

한국 역시 이러한 방향으로 정책이 진화하고 있다.

2022년 문화체육관광부는 '예술인의 사회적 보호 강화' 및 '예술활동 증명기준 완화', '문화도시 지정 확대' 등을 발표하며, 예술 활동이 사회적 가치 창출과 밀접하게 연계되도록 유도하고 있다. 따라서 공연기획자는 예술성과 시장성을 넘어서,

"이 기획은 공공 영역의 문화적 책무를 실현하고 있는가?",

"시민사회의 문화 향유권을 확장하는 데 기여하고 있는가?"를 자문하며 기획의 방향성을 설정해야 한다.

특히 지역 공연기획자는 "지역 불균형 해소"라는 정책 목표와 밀접하게 연결되어 있다. 서울과 수도권에 집중된 문화 인프라에 비해, 지방은 공연장 접근성,

예술가 수급, 공연장비 및 운영 역량 등에서 뚜렷한 격차를 보인다. 이에 따라 문화체육관광부는 '지방 문화시설 운영 역량 강화', '문화도시 시범지역 운영', '순회공연 지원사업' 등으로 지역 기획자들의 실행 여건을 보완하고 있다. 공연기획자는 이러한 정책 흐름에 따라 **지역의 자원과 정체성에 기반한 공연을 설계함으로써 정책 목표와 기획 철학을 일치시킬 수 있어야 한다.** 결국 정책적 타당성과 공공성은 기획자가 단지 '무대 위의 성공'을 넘어, **문화행정, 정책 흐름, 시민사회와의 연결성 속에서 예술의 방향을 설정하는 과정**이다.

이는 기획자가 단순한 창작자의 위치를 넘어, **문화정책의 실행자, 시민사회와의 매개자, 사회문화적 해석자**로서 책임을 지는 과정이며,

공연기획이 오늘날 왜 공공철학과 제도적 정당성을 고려해야 하는지를 보여주는 명확한 근거가 된다.

10-5 대관 시스템의 구조와 유형

객석수와 객석 배치

객석수는 극장대관을 하는데 가장 우선시 되는 조건이다. 객석 수에 따라 공연의 종류와 예산 등 이 달라지기 때문이다 일반적으로 뮤지컬이나 오페라, 오케스트라 공연은 1,000석 이상의 대극장이 적합 하다. 극장의 규모가 적어지면 제대로 무대효과를 살릴 수 없을뿐 아니라 수지를 맞추는 것이 어렵기 때문이다. 반면 연극이나 무용의 경우 중극장을 선호하며 규모가 작은 연극 이나 뮤지컬은 소극장에서 장기 공연을 하는 것이 일반적이다. 또한 객석의 의자는 관객들의 편안한 관람을 위해 매우 중요하다. 특히 관객층의 연령이 높거나 러닝 타임이 긴 공연 일 경우 불편한 의자는 관극에 지장을 초래한다. 의자자체뿐만 아니라 의자의 효율적 배열 역시 쾌적한관람에 중요하다. 만약 의자의 크기와 배열이 일정하다면 앞사람의 뒤통수에 시각성이 걸리게 된다. 따라서 의자 제작 기술 못지않게 중요한 것은 의자

의 배열 기술이다. 티켓링크의 관객 조사에 의하면 앞사람 때문에 공연을 잘 보지 못한 것이 공연장 안팎에서 가장 불쾌했던 일로 조사되었다. (앞사람 36% 협소한 화장실 17% 교통체증 17% 주차 공간 부족 10% 등) LG아트센터를 비롯해 몇몇 규모가 큰 극장들은 3-4종류의 크기가 조금씩 다른 좌석을 배열함으로써 관객의 시각성을 확보했다.

무대크기와 무대설비

객석의 크기가 경제적 측면에서 대관의 가장 중요한 조건이라면 무대의 크기와 설비는 작품의 완성도를 높이는데 중요한 조건이 된다. 일반적으로 가로로 긴 무대보다는 세로로 깊은 무대가 다양한 무대장치가 가능하며 작품을 돋보이게 한다. 이런 점에서 예술의전당 오페라극장과 토월 극장은 연출가들이 선호하는 무대이다. 아르코예술극장도 최근 리모델링을 통해 무대의 공간을 확보했다. 대학로의 소극장들은 대부분 무대 크기가 협소할 뿐 아니라 천장도 낮아 완성도 있는 작품을 만드는 데 걸림돌로 작용한다. 무대설비는 다양한 무대장치와 무대전환을 가능하게 한다 작은 소극 장의 경우 간단하지만 대극장의 경우는 무대설비는 엄청난 규모이다. 최근 지어진 대부분의 극장들은 십자형 무대로 설계되었다. 본무대를 가운데에 두고 왜건이 있는 옆 무대회 전 무대를 내장한 뒤 무대를 두었다. 앞에는 오케스트라 피트가 있다.

옆 무대와 뒤 무대 왜건은 무대장치를 실은 채 본 무대에 등장할 수 있고 뒤 무대의 왜건은 회전하면서 등퇴장이 가능하다. 예술의 전당 등이 십자형 무대이고 오래전에 지어진 국립극장과 세종문화회 관은 본무대에 회전무대를 두었다.

조명과 음향

조명 극장이 보유한 조명기는 극장의 성격에 따라 차이가 있다. 가령 조명이 중요한 뮤지컬 전용극장의 경우 다양한 조명기를 갖췄다. 반면 실내악을 전문으로 하는 극장에서는 간단한 조명기가 구비되어 있을 뿐이다. 충분한 조명기가 극장에

Case Study

- 극장 음향은 하늘의 뜻? -

극장의 음향은 과학적인 설계가 가장 중요하지만 운도 작용한다고 한다. 가령 집을 지을 때 가장 까다롭고 설계한대로 되지 않는 것이 벽난로라고 한다. 같은 설계를 가지고 만들어도 어떤 집 벽난로는 연기가 잘 빠지고 어떤 집은 그렇지 않다고 한다. 극장의 경우 집의 벽난로에 해당 하는 것이 음향인 듯 싶다. 과학적인 설계를 아무리 잘해도 운을 타고나야 하는 것이 극장인 것 같다.

구비되어 있지 않을 경우 조명장비를 임대해 야 함으로 부담이 커진다.

따라서 대관 전 공연에 필요한 조명시설을 갖추었는지 반드시 확인해야 한다. 공연에 따라 팔로우스홋 등 특수 조명기를 임대하는 경우도 있다. 이때 조작할 인원도 필요함으로 조명 임대료 뿐만 아니라 인건비도 고려해야 한다. 음향이 극장의 등급을 결정할 만큼 극장시설 중을 향의 중요성은 점차 커지고 있다. 특히 마이크를 사용하지 않는 클래식 공연의 경우 음향판을 조절하는 사운드 커튼 등의 첨단 음향시설이 필요하다. LG아트센터는 공연 장르와 공연환경에 따라 사운드 커튼으로 잔향시간을조절한다. 가령, 콘서트는2.0초 성악가의 대사가 전달 되어야하는 오페라는 12초로잔향을맞춘다. 관객수, 관객의 옷의 두께에 따라서도 잔향조절이 필요하다. 뮤지컬이나 대중가수의 콘서트의 경우에는 배우들의 노래 소리를 확장할 수 있는 마이크 시설이 필수적이다. 연극과 무용에서는 효과음이 중요하다. 공연 진행에 필요한 음악이나 소리를 녹음하거나 직접 내보낼 수 있어야 한다.

대관료

대관료는 극장의 운영주체 극장의 크기 극장의 위치 그리고 공연의 종류 등에 따라 달라진다. 일반적으로 공공극장은 국가의 지원을 받아 대관료가 저렴하기 때문에 대관 경쟁이 치열하다. 주변 극장에 비해 대관료가 2/3인 아르코예술극장은 대관 경쟁률이 5대 1이 넘는다.

2025년 기준으로 예술의전당과 세종문화회관 등 대형 공연장의 대관료는 하루 기준 약 440만 원에서 790만 원 사이로 책정되어 있다. 예술의전당 콘서트홀은 3시간 기준 792만 원(부가세 별도)이며, 세종문화회관 대극장은 2시간 기준 440만 원으로, 추가 시간이나 부대시설 사용 시 요금이 별도 부과된다. 반면, 대학로 일대의 민간 소극장 대관료는 여전히 1일 기준 30만 원에서 80만 원 수준이며, 공공 소극장인 아르코예술극장과 대학로예술극장의 경우 더 저렴하게 운영되어 소극장은 약 10만, 대극장은 48만 원 수준이다.

이처럼 대극장과 소극장의 대관료 격차는 공연장 규모와 설비, 운영 주체에 따라 크게 차이가 나며, 예술단체 입장에서는 기획 예산에 따라 공연장을 전략적으로 선택하는 것이 필수적이다. 대극장들은 대부분 오전 오후 야간 등 시간대별로 나누어 대관료를 부과한다.

소극 장은 시간별로 대관료를 내기도 하지만 장기 공연을 할 경우에는 전 기간을 합쳐서 계약 을 맺는 경우도 많다. 공연 준비 기간이나 철수 기간은 공연 때 관료보다 싸지만 철야작업에는 대관료가 할증이된다. 준비 기간이나 철수 기간을 정확히 예측하지 못해 철야 대관을 할 경우 대관료가 늘어날 수 있다.

한국의 공연장 대관 시스템

한국의 공연장 대관시스템은 크게 두 가지 방식으로 구분된다. **첫째는 정기대관**으로, 통상적으로 연 1～2회 진행되며 다음 해의 공연을 미리 확정하는 방식이다.

서울 주요 공연장인 블루스퀘어, 예술의전당, LG아트센터 등은 연말이면 이미 다음 해 주요 시즌의 대관이 조기 마감된다. 이 방식은 기획과 홍보에 일정한 안정성을 부여하지만, 대관 경쟁률이 매우 높아 신진 예술가나 중소 기획사에게는 진입 장벽이 될 수 있다.

둘째는 수시대관으로, 정기대관 이후 남은 일정이나 긴급한 요청에 따라 유동적으로 운영된다. 상업 공연이나 해외 단체 초청 공연 등이 이 방식에 포함되며, 탄력적인 운영이 가능하다는 장점이 있지만 공연장 선택권이 제한적이라는 단점도 있다. 공연장마다 대관 심사 기준은 조금씩 다르지만, 일반적으로 기획의 완성도, 예술적 수준, 관객 유치 가능성, 기술적 실현 가능성, 공연장의 방향성과의 부합 여부 등을 종합적으로 평가한다. 이 과정에서 서울 소재 공연장은 지원자 수가 많고 경쟁이 치열해 대관이 곧 공연의 '기회'를 좌우하는 구조로 작동한다. 이러한 환경 속에서 일부 공공 공연장은 단순한 공간 대여가 아니라 **기획 지원을 포함한 공모형 대관 제도**를 도입하고 있다. 예컨대 서울문화재단의 '창작지원형 대관', 세종문화회관의 '세종 우리동네 예술프로젝트' 등은 예술적 가능성과 공공성을 갖춘 단체에게 대관료 감면, 행정 지원, 기술 협조 등을 제공함으로써 **기획자의 창작 환경을 제도적으로 보완하는 대안적 모델**로 주목받고 있다.

서울과 지방의 대관 환경 비교

대관 문제는 한국 공연 환경에서 **서울과 지방 간의 구조적 격차**를 형성하는 핵심 요인 중 하나다. 서울은 대형 공연장이 밀집되어 있을 뿐 아니라, 교통 접근성, 배우 및 창작진의 거주 비율, 미디어 노출 기회, 관객 기반 등에서 압도적인 조건을 갖추고 있다. 이로 인해 서울은 자연스럽게 공연기획의 중심지로 자리 잡게 되었으며, 대부분의 주요 기획사들은 서울을 중심으로 공연을 계획하고 배급한다. 반면 지방 공연장은 건축적으로는 최신 설비를 갖춘 곳이 많지만, 실질적인 운영 인프라는 부족하다.

지역 예술단체의 수가 적고, 숙련된 기술 인력이나 마케팅 조직이 부족하며, 지역 언론을 통한 홍보나 티켓 판매 네트워크도 상대적으로 취약하다. 이로 인해 지방 공연장의 가동률은 낮은 수준에 머물고 있으며, 한국문화관광연구원의 2022년 보고서에 따르면, **서울의 공연장 평균 가동률이 85%를 넘는 반면, 지방 중소도시의 경우 50~60% 수준에 불과하다.** 이러한 격차는 단지 물리적 거리의 문제가 아니라 **공연기획의 실행 가능성 전반에 영향을 미치는 요소**다. 서울에서 제작된 공연이 지방에서 순회공연을 진행하려 할 때, 지역 공연장의 무대 규모나 장비 사양, 기술 스태프의 숙련도 등이 맞지 않아 별도의 장비를 투입하거나 공연 구성을 축소해야 하는 일이 빈번하게 발생한다. 이로 인해 공연 자체의 품질이 떨어지거나, 투어 공연이 아예 무산되는 사례도 발생한다.

지방 대관은 행정적 절차가 비교적 단순하고 공간 확보는 용이하지만, 관객 기반의 부족과 현장 마케팅 역량 미비로 인해 **기획자 입장에서 리스크가 크다**는 인식이 확산되고 있다. 결과적으로 **'서울 중심 공연 선호 – 지방 기피 – 지방 인프라 약화'**라는 악순환이 구조화되고 있으며, 이는 장기적으로 **문화 불균형과 공연 접근권의 양극화를 초래**할 수 있다.

일본과 프랑스의 사례: 공공극장의 대관 철학

이러한 지역 격차 문제는 비단 한국만의 일이 아니다. 일본 역시 유사한 과제를 안고 있었으며, 2000년대 이후 지역 문화권의 '자립 운영'이라는 정책적 목표 아래, 지방 공공극장의 기능과 운영방식을 전환해 나가고 있다. 예컨대 오사카의 '쿄세이 시어터'는 예술감독을 중심으로 한 시즌 프로그램을 도입하고, 지역 커뮤니티와의 공동 제작 체계를 활성화함으로써 단순한 대관시설을 넘어 **지역 문화 생산의 중심 거점**으로 자리잡았다. 프랑스의 경우는 더 근본적인 방향을 취한다. 프랑스의 공공극장은 대관이라는 개념 자체보다는 **공연장의 공공 운영 책임**을 강조한다. 즉, 민간 단체나 예술가가 작품을 기획하면, 극장이 공간뿐 아니라 예산, 기술, 홍보, 제작까지 공동으로 수행하며 공연장을 **기획의 동반자이자 프로듀서**로 설정한다.

대표적으로 아비뇽 축제, 오를레앙 국립현대무용센터 등은 신진 창작자들에게 **레지던시 제공 및 시연 무대 기회**를 제공하며, 이를 통해 **예술가 중심의 창작 기반을 제도적으로 구축**하고 있다. 이처럼 대관을 단순한 공간 할당이 아니라 **예술 생태계의 핵심 기능으로 설정하는 모델**은 한국의 지방 공연장이 현재 겪고 있는 '시설은 있지만 예술 생산은 부족한 상태'를 극복하는 데 있어 중요한 참고점이 된다. 공연장이 단지 빌려주는 곳이 아니라, 함께 만드는 '예술 파트너'로서 기능할 때, 지방도 공연기획의 주체로 거듭날 수 있다.

10-6 장르별 대관 격차: 뮤지컬, 연극, 음악회의 조건

공연예술은 장르마다 요구되는 공간적·기술적 조건이 다르기 때문에, **대관에 있어서도 장르별 차이가 뚜렷하게 존재**한다. 특히 한국의 공연장 운영 시스템은 '다목적 홀' 중심으로 설계된 경우가 많아, 특정 장르에 적합한 맞춤형 대관 공간을 찾는 것이 쉽지 않다.

이러한 맥락에서 공연기획자는 단순한 공간 확보를 넘어, **장르 특성에 최적화된 공연장을 확보하는 전략적 판단**을 요구받는다. 먼저 **뮤지컬** 장르는 대관에서 가장 높은 진입 장벽을 가지고 있다. 뮤지컬은 대형 LED, 트레킹 시스템, 피트 오케스트라, 자동 전환 무대, 무빙 조명 등 **복잡하고 정교한 무대 기술**을 필요로 하며, 그에 따라 공연장도 전문화되어야 한다.

블루스퀘어 인터파크홀, LG아트센터 마곡, 샤롯데씨어터, 세종문화회관 대극장 등은 이러한 기술 요건을 갖춘 대형 공연장으로, **대규모 자본과 기획 역량이 뒷받침되지 않으면 대관 자체가 불가능한 구조**다. 또한 뮤지컬은 한 작품이 수십 회 이상 장기 공연을 전제로 하기에, **공연장 점유 기간이 길고 대관 경쟁도 치열하다**. 대형 제작사 중심으로 독점적 운영이 이뤄지기도 하며, 신작이나 중소 단체의 진입이 어려운 구조적 장벽이 존재한다.

일부 공연장은 소위 '입장권 점유율'을 근거로 대관을 승인하기 때문에, 창작 초연보다는 이미 흥행이 입증된 라이선스 공연이나 스타 캐스팅 작품이 대관에서 우위를 점한다. 반면 **연극** 장르는 소극장 중심의 대관 구조로 구성되어 있으며, 기획 유연성과 예산 부담 측면에서는 상대적으로 진입 장벽이 낮은 편이다. 대학로를 중심으로 100~300석 규모의 소극장들이 밀집해 있고, 연출과 무대 구성도 비교적 단순하여 실험적 작품, 창작 초연, 사회적 메시지를 담은 작품 등이 활발하게 제작된다. 그러나 이 또한 양면성을 가진다.

대학로 일대의 상업화와 공간 임대료 상승, 공연장 운영 주체의 불안정성 등으로 인해, **연극계의 지속 가능성은 장기적으로 위협받고 있다**. 게다가 다수의 소극장은 대관 시 '공연 외 수입'을 고려해 공간 임대 중심으로 운영되며, 공연장과 기획자 간의 창작적 파트너십은 기대하기 어렵다. 공공 소극장의 부족도 이 문제를 심화시키는 요소다.

한편 **음악회**는 클래식, 실내악, 국악, 재즈 등 장르에 따라 공연장 선택 기준이 다르며, 특히 **음향 조건**이 대관 결정에 핵심적인 요소로 작용한다. 예술의전당 콘서트홀, 롯데콘서트홀, 세종체임버홀 등은 음향 특화 공간으로, 특정 장르의 공연에서는 거의 독점적 선택지로 여겨진다. 클래식 공연의 경우, 음향 반사판, 오케스트라 피트, 피아노 보관·조율 시스템 등이 필수적이며, 공연장 대관 일정도 공연 시즌에 맞춰 조기 마감되는 경우가 많다. 국악이나 퓨전 장르의 경우에는 보다 유연한 공간을 찾을 수 있지만, 여전히 **공연장 직원의 장르 이해도, 악기 보관 및 음향 보조 시스템 등에서 제약**이 따르는 경우가 많다.

또한, 음악회는 공연 시간(1~2회), 리허설 기간(짧음), 무대 전환(단순)의 특성으로 인해 뮤지컬이나 연극에 비해 대관 단가가 낮고, 수익 모델로는 불리한 측면이 있다. 그 결과, 일부 대형 공연장은 수익성 중심의 대관 운영 전략에 따라 **음악회 대관을 제한하거나 불리하게 배정**하는 사례도 존재한다. 이로 인해 실내악 연주자나 중소 음악 기획자는 소규모 공공 공연장이나 교육기관 부속 공연장을 활용하기도 한다. 결과적으로, 한국의 공연장 대관 구조는 장르 간 형평성을 충분히 보장하지 못하는 구조다.

특히 기술적 인프라, 공간 설계, 운영 철학 측면에서 뮤지컬 중심의 대형 상업 공연장은 과잉 집중되어 있는 반면, 연극과 음악회는 상대적으로 **공공적 지원과 창작 기반이 부족**하다. 이는 공연장 운영 주체가 단지 '수익'과 '수용 인원'을 중심으로 대관을 판단할 경우 발생하는 대표적 문제로, 장르 다양성과 문화예술 생태계의 균형 발전을 위협하는 요인이 될 수 있다. 따라서 공연기획자는 대관을 단순한 실행 수단이 아니라, **기획 의도와 장르 특성, 관객 경험을 총체적으로 구현할 수 있는 플랫폼**으로 인식해야 하며, 공연장 역시 대관 방식을 장르 친화적이고 예술가 중심으로 점차 전환할 필요가 있다.

10-7 지역별 공연기획의 특성과 차이: 서울과 지방의 비교

공연예술의 기획은 공간과 사람, 제도와 환경이 복합적으로 맞물리는 창작 과정이다. 따라서 기획이 이루어지는 **지역의 환경에 따라 전략과 접근법은 본적으로 달라질 수밖에 없다.** 흔히 서울과 지방은 양극적 구조로 비교되곤 하지만, 그 차이는 단순히 자원의 많고 적음으로 설명되기보다는, **각 지역이 지닌 문화적 맥락, 기획 환경의 특성, 그리고 관객과의 관계 방식**에서 드러나는 미묘한 결 차이에 가깝다.

서울 공연기획의 특성: 규모, 전문성, 네트워크 중심

서울은 한국 공연예술의 중심지로서, 압도적인 인프라와 창작 자원, 관객 기반을 보유하고 있다. 예술의전당, 세종문화회관, 블루스퀘어, 국립극장 등 대형 공연장이 밀집해 있고, 창작진, 배우, 기술 스태프, 프로듀서 등 인적 자원의 풀도 풍부하다. 이로 인해 서울의 공연기획은 **다장르 협업이 가능하고, 기획의 전문성과 분업 구조가 고도화**되어 있다는 강점을 지닌다.

또한 서울은 미디어 노출이 용이하고, 해외 공연 유치와 국내외 플랫폼 연계에도 유리하다. 예를 들어, CJ ENM이나 신시컴퍼니와 같은 대형 제작사는 서울을 거점으로 글로벌 라이선스 공연, 스타 캐스팅 기반 뮤지컬 등을 중심으로 한 **수직적 산업 시스템을 구축**하고 있다. 이러한 환경은 흥행성과 제작 완성도를 동시에 추구하는 공연기획에 최적화되어 있다. 하지만 이와 같은 집중 구조는 때로 **기획의 획일화, 시장 과열, 창작 다양성의 위축**이라는 한계도 동반한다. 대형 공연장 위주의 대관 경쟁은 중소 단체나 신진 기획자의 진입을 어렵게 하고, 흥행이 예측되는 콘텐츠만 선택되는 경향이 강하다. 따라서 서울 공연기획의 도전은 **'규모의 강점'을 어떻게 창작 다양성과 공공성과의 균형 안에서 풀어낼 것인가**라는 과제와 맞닿아 있다.

지방 공연기획의 특성: 밀착성, 실험성, 공동체 기반

지방은 서울과 비교해 자원이나 네트워크 측면에서 불리한 조건이 있지만, 대신 **지역 밀착형 기획과 문화 공동체 기반의 기획이 가능하다는 고유한 장점**을 지닌다. 지방의 공연기획자는 대형 자본이나 상업적 흥행에 의존하기보다, 지역 주민, 공공기관, 학교, 복지시설 등과의 협력 속에서 **사회적 예술과 커뮤니티 아트로 확장된 기획 모델**을 실천하는 경우가 많다. 예를 들어, 전남 순천의 '기억공장'은 지역민 인터뷰를 바탕으로 극을 구성하거나, 대전예술의전당은 시민예술학교와 협업한 기획공연을 통해 **기획 자체가 지역 생활문화와 직결되는 방향**을 추구하고 있다.

이러한 기획은 단순히 관객에게 무언가를 '보여주는 공연'이 아니라, 지역 구성원과 함께 '만드는 경험'이자 **공유적 창작**으로 작동한다. 또한 일부 지방 극장은 상대적으로 대관료가 저렴하고, 예술가에게 공간을 넉넉히 제공할 수 있어 **형식적 실험과 리서치 기반 창작의 거점**이 되기도 한다. 부산, 광주, 청주 등에서는 국립예술단체나 지역 기반 기획자들이 연극, 국악, 융복합 공연 등 다양한 실험적 작업을 진행하고 있으며, 이는 중앙 중심의 상업 공연에서는 시도하기 어려운 방식이다. 물론 이러한 강점에도 불구하고, 지방 공연기획은 여전히 **제한된 재원, 관객층의 편중, 장기적 운영 역량 부족** 등의 현실적 과제를 안고 있다. 하지만 동시에, 지역성과 공동체 기반이라는 특수성을 기획의 출발점으로 삼는다면, 지방은 오히려 서울과는 다른 **대안적 예술 생태계를 구축할 수 있는 공간**이 될 수 있다.

지역 간 협력 기획의 가능성

서울과 지방은 반드시 대립적인 구도가 아니라, **상호보완적인 관계로 재구성될 수 있다.** 최근에는 국립예술단체나 민간 제작사가 지방 공연장과의 공동 제작, 창작 레지던시, 순회공연 등을 통해 **지역과의 협업 모델을 모색**하는 사례가 점차 늘고 있다. 대표적으로 국립무용단은 울산문화예술회관과 공동 기획한 〈향연〉 투어를 통해, 지역 **제작 참여형 공연**을 선보였고, 경기아트센터는 도내 각 기초지자체 공연장과 연계한 **찾아가는 공연 시리즈**를 통해 지역성과 이동성을 모두 확보하고 있다.

이런 사례는 서울의 자원과 지방의 공동체 기반이 만날 때, **예술의 다양성과 공공성이 어떻게 동시에 강화될 수 있는지를 보여주는 실천적 가능성**이라 할 수 있다.

결론적으로, 서울과 지방의 공연기획은 단순한 자원 격차의 문제가 아니라, 기획 전략과 지향점의 차이로 이해될 필요가 있다. 서울은 규모, 네트워크, 산업 기반에서 강점을 지니지만, 창작 다양성의 측면에서 고민이 필요하며, 지방은 자원의 한계에도 불구하고 생활문화 기반과 공동체 연계성이라는 창작적 강점을 지닌다. 따라서 공연기획자는 지역에 따라 단순히 '조건'을 따지는 것이 아니라,

그 지역이 지닌 특수한 창작 가능성, 협업 환경, 문화적 지형을 읽어내고 그것에 맞는 기획 전략을 수립하는 감각이 필요하다.

바로 여기에, 공연기획자의 지역 감수성과 맥락 해석 능력이 핵심 역량으로 작동하는 이유가 있다.

10-8 공연기획서 수립단계

공연기획 수립 단계는 공연의 방향성과 구조를 설계하는 가장 중요한 출발점이다. 이 단계에서 어떤 공연을, 누구를 대상으로, 어떤 방식으로 실행할지에 대한 기본 틀이 마련된다. 공연기획은 단순한 아이디어 제시가 아니라, 실현 가능한 전략과 구조를 갖춘 실행 계획을 수립하는 과정이다. 즉, 막연한 구상을 구체적인 실행 항목으로 정리하고, 향후 전개될 실무의 기준을 만드는 핵심 단계이다. 이 과정을 통해 공연기획안이 도출되며, 이후 예산, 제작, 마케팅 등 모든 실무의 기준이 된다.

1. 공연기획 수립 단계의 주요 과업

기획 의도와 목표 설정

"왜 이 공연을 해야 하는가?"에 대한 명확한 해답을. 마련하는 것이 이 단계의 출발점이다. 공연의 기획 의도는 단순한 설명이 아니라, 전체 프로젝트의 정체성을 규정하는 핵심 기준이다. 예를 들어, 예술 장르의 사회적 확산, 지역 커뮤니티 활성화, 수익 창출, 문화정책 목표와의 연계 등이 목표가 될 수 있다. 명확한 기획 목적은 이후 콘텐츠 선정, 예산 구성, 마케팅 전략 수립의 중심 기준이 된다.

2. 공연 콘텐츠 선정

공연에서 무엇을 보여줄 것인지 결정하는 핵심 단계이다. 연극이라면 희곡이나 창작 대본, 음악회라면 프로그램 곡목과 출연진을 정한다. 이때 고려해야 할 요소는 예술성, 대중성, 실현 가능성이다. 예를 들어 창작뮤지컬을 기획한다면, 서사의 완성도, 음악과 무대의 통일성, 캐스팅 현실성 등을 검토한다. 콘텐츠는 공연의 품질과 성패를 좌우하는 결정적 요소이므로, 초기 단계에서 충분한 비교와 검토가 필요하다.

3. 시장 및 대상 분석

공연은 관객과의 만남으로 완성되므로, 타깃 관객층과 시장 환경 분석은 필수적이다. 이를 위해 시장 세분화, 타깃 설정, 포지셔닝 전략을 활용한다.

예를 들어, 주 관객층을 "2030 직장인 여성"으로 설정했다면, 해당 계층의 문화 선호도, 여가 소비 형태, SNS 사용 패턴, 예매 경로 등을 조사해야 한다. 또한 동일 시기의 경쟁 공연 분석, 협력 가능 기관 파악, 적정 티켓 가격대 조사도 병행해야 한다.

시장 분석은 공연기획의 실행 가능성과 지속 가능성을 판단하는 핵심 기준이다.

4. 공연기획 수립 단계의 추가 과정

공연 콘셉트 및 구성 구체화

공연의 콘셉트, 테마, 스타일, 분위기, 무대 방향성 등을 정립하는 단계이다. 예를 들어 클래식 음악회라면 "영화 OST를 연주하는 심포니 콘서트"와 같이 콘셉트를 설정하고, 곡목과 구성 순서를 구상한다. 창의성과 실현 가능성의 균형이 중요하며, 이때 설정한 콘셉트는 향후 기획서에서 강조할 메시지의 중심이 된다.

5. 장소 및 일정 계획

공연을 어디서, 언제, 몇 회 진행할지 결정하는 단계이다. 공연장 선정은 공연의 질과 관객 경험에 직접 영향을 미치므로, 좌석 수, 위치, 음향 · 조명 시설, 대관료 등을 고려하여 후보지를 정하고 접촉한다. 동시에 공연 **예정일과 회차**를 설정하며, **경쟁 행사와 일정 중복 여부**도 함께 확인해야 한다. 인기 공연장은 **1년 이상 선예약**이 필요한 경우가 많기 때문에 조기 조율이 필요하다.

6. 예산 범위 설정 및 재원 조달 계획(초안)

전체 공연에 투입할 **예산의 대략적 규모**를 설정하고, 재원 확보 방안을 구상하는 단계이다. 예를 들어 **"총예산 1억 원, 지자체 지원금 5천만 원 확보 가정"**과 같이 큰 틀의 가이드라인을 잡는다. **자체 예산, 정부 지원, 스폰서십, 티켓 수입, 크라우드 펀딩** 등 다양한 수입원을 고려하여, 추후 세부 예산안 작성의 기반을 마련한다.

7. 프로젝트 팀 구성 및 역할 분담 계획

공연에 필요한 **핵심 인력과 조직 구조**를 설계하는 단계이다. **기획자, 연출가, 음악감독, 무대감독, 기술 스태프, 홍보 담당자** 등 각 분야의 인력을 내부 충원 또는 외부 섭외로 구성한다. 예산과 규모에 따라 **한 명이 여러 역할을 겸하거나, 기획팀 · 기술팀 · 홍보팀으로 분장**하기도 한다. **일본은 기획 업무를 프로듀서, 프로그래머, 프로모터로 세분화**하는 경향이 있으며, 우리나라에서도 프로젝트 규모에 따라 분장 구조가 적용된다. **역할을 명확히 정의하는 것은 원활한 커뮤니케이션과 협업의 기반이 된다.**

8. 커뮤니케이션 및 홍보 전략 초안

공연의 성공을 위해서는 **홍보와 마케팅 전략 수립이 필수적이다.** 이 단계에서는 **목표 관객층을 어떤 방식으로 끌어들일지**에 대한 큰 그림을 그려야 한다.

예를 들어 젊은 층을 타깃으로 한다면 **SNS 기반의 디지털 캠페인**을, 가족 단위 관객을 대상으로 한다면 **지역 공동체와 연계한 홍보 전략**을 고려할 수 있다. 또한 작품의 **핵심 매력을 간결하게 전달할 수 있는 포인트 메시지**를 정리해두면, 추후 기획서 작성 시 활용할 수 있는 근거 자료가 된다.

9. 기획 개요 정리와 자료화

이상의 과업을 통해 **공연기획의 뼈대가 형성된다.** 기획의도, 대상, 장소, 기간, 예산, 기대효과 등을 간단히 요약한 **1~2페이지 분량의 기획 개요서**를 작성해두면 좋다. 이 자료는 향후 내부 공유나 외부 협의, 그리고 **상세 기획서의 기반 자료**로 활용된다. 이 단계는 **"이 공연을 어떤 방향과 조건으로 추진할 것인가"**를 결정짓는 기초 과정이다.

기획 수립 단계의 실무 팁과 유의사항

사전 조사와 자료 수집

기획 전 유사 공연 사례를 분석하고, 과거의 **관객 반응, 흥행 성과, 매출 데이터**를 수집해야 한다. 또한 공연과 관련된 **법령이나 인허가 요건**도 이 시점에 파악하는 것이 좋다. **철저한 사전 조사는 이후 시행착오를 줄이는 가장 확실한 방법이다.**

창의성과 실현성의 균형

참신한 아이디어는 공연의 매력을 높이지만, **예산 · 일정 · 인력 등 실행 여건**을 반드시 고려해야 한다. **실현 불가능한 계획은 조기에 수정**하는 것이 바람직하다.

예를 들어 **화려한 특수효과**를 도입하고자 할 경우, **장비 대여 비용, 설치 시간, 안전 요건** 등을 미리 검토해야 한다.

이해관계자 조기 확보

아이디어 단계부터 **내부 투자자나 외부 협력 파트너**와 의견을 공유하고, **사전 타진**을 진행하는 것이 유익하다.

예를 들어 공연장 예비 대관 상담을 통해 **무대 크기, 장비 조건**을 확인하면 세부 기획의 현실성이 높아진다.

컨틴전시 플랜(Contingency Plan) 준비

공연기획 초기부터 **리스크 대응 시나리오**를 준비해두어야 한다.

예: 출연자 하차 → 대체 인력 확보, 티켓 저조 → 추가 홍보 예산 확보, 일정 변경 → 예비 일정 확보. 이러한 예비 계획은 위기 상황에서 침착한 대응을 가능하게 하며, 기획의 신뢰도를 높이는 역할을 한다.

일정 여유 확보

기획 단계에는 충분한 시간 확보가 필수적이다.

프리-프로덕션 단계는 공연 규모에 따라 수개월에서 1년 이상 필요할 수 있으며, 특히 지원금 신청, 스폰서 유치 등 마감 일정이 있는 경우에는 여유를 둔 일정 설정이 필요하다.

과도하게 촉박한 일정은 기획 완성도와 실행 안정성 모두를 해칠 수 있다. 이상으로 공연기획 수립 단계에서 이루어지는 핵심 작업들과 유의사항을 살펴보았다.

이 단계에서 마련된 기획의 개념과 전략은 다음 단계인 공연기획서 작성의 주요 재료가 된다. 탄탄한 기획 수립은 곧 훌륭한 기획서 작성과 성공적인 실행의 전제가 되므로, 초기 단계에 충분한 공을 들이는 것이 매우 중요하다. 이러한 기초 작업을 충실히 수행함으로써, 공연기획 전 과정의 완성도와 지속 가능성을 높일 수 있다.

11 ▶▶ 공연기획서 작성

공연기획서란 공연 기획의 개념과 계획을 구체화하여 문서로 정리한 자료이다. 기획자는 이 문서를 통해 이해관계자에게 공연의 목적, 내용, 운영 전략을 명확히 전달하고자 한다. 공연기획서는 단순한 설명서가 아니라, 공연의 실행 가능성과 설득력을 담아낸 실천 지향적 문서이다. 작성 목적과 대상에 따라 형태는 다양하지만, 공연의 전체 구조와 실행 전략을 종합적으로 요약한다는 점에서는 공통적이다.

이 장에서는 공연기획서의 표준 구성 요소, 작성 시 유의사항, 그리고 국내외 사례 비교를 중심으로 설명한다.

공연기획서 작성의 목적과 종류

공연기획서를 작성하는 주된 목적은 기획 의도를 효과적으로 전달하고, 이를 통해 승인이나 협력을 이끌어내는 데 있다. 기획서는 내부 의사결정 자료로 사용되거나, 외부 제안용·투자 유치용으로 활용된다. 따라서 기획서의 독자 가 누구인지에 따라 내용의 강조점과 서술 방식이 달라진다.

1) 내부 기획안

소속 조직 내 결재나 실무 공유를 위한 문서이다.

세부 일정, 실행 전략, 팀 구성 등 실현 가능성을 중심으로 작성하며, 조직의 승인 절차나 부서 간 협업을 염두에 두고 설계한다.

2) 프레젠테이션(PPT)용 기획서

투자자나 파트너사 대상의 발표용 슬라이드 문서이다.

시각자료(PPT)로 구성하고, 핵심 내용은 간결하고 임팩트 있게 요약한다.

청중의 이해를 돕는 구조와 간략한 텍스트 중심의 디자인이 중요하다.

3) 외부 홍보용 기획서

언론, 대중, 플랫폼 공개용으로 제작되는 기획서이다.

공연의 컨셉, 특징, 기대 효과 등을 중심으로 서술하며, 자세한 실행 계획보다는 공연의 이미지와 공공성, 대중성을 강조한다.

4) 투자/후원 제안서

기업, 후원처, 투자자에게 공연의 수익 가능성과 효과를 설명하는 자료이다.

관객 수 전망, 브랜딩 효과, 홍보 도달률, 수익 배분 구조 등을 포함하고, 비즈니스 논리에 근거하여 설득력 있게 작성해야 한다. 모든 유형의 기획서에는 공연의 핵심 정보, 콘텐츠, 마케팅 전략, 예산 개요 등 기본 요소가 공통적으로 포함되어야 한다.

하나의 기획서를 상황에 맞게 형태만 수정하거나 요약하여 다양한 용도로 활용할 수도 있다.

11-1 관계 법령 및 인허가 준수

법적 절차를 준수하는 것은 공연기획 진행의 기본이다.

공연법을 비롯한 관련 법령을 위반하면 공연 중지, 과태료, 민형사상 책임이 발생할 수 있다.

기획자는 사전 단계부터 관련 법과 인허가 사항을 확인하고 적시에 조치해야 한다.

공연 신고 및 공연장 등록

대한민국에서는 공연을 개최하려면 **공연장 등록 또는 공연 신고 절차**를 따라야 한다.

등록되지 않은 장소에서 일반인을 대상으로 공연할 경우, **공연 개시 14일 전까지 관할 지자체에 공연신고서를 제출**해야 한다. 신고서에는 공연 명칭, 장소, 일시, 주최자, 개요, 안전계획 등을 포함해야 한다. 공연장이 이미 등록된 시설인 경우 별도 신고 없이 공연장 등록으로 갈음할 수 있다. 기획자는 **대관 장소가 정식 등록 공연장인지 여부를 반드시 확인**해야 하며, 야외 공연은 신고 절차를 반드시 이행해야 한다.

안전관리 및 재해대처계획 수립

1,000명 이상 관람이 예상되는 야외 공연은 안전관리계획과 재해대처계획을 수립하여 신고해야 한다.

이 계획에는 **비상 연락체계, 대피 동선, 안전 요원 배치, 의료 대응 방안**이 포함되어야 한다. 관할 지자체는 보완을 요구하거나 미이행 시 **공연 중지 및 과태료 처분**

을 내릴 수 있다. 기획자는 안전관리 담당자를 지정하고, 경찰·소방 등 유관기관과 협의하여 종합 안전계획을 수립해야 한다.

저작권 및 라이선스 확보

공연에 사용되는 음악, 대본, 영상, 이미지 등 모든 콘텐츠에 대한 저작권 사용 허가를 확보해야 한다.

음악은 KOMCA(한국음악저작권협회) 등 협회에 사용곡을 신고하고 정산해야 한다.

해외 작품은 원저작권자와의 계약을 통해 공연권 및 번역·각색권을 포함해 명확히 확보해야 한다.

영상화나 실황 중계가 포함될 경우, 별도의 동의서도 필요하다.

또한 의상, 무대 디자인 등에 특허나 상표권 침해 소지가 없는지도 사전에 검토해야 한다.

계약 체결 및 보험 가입

출연자, 제작진, 스태프와는 반드시 서면 계약서를 작성하여 업무 범위, 출연료, 리허설 일정 등을 명확히 한다.

공연 배상책임보험, 장비 파손 보험, 이벤트 취소보험 등도 필요에 따라 검토한다.

보험은 예산 안에서 리스크를 줄이는 중요한 수단이므로 적극적으로 활용해야 한다.

행정 협의 및 통합전산망 등록

야외 공연의 경우 경찰서 교통통제, 구청 소음 허가, 소방서의 임시검사 등이 필요하다.

또한 공연예술통합전산망(KOPIS)에 정보 등록이 의무화되었으므로, 예매처와 연계해 공연 정보를 등록해야 한다.

지방자치단체의 지원을 받는 경우, 정산보고를 위한 증빙 자료 수집도 병행해야 한다.

11-2 팀 운영과 커뮤니케이션

공연기획은 다양한 분야의 전문가들이 협업해야 하므로, 체계적인 팀 운영과 원활한 커뮤니케이션이 필수적이다. 기획자는 모든 팀이 하나의 목표 아래 유기적으로 움직이도록 조직을 설계하고 소통 환경을 조성해야 한다.

조직 체계 확립

기획 단계에서 수립한 조직도를 바탕으로 실제 프로덕션 팀을 구성하고 스태프를 섭외한다. 제작총괄(프로듀서) 아래 제작팀, 기술팀, 홍보팀, 티켓운영팀, 행정지원팀 등으로 나누고, 각 팀별 책임자를 지정한다. 연락처 리스트와 조직도를 배포해 각자의 역할과 보고 체계를 명확히 한다. 정기 회의를 통해 팀별 진척 상황을 공유하고, 상호 연계된 업무(예: 캐스팅 일정과 홍보 일정)를 유기적으로 조정해야 한다.

커뮤니케이션 문화 조성

부서 간 정보 단절을 막기 위해 이메일, 메신저, 협업 툴을 통해 정보를 투명하게 공유한다. 중요한 결정이나 변경 사항은 전체 회람 또는 회의록을 통해 신속히 전달한다.

실무자가 제안할 수 있는 분위기를 조성해 현장의 문제와 아이디어가 반영될 수 있는 열린 소통 환경을 만든다. "문제가 생기면 바로 공유한다"는 원칙을 명확히 하여 위기 대응력을 높이는 문화를 정착시킨다.

일정 관리 및 마일스톤 체크

기획자는 전체 프로젝트 일정표를 기준으로 마감일을 관리하고, 주요 업무의 진척을 수시로 점검해야 한다. 예정된 일정이 지연될 경우 즉각 대응하여 후속 일정을 조정한다.

고정 일정(예: 개막일, 티켓 오픈일 등)을 기준으로 역산하여 사전 준비 일정을 확보해야 한다. 공유 캘린더나 프로젝트 관리 도구(Asana, Trello 등)를 활용해 팀원들과 일정과 진행 상황을 실시간 공유하면 효율적이다.

예산 집행 관리

진행 단계에서는 실제 예산 지출이 발생하므로 철저한 관리가 요구된다.

각 팀에 예산 범위를 고지하고, 추가 지출 시 사전 승인 절차를 마련한다.

예산 담당자는 지출 현황을 주기적으로 정리하여 잔액과 예정 지출을 함께 관리해야 한다. 초과 지출이 예상되면 다른 항목에서 절감하거나, 추가 재원 조달 방안을 검토한다.

계약금, 중도금, 잔금 등 지급 일정을 숙지하여 현금 흐름을 조절하고, 협력사에는 정확한 지급을 통해 신뢰를 유지해야 한다.

관계 및 협상 관리

스폰서, 언론, 예매처 등 외부 파트너들과의 협상은 기획자의 대표 역할 중 하나이다.

협상 시에는 사전에 필수 조건과 양보 가능한 조건을 구분하고, 장기 파트너십을 고려한 전략적 접근이 필요하다. 합의된 내용은 문서화하여 분쟁 가능성을 줄이고, 이메일 등으로 확인을 남겨 공식화한다. 신뢰는 중요하지만, 모든 절차는 프로답게 문서로 남겨야 안전하다.

팀 사기와 동기 부여

장기 프로젝트에서는 팀원들의 피로도와 스트레스를 관리하는 것도 기획자의 역할이다.

작은 성취에 대해 축하하거나 티타임, 팀 식사 등을 통해 심리적 리프레시 기회를 제공한다. 격무 부서에는 휴식시간 조정이나 추가 인력 지원 등 현실적인 배려가 필요하다.

공연의 궁극적인 목표와 의미를 자주 상기시켜 사명감과 자부심을 고취하는 것도 중요하다. 팀의 응집력은 위기 상황에서의 대응력과도 직결되므로, 긍정적인 분위기를 유지하는 데 힘써야 한다.

11-3 마케팅 및 티켓 운영

공연이 다가올수록 마케팅과 티켓 운영은 공연 성공의 핵심이다. 관객이 오지 않으면 훌륭한 공연도 의미가 없기에, 홍보 실행과 예매 관리가 필수다.

홍보 캠페인

기획서에 따른 온 · 오프라인 홍보 전략을 실행한다.

온라인: SNS 운영, 티저 영상, 이벤트 게시 등

언론: 보도자료, 기자간담회, 제작발표회 등

오프라인: 포스터, 전단, 옥외광고, 제휴 이벤트

후원사 협업: 카드사 할인, 지역 상권 연계 등

공식 홈페이지·SNS로 기대감 유지, 콘텐츠 마케팅도 병행한다.

티켓 판매 관리

예매 시작 후에는 판매 추이를 실시간 모니터링한다.

부진 회차나 좌석등급은 가격 조정·프로모션·단체관람 유도로 대응

예매자 분석: 취소율, 연령대 등 기반 마케팅 보정

초대권 관리: VIP, 스폰서 등 지정 좌석 배정 및 노쇼 방지

기술 안정성 확보: 서버·결제 오류 대비

공연 안내 문자: 공연 전날 리마인드 발송

관객 소통

지속적 소통은 관객 신뢰 확보에 중요하다.

문의 응대: SNS, 전화 등 신속한 대응

FAQ 제공: 홈페이지 사전 공지

루머 대응: 온라인 반응 모니터링 및 해명

팬 커뮤니티 연계: 예매 지원 및 단체 관람 유도

현장 운영 준비

공연 당일 서비스 완성도를 높이기 위한 사전 준비가 필요하다.

운영 인력 교육: 검표·안내·자원봉사자 매뉴얼화

로비 구성: 굿즈, 포토월, 물품보관소 등

의전 계획: VIP 응대 및 리셉션 준비

위생 안전: 방역 수칙·거리두기 계획 수립

굿즈 준비: 인쇄·검수·가격 설정 완료

관객 경험 향상은 공연 평판과 직결된다.

자주 발생하는 문제와 대응 전략

부서 간 정보 단절

문제: 팀 간 정보 공유 누락으로 혼선 발생

대응: 정례 회의·공지 강화, 협업툴로 실시간 공유

일정 지연

문제: 세트 제작, 섭외 지연 등

대응: 조기 감지 후 인력 보강, 작업 순서 조정

예산 초과

문제: 예상 외 지출 발생

대응: 리포트로 조기 감지, 항목 조정 및 예비비 활용

팀 내 갈등

문제: 과중한 업무·의견 충돌

대응: 기획자가 중재, 비공식 소통 장 마련

외부 변수

문제: 전염병·자연재해·출연자 이슈 등

대응: 상황 분석 후 시나리오별 대응, 입장문 및 실무조치 실행

마케팅, 티켓 운영, 현장 준비, 문제 대응은 공연 성공의 핵심이다. **준비와 실행의 정밀도가 공연 완성도를 좌우**한다.

11-4 공연 직전 체크리스트와 사전 준비

공연 직전은 모든 준비 상태를 최종 점검하는 시간이다. 기획자는 체크리스트를 바탕으로 하나하나 확인하며 누락을 방지해야 한다. 먼저, 드레스 리허설을 통해 발견된 문제들이 모두 보완되었는지 확인하고, 음향·조명을 객석에서 테스트해 최적 상태로 조정한다. 대타 배우가 있다면 교체 투입 리허설도 진행해 돌발 상황에 대비한다. 현장 운영 인력을 대상으로 전체 일정과 개인 임무, 비상 대응 매뉴얼에 대해 브리핑하고, 특히 관객 응대 및 안전 유의 사항을 강조한다. VIP 명단이 있을 경우 미리 공유하고 응대 방식을 안내한다.

공연장 내 시설 전반 객석, 무대, 비상구, 로비 등을 점검하며, 문제 요소가 있으면 즉시 관련 부서에 전달해 조치한다. 장비 백업 시스템도 함께 확인한다. 관객 서비스를 위한 준비도 철저히 해야 한다. 티켓 부스는 예매자 명단과 초대자 명단, 잔돈 등을 마련하고, 프로그램북이나 굿즈의 재고와 판매 시스템도 점검한다. 공연 안내 방송은 사전에 녹음하거나 테스트하며, 이벤트가 있다면 리허설을 통해 진행 순서를 검증한다. 마지막으로 기획자는 공연 당일을 대비해 정신적으로도 준비해야 한다. 자료는 미리 출력해 손에 들고, 당일 흐름을 시뮬레이션해보며 긴장을 완화한다. 팀원들에게는 격려와 안심의 메시지를 전하고, 무리한 야근보다는 충분한 휴식을 보장해 컨디션을 유지하도록 한다. 이처럼 공연 직전 단계는 공연의 완성도를 결정짓는 마지막 관문으로, 철저한 점검과 협업이 무엇보다 중요하다.

11-5 공연기획 실무

공연기획 실무는 공연 직전부터 종료까지 기획자가 현장에서 수행하는 구체적인 업무와 노하우를 말한다. 3장의 기획 진행이 거시적 관점이라면, 본 장은 실제 운영 중심의 실무에 초점을 맞춘다. 공연 당일 운영, 현장 대응, 공연 후 정리까지 기획자는 전 과정을 꼼꼼히 챙겨야 하며, 일본과 프랑스 사례를 참고해 국제 비교도 가능하다.

공연 직전 체크리스트와 사전 준비

공연 직전은 모든 준비 상황을 최종 점검하는 시기로, 기획자는 체크리스트를 통해 빠짐없이 확인한다.

리허설 최종 점검: 드레스 리허설에서 발견된 문제들이 모두 수정되었는지 확인하고, 공연 시간과 이해도 등을 연출팀과 협의한다. 객석에서 음향과 조명을 테스트하고, 필요한 경우 언더스터디 리허설도 실시한다.

현장 스태프 브리핑: 안내, 검표, 경비 등 모든 인력을 대상으로 당일 일정과 역할, 안전 대응 요령 등을 교육한다. VIP 응대법과 비상 연락 체계도 함께 전달한다.

공연장 시설 점검: 객석, 무대, 로비를 비롯해 비상구, 장비 상태 등을 확인하고, 발견된 문제는 해당 부서에 즉시 조치하게 한다.

관객 서비스 준비: 티켓 부스 명부, 초대자 리스트, 안내방송, 굿즈 및 이벤트 물품 등을 미리 점검하고 배치한다. 관객 응대의 완성도는 공연의 첫인상을 좌우한다.

심리적 대비: 기획자와 스태프 모두 긴장을 관리하고, 공연 흐름을 시뮬레이션하며 준비한다. 돌발 상황에 대비해 침착하게 대처할 마음가짐을 공유하고, 공연 전날엔 충분한 휴식을 취한다. 이러한 점검과 준비는 공연이 무대 위에서 완성되기 위한 마지막 관문이자 핵심 절차다.

11-6 공연 운영 (공연 중 실무)

공연 당일과 공연 기간 동안 기획자는 현장을 실시간으로 관리한다.

공연 전 현장 관리: 공연 시작 수시간 전부터 현장에 상주하여 각 부서의 준비 상황을 확인한다. 티켓 부스 운영, 출연자 콜 시간 점검, 관객 입장 준비까지 세부적으로 살핀다. 무대 감독, 하우스 매니저와 무전기를 통해 실시간으로 교신하며 공연 시작 전까지 전체 흐름을 조율한다.

공연 진행 모니터링: 공연이 시작되면 객석 뒤에서 전반 상황과 관객 반응을 모니터링하고, 문제가 생기면 즉시 백스테이지나 하우스팀과 협의해 조치한다. SNS 홍보팀과 연락을 유지하며 현장 홍보도 함께 관리한다.

휴식 시간 및 2막 준비: 인터미션 시간 동안 화장실, 매점, VIP 응대 등 관객 편의를 체크하고, 무대 뒤에서는 2막 준비 상황을 확인한다. 1막에서 발견된 이슈를 즉시 보완하고, 필요시 연출 방향 조정을 논의한다.

공연 종료 직후 대응: 관객 퇴장 안내 후 반응을 살피고, 출연자와 스태프의 상태를 점검한다. 분실물 확인과 안내, 주요 인사 응대 등을 신속히 처리한다.

관계자 대응: 관계자들에게 감사 인사를 전하고, 스폰서나 귀빈에게는 티타임이나 백스테이지 투어로 만족도를 높인다. 언론 응대도 철저히 대응한다.

당일 리포트 작성: 공연 다음 날까지 관객 수, 매출, 특이사항, 관객 반응 등을 정리한 데일리 리포트를 작성해 공유한다. 이는 향후 기획 자료로 활용된다.

공연 중 실무는 기획자의 현장 감각과 순발력이 중요한 시간이며, 전체 분위기를 조율하고 문제를 미연에 방지하는 데 집중한다.

공연종료 후 정리 및 평가

공연이 종료되면 기획 업무도 마무리 단계에 들어간다. 철저한 정리와 평가는 다음 기획을 위한 밑거름이 된다.

철거 및 정산: 공연이 끝나면 무대와 장비를 철수하고 대관 시설을 원상 복구한다. 장비 및 의상을 정리·반환하고, 예매처와 매출 정산 및 지출 결산을 마무리한다. 인건비와 협력업체 대금을 정산하고, 지원금 정산보고서도 작성한다.

성과 평가 회의: 제작, 홍보, 기술팀이 모여 공연의 성과와 한계를 논의한다. 목표 달성 여부, 개선점 등을 공유하고 회의 내용을 기록해 차기 기획 자료로 활용한다.

관객 피드백 수렴: 온라인 설문조사나 SNS 후기를 통해 관객 반응을 수집·분석한다. 재관람 의향, 티켓 가격, 작품 이해도 등 주요 지표를 다음 기획에 반영한다.

결과 보고: 관객 수, 수익, 언론 노출 등 성과 지표를 포함한 공식 보고서를 작성해 후원기관과 경영진에 제출한다. 정성적 성과와 시각자료를 함께 포함해 신뢰를 높인다.

자료 아카이브: 공연 관련 영상, 사진, 문서, 예산서, 회의록 등을 체계적으로 정리해 보관한다. 법정 보존 문서는 별도 관리한다.

팀 해단 및 후기 공유: 해단식이나 회식을 통해 팀원들을 격려하고, 후기와 소감을 나누며 긍정적인 마무리를 짓는다. 공연 후 정리가 잘 이루어져야 공연기획의 사이클이 완성되며, 다음 기획의 기반이 탄탄해진다.

Chapter 6 공연무대 종류

1 ▶▶ 프로시니엄 무대(proscenium)

특징 역사적 기원

특징: 프로시니엄이라는 말은 원래 '천막 앞에서'라는 의미를 지니고 있는데, 객석과 무대를 갈라놓는 뚫린 벽이라는 뜻으로 쓰인다. 말하자면 하나의 '사진틀'이라고 할 수 있는데, 관객은 이 사진틀 너머로 무대에서 벌어지는 행위들을 관람하게 되는 것 이다. 즉, 관객이 앞면에서만 공연을 볼 수 있도록 설계된 무대이다. 객석의 의자는 영화관과 같이 모두 같은 방향을 향해서 배치되어 있고 뒤는 높고 무대 쪽으로 가면서 경사지어 내려가게 되어 있다. 무대는 관객의 시야를 고려하여 객석 바닥에서 몇 자 높게 설치되어 있다. 무대의 중간쯤에 발코니가 허리띠처럼 둘러져 있고 3층이 있는 극장이라면 그 위에 좀 더 작은 발코니가 하나 더 있다. 무대 뒤에는 복잡한 장치를 쉽게 교체할 수 있도록 뒷부분에 깊숙한 공간이 있고, 천장에는 무대 장치를 미리 올려다 놓을 수 있는 다락같은 공간이 있다. 이런 무대를 제 4의 벽이라고 한다. 3면이 가려지고 한 면이 투명유리로 된 방을 들여다 보는 셈이기 때문이다.

역사: 프로시니엄의 개발은 무대 기술의 발전으로부터 이루어졌다. 르네상스 시대의 무대 장식가들은 경사진 무대 위에 놓인 커다란 화폭 위에 원근법을 살린 무대 배경을 그렸고 이것은 보는 사람으로 하여금 일종의 착시나 환각을 불러일으켰다. 1618년 파르마에 지어진 '파네스 극장'이 그 중 하나였다. 17세기 말경부터 프로시니엄 무대는 모든 유럽 국가에 등장하게 되었고, 18세기에는 런던의 Drury Lane, Covent Garden, 이탈리아의 Royal, 파리의 Hotel de Bourgogne, 러시아의 Bolshoi 등의 극장이, 19세기 후반에는 스페인 마드리드에 Teatro Espanol, 런던에 Haymarket, 이탈리아 밀란 에 Teatro alla Scalla 등의 극장이 생겨났다. 오늘날의 프로시니엄 극장은 무대장치와 기계장치 그리고 조명 장비를 잘 갖춘 사진틀형의 무대로, 객석은 가능하면 발코니를 갖춘 500-600석의 규모이며 휴게실과 작업실 그리고 창고 등의 부속실도 구비되어 있다. 이러한 복합적인 구조 속에서 극작가와 연출가, 배우 그리고, 무대 미술가와 협동 작업을 통해 가상의 세계를 만들어 낸다.

구성 요소

프로시니엄 아치(Proscenium Arch): 무대 개구부를 둘러싸는 아치 형태의 장식 틀로, 관객의 시선을 집중시키고 무대 위 장치·배경을 효과적으로 감추는 역할을 한다.

어프론(Apron): 프로시니엄 아치 앞쪽으로 돌출된 무대 전면부로, 배우와 관객 간의 시각적 거리를 줄여주는 공간이다.

윙스(Wings): 무대 양옆 비가시 영역으로, 배우와 소품이 대기하거나 장비를 설치하는 공간이다. 이곳에 조명·음향·무대장치 등이 배치된다.

플라이 타워(Fly Tower) 및 플라이 스페이스(Flyspace): 무대 위 상단의 높이 공간으로, 커튼·배경막·조명장치를 상하로 이동시켜 신속한 장면 전환이 가능하다.

장점 및 단점

장점

집중된 시청 경험: 아치가 액자처럼 연출을 한정해, 시선 분산을 최소화한다.

정교한 무대미술 활용: 무대 뒤·옆 공간을 활용해 대규모 장치나 빠른 세트 전환이 가능하다.

우수한 음향 전파: 아치 구조가 음향을 객석으로 자연스럽게 전달한다.

단점

관객과의 거리: 무대가 객석 뒤편으로 숨겨져 감정적 교류가 제한되며, 몰입감이 다소 떨어질 수 있다.

제한된 관객 동선: 한 면에서만 관람하므로 측면이나 후면 좌석의 시야가 좁아질 수 있다.

고비용 제작: 복잡한 무대장치 및 무대 기계 설비로 인해 제작·운영 비용이 상승한다.

변형 및 응용

스로스트 스테이지(Thrust Stage): 프로시니엄 아치를 유지하면서 무대 일부가 객석 사이로 돌출된 형태로, 관객 밀착도를 높인다.

리버스 프로시니엄(Reverse Proscenium): 뒤쪽에서 무대를 바라보게 배치해, 프로시니엄 아치를 무대 후면에 두는 형태로 실험적 연출에 활용된다.

모바일·템포러리 프로시니엄: 야외 페스티벌이나 팝업 공연에서 임시 무대로 설치·철거가 용이하도록 경량 구조물로 제작되기도 한다.

이와 같이 프로시니엄 무대는 '그림을 보는 듯한 연출'이 가능하도록 무대를 액자처럼 규정하고, 다양한 기술적·예술적 장치를 숨길 수 있는 실용적·미학적 기능을 모두 갖춘 현대 극장의 핵심 무대 형식이다.

[사진: 프로시니엄무대]

2 ▶▶ 돌출 무대(Thrust Stage)

특징 및 역사적 기원:

특징: 돌출 무대는 프로시니엄과 비슷하지만, 한 가지가 다르다. '돌출 극장'이라는 뜻에서 힌트를 얻을 수 있듯이 프로시니엄 형의 무대가 객석으로 툭 튀어나와 있는 무대이다. 관객들이 무대의 3면을 둘러싸고 앉아서 보게 된다. 프로시니엄 무대와 원형무대의 특징을 결합한 것으로 둘의 장점(관객에게 친밀감을 준다, 단일 배경에 무대를 설치한다)은 점을 모두 가지고 있다고 할 수 있다.

역사: 돌출 무대는 고대 그리스 및 로마에서 주로 사용되었으며, 중세의 셰익스피어 시대에도 널리 사용되었다. 오케스트라라고 하는 제사 장소로 쓰던 둥근 공간을 경사가 완만한 언덕 아래에 마련해 놓고 경사진 곳에는 관객이 앉는다. 이 반대쪽으로는 스케네라는 배경 건물을 지었는데 여기에는 문이 몇 개 달려 있어 이 문을 통해 배우들이 퇴장을 하며 안에서 의상을 갈아입기도 한다. 기원전 5세기쯤에는 스케네가 매년 축제 때 새로 짓는 가건물이었으나 그 후 2~3세기 동안 스케네는 플랫폼 무대를 앞에 둔 2~3층짜리 견고한 석조 건물로 대체되며 객석에도 목재 벤치 대신 석재의자가 마련되었다. 가장 큰 극장은 15000명 이산의 관객을 수용할 수 있었

다. 로마인들은 이 형태를 그대로 물려받아 완전한 건물 구조로 만들었다. 배경 건물과 객석을 연결시키고 오케스트라를 반원형으로 축소시킨 정식 선조 건물을 건축하여 아치와 석상 등으로 장식된 배경 건물 앞에는 긴 플랫폼 무대를 만들었다. 이런 형태의 무대는 8세기까지 사용되다 그 후 수백 년간 무대 공연은 중단되어 버렸다. 주요 돌출 무대는 제2차 세계대전 이후 미국과 캐나다에 세워진 것들이며 대표적인 것으로는 미니애폴리스의 거스리 극장과 스트랫 포드에 있는 셰익스피어 페스티발 극장 등이 있다.

구성 요소

돌출 플랫폼(Thrust Platform): 무대 전면부를 객석 사이로 연장한 부분.

백스테이지(Backstage):무대 뒤편에 위치한 배우 대기 및 장치 준비 공간.

보미토리(Vomitory Entrances): 객석 사이 또는 아래쪽에서 무대로 진입하는 입구.

장점 및 단점

장점

관객과의 긴밀한 교감 및 몰입감 증대.

여전히 백스테이지를 활용해 빠른 세트 전환 가능.

단점

측면 좌석의 시야 방해(sightline issues)이 발생할 수 있다.

무대 뒤 공간이 제한되어 장치·소품 운용이 어려울 수 있다.

변형 및 응용

모바일 스로스트(Mobile Thrust): 축제나 야외무대에서 가변 구조로 설치·철거가 가능한 형태.

하이브리드 스테이지: 프로시니엄 무대와 결합해 일부만 돌출시키는 방식.

[사진: 돌출무대]

3 ▶▶ 원형 무대(Arena Stage, Theatre-in-the-Round)

특징 및 역사적 기원:

특징: 관객이 무대를 사방에서 둘러싸고 있는 형태의 무대이다. 이 무대 형식은 배우와 관객간에 거리를 최소하하여, 관객들이 배우들의 표정과 몸짓을 더욱 명확하게 관찰할 수 있고 다양한 시야각을 제공함으로써 관객들이 서로의 반응을 쉽게 공유하며 공연에 더욱 집중할수있게 한다는 장점이 있다.

역사: 원형 무대의 기원으로는 고대 사회의 종교의식으로 시작되었고 중요한 의식이나 행사를 위한 장소를 원형의 구조가 많이 사용되었다라고 알려져있다. 또한, 흔히 알 수 있는 대표적인 원형 무대로는 고대 로마의 콜로세움을 예로 들수있다. 그렇게 발전을 거쳐 원형 무대는 배우와관객의 경계를 허물고, 관객이 공연의 일부가 되는 경험을 제공한다.

구성 요소

중앙 무대(Central Playing Area): 객석 중심에 위치하는 퍼포먼스 공간.

관객석(Arena Seating): 무대를 둘러싼 360° 관람석.

진입로(Vomitoria or Aisles): 관객이 무대를 사방에서 드나드는 통로.

주요 특징

관객과 무대의 거리가 매우 가깝고, 다양한 시야각을 제공한다.

"네 번째 벽"이 제거되어 배우와 관객 간 교감이 강화된다.

콘서트홀·스포츠 경기장 등 대규모 이벤트에도 적합.

장점 및 단점

장점

몰입도와 참여감이 극대화된다.

단점

대규모 세트나 배경막 사용이 제한되어 세트 디자인 옵션이 축소된다.

배우가 항상 모든 관객을 향해야 하므로 블로킹(blocking)이 복잡해진다.

변형 및 응용

리볼빙 스테이지(Revolving Arena): 중앙 무대가 회전하여 다양한 장면 전환을 가능하게 함.

페스티벌 스테이지(Festival Arena): 음악 축제용 대형 원형 무대.

[사진: 원형무대]

4 ▶▶ 블랙박스 극장(Black Box Theatre)

특징 및 역사적 기원

특징: 무대와 객석의 배치가 자유롭게 변경될 수 있는, 단순하고 유연한 극장 공간이다. 블랙박스 극장은 주로 검은 벽과 천장을 가지고 있으며, 최소한의 장식으로 구성되어있어 연출가와 디자이너가 창의적으로 공간을 활용할 수 있다.

역사: 블랙박스 극장의 개념은 20세기 초반, 특히 1920년대와 1930년대의 유럽 실험 연극 운동에서 영향을 받았다라고 알려져 있다. 이 시기에 전통적인 프로시니엄 무대의 한계를 넘어, 더욱 창의적은 공연 공간을 탐구하기 위해 시작했다고 알려져 있다.

구성 요소

검은 벽과 천장: 빛을 흡수해 시각적 배경으로 활용.

평면 바닥(Flat Floor): 객석과 무대 구분 없이 동일 레벨로 사용.

가변 좌석(Flexible Seating): 연출에 따라 자유롭게 재배치 가능.

주요 특징

무대·객석 배치가 매 공연마다 달라져 실험적·참여형 연출에 최적화된다.

최소한의 장식으로 순수 연기와 관객 경험에 집중할 수 있다.

장점 및 단점

장점

창의적·실험적 연출이 가능하며, 비용 부담이 낮다.

관객과의 물리적 거리가 좁아져 몰입도가 높다.

단점

고정 무대 설비(플라이 타워·윙스 등)가 없어 복잡한 장치 운용이 어렵다.

조명·음향 장비 설치가 매번 재구성되어야 하며, 시야 확보가 까다롭다.

변형 및 응용

교육·워크숍 공간: 대학·극단 리허설실로 활용.

프린지·페스티벌 무대: 규모가 작은 실험 작품

[사진: 블랙박스 극장]

5 ▶▶ 오픈 스테이지(Open Stage / Variable Stage)

특징 및 역사적 기원

특징: 객석을 연출자의 의도에 따라 다양한 형태로 변형할 수 있게 되어 가변형 무대라고도 한다. 다양하게 변형할 수 있는 만큼 프로시니엄과 같이 경계선을 크게 두고 있지 않아 열린 무대라고도 한다. 이러한 특징으로 예술가의 상상력대로 다양한 무대 구성을 할 수 있는 것이 특징이며, 매우 창의적인 무대를 할 수 있는 것이 특징이다.

역사: 이 오픈 스테이지의 기원은 고대와 중세의 집화나 시장에서 주로 볼 수 있다. 10세기부터 시작하여 중세 유럽에서 주로 마을의 광장이나 성당 앞마당에서 사람들에게 성경 이야기를 대중에게 전달하는 중요한 수단이었고, 주요 특징으로는 패전트마차, 즉 이동하며 공연할 수 있는 퍼레이드 마차에서 주로 공연이 되었다.

구성 요소

단일 오픈 플로어(Open Floor): 경계 없는 평면 공간.

가변 좌석 및 장치(Flexible Seating & Equipment): 이동식 의자·무대 장치로 다양한 레이아웃 구성.

무경계 설정(No Fixed Boundaries): 배우와 관객이 동일 공간에 공존.

주요 특징

연출자가 원하는 대로 무대·객석 구조를 재배치해 극장 형태를 완전히 재정의한다.

관객이 무대 주변을 자유롭게 이동하며 공연에 참여할 수 있다.

장점 및 단점

장점

창의적·몰입형 연출로 관객 참여를 극대화한다.

단점

경계가 없어 집중 관리가 어렵고, 시야 차단이나 관객 이동 통제가 과제로 남는다.

기술 장치(조명·음향) 설치와 안전 관리가 복잡해진다.

변형 및 응용

프롬나드·프로메나드(Promenade Theatre): 관객이 공연 사이를 돌아다니며 관람.

사이트 스페시픽(Site-Specific Theatre): 공장·교회·광장 등 비전통 공간에서 공연.

[사진: 오픈스테이이지]

6 ▶▶ 야외무대(Outdoor Stage / Amphitheatre)

특징 및 역사적 기원

특징: 야외무대는 어떻게 보면 모든 무대의 근간이 되는 무대로써 실내가 아닌 야외에서 공연이 이루어지는 무대로, 자연환경을 배경으로 공연이 펼쳐지는 것이 특징이다. 현대에 들어서는 어떤 이벤트 행사를 진행하느냐에 따라 작은 무대부터 큰 무대까지 공연 제작자의 의도에 따라 다양한 무대 형식들이 많이 있다.

역사: 그 기원은 고대 사회의 종교적 의식과 축제에서부터 시작되었다고 알려져 있다.

구성 요소

앰피시어터(Amphitheatre): 자연 지형을 활용한 경사형 객석 및 중앙 무대.

모바일 무대 프레임(Stage Truss/Rigging): 현장 설치 가능한 라이트·사운드 스탠드.

자연 배경(Natural Scenery): 산·호수·도심 스카이라인 등 환경 요소가 무대 미학을 형성.

주요 특징

자연환경을 배경으로 한 시각적·감각적 경험이 가능하다.

대규모 관객 수용 및 다양한 행사를 동시에 진행할 수 있다.

장점 및 단점

장점:

자연과 공연이 융합되어 색다른 몰입감을 제공한다.

장소 특유의 분위기를 활용한 창의적 연출이 가능하다.

단점

날씨·계절 변화에 취약해 우천·강풍·폭염 등으로 공연이 영향을 받을 수 있다.

음향·조명 등 기술 장비 운용 난이도가 높아진다

변형 및 응용

드라이브인 씨어터(Drive-In Theatre): 자동차 극장 형태의 야외 영화 상영.

팝업 무대(Pop-Up Stage): 도시광장·공원 등에서 단기간 설치되는 임시 공연장.

[사진: 야외무대]

Case Study

- 인스파이어 아레나 -

인스파이어 아레나는 인천 송도에 위치한 국내 최초·최대 규모의 1만5천석급 다목적 공연장으로, 팝·K-pop 공연부터 스포츠 경기, e스포츠, 컨벤션·전시회까지 다양한 행사를 소화할 수 있도록 설계되었다. 모히건 선 아레나의 기술을 적용해 최첨단 음향·조명·영상 시스템과 180개 리깅 포인트(천장 하중 총 100톤)를 갖췄으며, 가변석 운영으로 소규모(3천석)부터 360도·T자형 대형(최대 1만5천석) 무대까지 유연하게 대응한다. 조직은 CEO 아래 공연 기획·시설 운영·안전 관리·홍보·기술(음향·조명·영상)·티켓 판매·고객 서비스팀 등으로 구성되며, 모히건 그룹의 복합 리조트 운영 노하우를 바탕으로 운영되고있다. 2024년 말까지 예매는 이미 만석이며, 멜론뮤직어워드·K-팝 콘서트·국제 탁구·발로란트 챔피언스 등 굵직한 행사가 줄지어 예정되어 있습니다. 연간 수익 목표는 약 500억 원이며, 주요 수익원은 티켓 판매·F&B·대관료·주차 수익 등이다. 활성화 방안으로는 공항역·송도 간 교통편 확대를 통한 접근성 개선, 글로벌 K-팝·e스포츠 정기 개최로 해외 팬 유치, 리조트 숙박·카지노·식음료를 묶은 패키지 개발로 방문객 소비·체류 시간 증대를 제안할 수 있다.

[사진: 인스파이어 아레나]

Chapter 7 공연예술 기획과 기업 메세나

1 ▶▶ 공연예술 마케팅의 이해

1-1 마케팅이란 무엇인가?

마케팅은 고객의 욕구를 이해하고 그에 맞는 가치를 창출하여 교환을 이루는 모든 활동을 말한다. 흔히 광고나 판매 촉진만을 떠올리기 쉽지만, 마케팅의 범위는 훨씬 넓다. 제품이나 서비스를 기획하는 초기 단계부터 고객에게 전달하고 관계를 유지하는 전 과정이 마케팅에 포함된다. 한 정의에 따르면 마케팅은 생산자와 소비자 사이에 상품이나 서비스를 원활히 이전하기 위한 일련의 비즈니스 활동이며, 시장조사, 상품 기획, 판매촉진, 광고, 디지털 마케팅 등의 다양한 활동을 포괄한다.

이러한 관점에서 **마케팅은 기업의 전사적(全社的) 활동**으로, 단순히 물건을 만들어 파는 것과 차원이 다르다. 마케팅 개념은 애초부터 "먼저 시장과 고객을 충분히 조사·이해하여 제품이나 서비스가 스스로 팔리도록 만드는 것"으로 정의되었으며, 이는 기업의 모든 부서가 고객 지향적으로 움직이는 통합적 활동을 요구한다.

마케팅의 역사를 보면, 초기에는 생산한 물건을 효율적으로 유통하고 판매하는 데 초점이 맞춰져 있었으나, 경쟁이 심화되고 소비자 선택권이 늘어나면서 고객 지향적 마케팅 철학이 대두되었다. 현대적 마케팅은 **고객에게 만족을 주고 장기적 관계를 구축**하는 것을 중시하며, 필요에 따라 **디지털 기술과 데이터 분석**까지 활용하는 등 지속적으로 진화하고 있다. 예컨대 오늘날 기업들은 소셜 미디어, 온라인 플랫폼을 통해 고객과 쌍방향 소통을 하거나, 고객 경험을 디자인하는 체험 마케팅에 힘쓰는 등 과거와는 다른 방식으로 마케팅을 전개한다. 요컨대 고객이 원하는 바를 정확히 파악해 스스로 찾아오게 만드는 것 이 현대 마케팅의 핵심이라 할 수 있다.

한편, **공연예술 분야**에서도 마케팅의 중요성이 점차 커져왔다. 과거에는 예술성이 강조된 작은 규모의 공연에서는 마케팅의 영향이 크지 않다고 여겨지기도 했지만, 공연산업이 성장하고 경쟁이 치열해지면서 **관객 개발과 수익 창출을 위한 마케팅 기법의 도입이 필수가 되었다.** 실제로 **관객 수 증가, 공공 공연장의 민영화, 예술경영 개념 확립, 관객층 확충** 등의 시대적 필요에 따라 공연예술계에 본격적으로 마케팅이 활발히 도입되었으며, 오늘날에는 마케팅이 공연의 성공을 좌우할 정도로 그 역할이 커졌다. 이제 공연예술도 일반 소비재와 마찬가지로 체계적인 마케팅 전략 없이는 성공을 기대하기 어려운 시대가 되었다.

1-2 마케팅의 핵심 논리

기업이 효과적인 마케팅을 전개하기 위해 따르는 핵심 논리로 흔히 STP 전략과 마케팅 믹스(4P/7P)를 들 수 있다. STP는 Segmentation(시장 세분화), Targeting(표적시장 선정), Positioning(포지셔닝)의 약자로, 전체 시장을 다양한 기준으로 쪼개고(Segmentation), 그 중 자사가 집중할 목표시장을 선정한 뒤(Targeting), 선택된 시장에서 자사 제품이 취할 위치와 차별화를 결정하는 과정(Positioning)을 뜻한다.

예를 들어 공연예술의 경우 전체 관객을 연령대, 취향, 문화적 성향 등에 따라 세분화한 뒤, 특정 세분시장(예: 20대 뮤지컬 마니아층 또는 가족 단위 관객 등)을 표적

층으로 정하고, 해당 관객층이 선호할 작품 콘텐츠와 이미지를 구축하는 것이다. STP 전략을 통해 "누구에게, 어떤 가치를 전달할 것인가"가 명확해지면, 이후 구체적인 마케팅 전술을 설계하기 쉬워진다 다음으로 마케팅 믹스(Marketing Mix)는 선택한 타깃 시장에서 마케팅 목표를 달성하기 위해 조합하는 **마케팅 도구들의 구성**을 말한다. 고전적인 마케팅 믹스 요소로는 4P가 있다: **제품(Product), 가격(Price), 장소/유통(Place), 촉진(Promotion).** 공연예술에 이를 적용하면, 제품은 공연 작품 그 자체와 출연진, 연출, 무대 등 **공연이 제공하는 총체적 경험**을 의미하고, 가격은 티켓 요금 및 각종 할인정책을, 장소(유통)는 티켓이 판매되고 공연이 제공되는 채널과 공간(극장, 예매처 등)을 뜻하며, 촉진은 광고, 홍보(PR), 프로모션 이벤트, SNS 마케팅 등 **관객에게 공연을 알리고 흥미를 유발하는 활동**을 가리킨다. 현대 마케팅 이론에서는 서비스 산업의 중요성이 커짐에 따라 사람(People), 과정(Process), 물적 환경(Physical evidence)까지 포함한 **확장된 7P**를 활용하기도 한다. 공연과 같은 서비스재의 경우, **People**은 공연을 만들고 관객과 직접 접점에서 만나는 배우, 스태프, 안내 인력 등의 요소이고, **Process**는 티켓 예매부터 입장, 관람 후 후기 공유에 이르기까지 관객이 겪는 **서비스 제공 과정** 전체를 뜻한다. **Physical Evidence**는 극장의 환경, 좌석의 안락함, 프로그램 책자나 기념품처럼 **무형의 공연경험을 보조하는 물리적 요소**를 의미한다.

마케팅 믹스 전략은 이러한 요소들을 **일관되고 조화롭게 설계**하는 것이 중요하다. 다시 말해, 고객에게 전달하고자 하는 가치(공연의 매력)를 만들고, **고객이 지불할 가격**과 전달 경로(유통채널)를 적절히 정하며, 효과적으로 알리는 활동(촉진)을 한 방향으로 맞추는 것이다. 예컨대 가족 뮤지컬이라면(제품), 어린이 동반 가족이 부담 없도록 가격대를 설정하고 할인 패키지를 만들며(가격), 어린이체험전 등과 연계한 공연장 이벤트를 제공하고(장소/환경), 키즈 커뮤니티나 맘카페, 유튜브 동화를 통해 홍보(촉진)하는 식의 **통합적 전략**을 구상할 수 있다. 마지막으로, **가치제안(Value Proposition)** 개념도 마케팅 핵심 논리에서 빼놓을 수 없다. 가치제안이란 고객에게 왜 우리 제품(또는 공연)이 경쟁 대비 뛰어난 선택인지를 명확히 제시하는 것을 의미한다. 쉽게 말해, 고객이 돈을 지불하고 얻게 될 유·무형의 혜택이 무엇이며, 그것이 타 경쟁 상품보다 어떻게 더 나은지를 한 문장으로 요약한 약속이다. "고객이 경쟁 제품·서비스가 아닌 우리 것을 선택해야 할 명확한 이유"가 곧 가치제안이며, 이 약속이 설득력 있으려면 해당 공연이 제공하는 즐거움이나 감동, 특별한 경험이 고객의 기대를 만족시키고 동시에 차별화되어야 한다. 예를 들어 어느 뮤지컬이 "원작 소설의 감동을 눈앞에서 라이브로 체험하게 해준다"는 가치제안을 내세웠다면, 이는 그 공연만의 독특한 강점을 부각하여 관객에게 관람해야 할 이유를 만들어 주는 것이다. 공연예술 마케팅에서는 각 작품마다 이러한 가치제안을 분명히 하고 일관되게 전달함으로써, 관객의 마음을 사로잡고 선택을 이끌어내도록 노력한다.

1-3 소비자 이해: 니즈와 행동

마케팅에서 소비자(고객)는 모든 전략의 출발점이자 핵심이다. 공연예술 마케팅도 결국 관객을 이해하는 데서부터 시작되며, 관객이 누구이고 무엇을 원하는지 파악하는 것이 중요하다. 소비자 행동 연구에 따르면 사람들은 자신의 니즈(Needs)와 원츠(Wants)를 충족하기 위해 다양한 선택을 한다.

니즈는 물리적·심리적 필요를 의미하고, 원츠는 그것을 구체적으로 원하는 형태를 말한다. 예를 들어 "문화적 즐거움"이란 필요(니즈)를 가진 사람이 이를 충족하기 위해 "주말에 가족과 뮤지컬 관람"을 선택하는 것은 원츠의 형태다. 공연 마케터는 이러한 관객의 니즈와 원츠를 파악하여 적절한 작품과 마케팅 메시지로 연결시켜줄 필요가 있다.

공연 소비자의 관람 동기는 여러 가지로 나타난다. 한 연구에서는 예술 행사에 사람들이 참여하는 주요 동기로 친구·가족과의 어울림, 새로운 것에 대한 배움, 수준 높은 예술 체험, 지역사회 지원 등을 꼽았다. 실제로 공연 관객들은 오락 및 감동을 얻기위해서뿐만 아니라, 사회적 교류(함께 관람하며 추억 만들기), 문화적 교양 향유, 특정 아티스트에 대한 팬심, 일상 탈출과 휴식 등 다양한 이유로 공연장을 찾는다.

특히 뮤지컬이나 콘서트 분야에서는 좋아하는 배우나 가수에 대한 팬덤이 중요한 관람 동기가 된다. 이처럼 관객층마다 추구하는 가치가 다르기 때문에, 마케터는 목표 관객의 특성을 이해하고 거기에 맞춘 접근을 해야 한다. 공연예술 소비자의 특성 중 하나로 높아진 기대 수준을 들 수 있다. 관객들은 공연 자체의 예술적 완성도는 물론, 예매 편의, 공연장의 서비스 품질까지 높은 눈높이를 갖게 되었다. 실제로 오늘날 문화예술 소비자들의 눈높이는 날로 높아지고 있으며, 이에 부응하지 못하면 금세 불만이 표출된다.

2011년 대형 뮤지컬 <미션>의 사례를 보면, 공연 시작이 예정보다 30분 지연되고, 현장 오케스트라 대신 녹음반주(MR)로 공연이 진행되어 관객들이 큰 충격을 받았다. 최고 20만원에 달하는 높은 티켓 가격에도 불구하고 무성의한 품질을 보이자 예매 사이트 등에 항의가 폭주했고, 급기야 제작사는 초반 8회 관람객 전원에게 티켓 리콜(환불)을 해주는 초유의 사태까지 벌어졌다. 이처럼 마케팅으로 관객의 기대감을 높여놓고 정작 공연이 기대에 미치지 못하면 오히려 역효과를 낳게 된다. 현대의 공연 관객들은 좋지 않은 경험에 대해서는 적극적으로 목소리를 내고 이탈하기 때문에, 공연 기획 단계부터 품질 관리와 기대 조율이 매우 중요하다.

또 다른 소비자 측면으로, 관객 구성의 변화를 들 수 있다. 국내 공연 티켓 구매자 데이터를 살펴보면 여성 관객의 비중이 특히 높고, 이른바 MZ세대(밀레니얼+Z세대) 여성들이 공연 소비를 주도하는 경향이 뚜렷하다.

한 분석에 따르면 전체 공연 티켓 구매자의 74%가 여성으로 남성을 크게 앞지르며, 심지어 스포츠 분야 티켓에서도 여성 비중이 과반을 넘는다. 젊은 여성층을 중심으로 능동적인 여가 소비 트렌드가 확산된 결과로 해석되며, 뮤지컬이나 아이돌 콘서트 등 팬덤 문화가 강한 공연일수록 이러한 현상이 두드러진다. 특히 공연예술 시장에서는 '마니아 관객'의 존재가 중요해지고 있다. 이들은 단순히 가끔 공연을 보는 수동적 관람자가 아니라, 공연을 삶의 일부로 받아들이며 지속적으로 여러 차례 관람하고 적극적으로 커뮤니티 활동까지 하는 열성 팬 층이다.

과거에는 일부 클래식 애호가나 연극 애호가 등으로 한정되었지만, 최근 뮤지컬 분야를 중심으로 마니아 관객층이 크게 늘었다. 이들은 같은 공연을 반복 관람하며(일명 '회전문 관객'이라 불림) 작품과 배우에 대한 견고한 팬덤을 형성한다.

마니아 관객은 입소문을 전파하고 재관람으로 매출을 견인하며, 경우에 따라서는 공연 제작에 의견을 내거나 펀딩에 참여하기도 하는 등 시장에 끼치는 영향력이 크다. 공연 마케터 입장에서는 이러한 충성도 높은 팬층을 확보하는 것이 이상적이지만, 동시에 지속적인 새로움과 만족을 제공하지 못하면 빠르게 관심을 다른 곳으로 돌릴 수 있다는 점도 유념해야 한다.

정리하면, 공연 소비자에 대한 이해는 공연예술 마케팅의 기반이다. 관객의 인구통계적 프로필(연령, 성별 등), 문화적 배경, 취향 트렌드, 관람 동기와 장벽(예산, 거리, 정보 부족 등) 등을 종합적으로 고려해야 한다. 이를 위해 공연 기획단계에서 설문조사나 빅데이터 분석을 통해 관객 요구를 사전 파악(니즈 분석)하기도 하고, 공연 후 관람평과 피드백을 수렴하여 다음 기획에 반영하기도 한다. 궁극적으로 관객을 잘 이해하고 만족시킬 때, 관객은 공연에 만족하여 재관람하거나 주변에 추천하고, 이는 다시 공연의 성공과 예술계 활성화로 이어지는 선순환을 만들게 된다.

1-4 공연예술 마케팅의 구조와 전략

이제 앞서 살펴본 개념들을 바탕으로, 공연예술 마케팅을 실제로 어떻게 실행하는지 구조와 전략을 살펴보자. 공연예술 마케팅은 하나의 작품이 기획 단계에서부터 관객에게 도달하여 가치를 전달하고, 나아가 장기적인 관객 관계를 형성하기까지의 전 과정을 포괄한다. 특히 공연예술의 독특한 특성을 감안한 전략 수립이 중요한데, 공연은 일반 상품과 달리 특정 시간과 장소에서만 소비가 가능하고(동시집합적 소비) 한 번 지나가면 재고로 남지 않으며, 티켓 구매는 공연을 소유하는 것이 아니라 그 경험에 대한 권리를 사는 것이고 복제가 어렵다는 특징이 있다. 이러한 특성 때문에 공연예술 마케팅은 일반 제품 마케팅과 다른 접근이 필요하면서도, 동시에 기본적인 마케팅 원칙(고객지향, 가치제공 등)에 충실해야 한다. 아래에서는 **공연기획, 홍보, 가격, 유통, 후원/제휴** 등의 측면에서 공연예술 마케팅의 전략 요소를 구체적으로 설명하고, 국내 공연 산업에서의 성공·실패 사례와 실질적인 인사이트를 함께 살펴본다.

공연기획: 관객을 고려한 상품 설계

공연기획은 마케팅의 출발점으로서, 어떤 작품을 어떤 형태로 무대에 올릴지 결정하는 단계다. 이때부터 이미 **마케팅 전략의 고민**이 시작된다. 우선 **어떤 관객층을 겨냥한 공연인지**에 따라 작품 선택과 기획 방향이 달라진다. 예를 들어 젊은 세대를 겨냥한다면 트렌디한 콘텐츠나 인기 대중문화 IP를 활용한 공연을 기획할 수 있고, 어린이 가족을 타깃으로 한다면 동화나 애니메이션을 원작으로 한 뮤지컬이 어울릴 것이다.

실제로 국내 공연 시장에서도 유명 영화나 소설을 원작으로 한 뮤지컬들이 많이 제작되는데, 이는 **이미 검증된 스토리와 팬층을 바탕으로 관객의 관심을 얻기 위한 전략**이라 볼 수 있다.또한 **캐스팅과 제작진 구성** 역시 기획의 중요한 요소다. 유명 배우나 아이돌 가수를 캐스팅하면 초기 홍보 효과와 팬덤 동원을 기대할 수 있다.

이러한 **스타 마케팅**은 작품의 완성도보다 유명세에 기대는 상업성 논란이 있기도 하지만, **대중의 이목을 끌어 새로운 관객을 공연장으로 이끄는 하나의 전략**인 것도 분명하다. 실제 사례로, 연극 작품들을 옴니버스 형식으로 선보인 **"연극열전"** 시리즈는 화제성 있는 작품을 묶어 선보임으로써 관객 관심을 집중시켰고, 이에 투자자들이 줄을 설 정도로 흥행성을 인정받았다. 이처럼 **기획 단계에서부터 화제를 모을 포인트**를 만드는 것은 이후 마케팅을 수월하게 하고 흥행 가능성을 높인다. 아울러 **공연 일정과 장소 선정**도 기획 전략의 일부다.

공연 개막 시점을 휴가철이나 연말연시처럼 관객 수요가 높은 시즌에 맞추거나, 공연장을 교통이 편리하고 관련 인프라(주차, 식음 등)가 좋은 곳으로 잡는 것도 관객 유치에 유리하다. 일부 공연은 전국 투어를 기획하여 수도권 밖 지역 관객을 찾아가는 **지역 분산 전략**을 쓰기도 한다. 반대로 어떤 작품들은 한정된 기간 동안만 공연하는 **스페셜 이벤트성 기획**을 통해 희소가치를 높여 티켓 구매를 자극하기도 한다 (예: 10주년 기념 콘서트, 단 5회 한정 공연 등). 이 모든 결정들이 결국 목표로 하는 **관객층의 성향과 편의**를 염두에 둔 마케팅적 판단이라 할 수 있다.

홍보 전략: 관객의 흥미 유발과 참여

공연 홍보(프로모션) 단계에서는 다양한 커뮤니케이션 수단을 활용하여 목표 관객에게 공연의 존재를 알리고 관심을 불러일으킨다. 전통적으로 포스터, 전단, 언론 보도자료, 간판 등의 **오프라인 홍보**와 TV, 라디오 광고 등이 활용되어 왔다. 여기에 더해 최근에는 **온라인/SNS 홍보, 바이럴 마케팅**이 핵심 수단으로 부상했다.

공연 제작사나 배급사는 공식 SNS 계정, 유튜브 채널을 통해 티저 영상을 공개하거나, 연습 현장 스케치와 출연 배우 인터뷰 콘텐츠를 제공함으로써 팬들의 기대를 높인다. 또한 인기 인플루언서나 블로거를 초청하는 프레스콜(시연회)이나 **쇼케이스 행사**를 열어 입소문을 내기도 한다. 예를들어 대형 뮤지컬의 경우 개막 전 언론 및 VIP를 초대해 하이라이트 넘버를 시연하는 쇼케이스를 열고, 이를 네이버 등 포털 사이트로 **생중계하여 팬들과 실시간 소통**하는 경우도 많아졌다. **관객 참여형 마케팅**은 공연예술 홍보의 중요한 트렌드이다.

단순히 정보를 전달하는 것을 넘어, 관객이 직접 홍보 활동에 참여하고 즐길 거리를 제공하는 것이다. 뮤지컬 〈킹키부츠〉의 사례는 이를 잘 보여준다. 이 작품은 2022년 한국 공연 당시 **종연(공연 종료)까지 전 회차 매진**이라는 기록을 세웠는데 (누적 관객 약 13만 명, 유료 객석 점유율 94%), 업계에서는 〈킹키부츠〉가 **소비자들의 원하는바를 정확히 파악한 뛰어난 마케팅의 결과**라고 평했다. 〈킹키부츠〉의 마케팅 포인트를 살펴보면 우선 **사전 홍보 단계**에서 창의적인 시도를 했다. 공연 개막 전에 영국 웨스트엔드 버전의 공연 실황 영상을 CGV 영화관에서 단독 상영하여 **진입장벽을 낮춘 체험 기회**를 제공한 것이다.

이를 통해 원작 공연에 대해 잘 몰랐던 대중도 미리 작품의 매력을 접할 수 있었고, 오히려 내용을 알고 나니 **현장 공연을 직접 보고 싶어지는 효과**를 노렸다. 또한 유명 넘버(뮤지컬 대표곡) 영상 클립 등을 선공개하여 온라인상에서 화제를 만들고, 관객들 사이에 "꼭 봐야 할 공연"이라는 인식을 심어주었다. 공연 개막 후에도 〈킹키부츠〉는 **관객 참여 이벤트**를 활발히 전개했다. 예매 관객에게 특별 제작한 굿즈(기념품)를 증정하거나 공연장에 **포토존**을 설치하여 관객들이 사진을 찍어 SNS에 공유하도록 유도했다.

특히 주목할 만한 것은 '절대반지 응원상영회'라는 색다른 이벤트였다. 이는 극장에서 상영하는 공연 실황 영상 회차에 관객들이 LED 불빛이 나오는 반지(굿즈로 제공)를 끼고 노래에 맞춰 박수치고 응원하며 영상을 즐길 수 있도록 한 행사였다. 관객들은 마치 콘서트에 온 것처럼 신나게 호응하며 영상을 관람했고, 이러한 **색다른 경험이 입소문을 타면서** 공연에 대한 관심은 더욱 커졌다. 이 밖에도 서울 가로수길에 팝업스토어를 열어 팬들이 즐길 거리를 마련하는 등, 〈킹키부츠〉는 **공연장 밖에서도 지속적으로 이야깃거리와 체험 요소**를 제공함으로써 관객들이 공연을 하나의 놀이처럼 느끼게 만들었다.

그 결과 처음 뮤지컬을 보러 온 사람도 공연의 세계에 입문시키고, 이미 본 사람도 "N차 관람"을 하도록 만드는 선순환을 이루어냈다. 이처럼 **성공적인 공연 홍보 전략은 타깃 관객의 마음을 움직일 수 있는 메시지와 채널**을 선택하는 데 있다. 10대 관객을 노린다면 틱톡 챌린지나 아이돌 협업곡 공개 같은 방법이 먹힐 수 있고, 30~40대 직장인을 노린다면 지하철 광고나 포털 메인 노출, 직장인 커뮤니티 이벤트 등이 효과적일 수 있다.

중요한 것은 **공연의 강점을 분명히 하면서도, 관객이 재미있게 참여할 여지**를 주는 것이다. 반면 주의할 점은 **과도한 홍보로 부정적 이미지를 주지 않도록** 균형을 잡는 일이다. 홍보 메시지가 실제 공연의 질과 동떨어져 허풍으로 느껴지면 오히려 역효과가 날 수 있다.

앞서 언급한 뮤지컬 <미션>의 실패는 공연 전 대대적인 PR로 "7미터 폭포 장관" 등 스펙터클을 강조했지만 실패로 얻은 교훈은 **홍보는 약속이고, 그 약속은 지켜져야 한다**는 마케팅의 기본 윤리를 상기시킨다. 요약하면, 공연 홍보에서는 관**객의 흥미를 끌어낼 스토리텔링과 창의성, 참여를 이끄는 쌍방향 전략, 채널 특성에 맞는 콘텐츠 제작**이 중요하다. 그리고 **일관된 브랜드 이미지 관리**도 간과해선 안 된다. 공연의 로고, 슬로건, 키비주얼 등이 모든 홍보물에 통일감 있게 적용되면 관객의 기억에 각인되어 인지도 형성에 도움이 된다. 이러한 다층적인 홍보 활동을 통해 **"보고 싶다"는 마음이 들게 만드는 것**, 그것이 공연예술 마케팅의 궁극적 목표라 할 수 있다.

가격 전략: 가치와 접근성의 균형

가격 결정은 공연예술 마케팅에서 섬세한 전략 조율이 필요한 부분이다. 공연 티켓 가격은 관객의 **지불 의향**과 공연 제작비 회수, 예술의 가치 사이에서 균형을 찾아야 한다. 일반적으로 대형 공연일수록 무대 규모나 출연진에 따른 제작비가 높아 **티켓 가격대도 높게 책정된**다. **2024년 기준, 국내 공연 티켓의 평균 가격은 약 6만 5,366원으로, 이는 2020년의 평균 가격인 4만 5,176원에 비해 45% 상승한 수치이**다. 특히, 인기 뮤지컬의 VIP석이나 해외 라이선스 공연, 아이돌 콘서트의 최상위 티켓은 15만 원에서 20만 원에 달하는 경우도 흔하다.

이러한 고가 전략은 팬들의 강한 지불의사와 한정된 좌석 공급을 고려한 것으로 분석된다. 반면 연극이나 무용 공연 등은 상대적으로 저렴한 가격대로 책정하여 **진입장벽을 낮추고 관객층을 넓히는 전략**을 취하기도 한다. **가격 차별화 전략**도 중요하다.

대부분의 공연은 좌석 위치에 따라 S석, R석, VIP석 등 **등급별로 가격을 차등하**

여 다양한 예산 수준의 관객을 포용한다. 또 **할인 정책**은 마케팅 도구로 적극 활용된다. 예매 초기 **얼리버드 할인**으로 판매를 촉진하거나, **재관람 할인**으로 팬들의 N차 관람을 장려하기도 한다. 학생이나 군인, 장애인 등 **특정 집단 대상 할인**을 통해 공연 접근성을 높이고, 단체 관객에게는 그룹 할인가를 제공하여 관람을 독려한다. 카드사와 제휴하여 **할인 혹은 포인트 적립 혜택**을 주거나, 특정 공연과 식사를 결합한 패키지 티켓(예: 디너쇼)을 내놓는 등 다양한 가격 프로모션이 이루어진다.

다만 **가격 전략에서 유의점**은 **공연의 가치와 가격 사이의 신뢰**를 유지하는 것이다. 지나친 할인 남발은 공연의 가치를 떨어뜨린다고 인식될 수 있고, 반대로 과도한 고가 정책은 **가격 저항**을 불러와 관객의 외면을 살 수 있다. 앞서 언급한 뮤지컬 <미션> 사례에서는 최고 20만원의 비싼 티켓값을 받고도 기대 이하의 품질을 보여 심각한 반발을 샀다. 관객들은 **가격에 상응하는 가치**를 기대하기 마련이며, 그 기대를 배신당했을 때 표출하는 불만은 매우 크다. 결국 초반 공연 취소와 환불 사태까지 발생한 것은 **가격 책정의 실패**로 볼 수 있다. 이처럼 가격은 **즉각적으로 체감되는 가치의 척도**이므로, 마케터는 할인행사 하나를 하더라도 **브랜드 이미지와 장기적인 관객 신뢰**에 미칠 영향을 고려해야 한다.

최근에는 동적 가격 책정(Dynamic Pricing)에 대한 논의도 있다. 스포츠 경기나 항공권처럼 수요에 따라 실시간으로 가격을 변동시키는 모델인데, 공연계에서도 일부 시도되고 있다. 예를 들어 공연 막바지에 남은 좌석을 자동으로 할인가에 푸는 방식이나, 인기 회차의 가격을 높이는 방식 등이다. 그러나 아직 국내 공연시장에서는 관객 정서상 **명확한 가격 표준**을 선호하는 경향이 강해 적극 도입되지는 않았다. 대신 공연마다 **조기예매 할인 → 정가 판매 → 막바지 특별할인** 순으로 가격을 운영하며 사실상의 변동 가격 효과를 내는 정도다. 또한 **멤버십 프로그램**을 통해 충성 고객에게 가격 혜택을 주는 전략도 있다. 공연장이나 기획사 단위로 회원을 모집하여 **포인트 적립, 우선 예매, 할인** 등의 혜택을 제공함으로써 **고객 충성도**를 높이고 재구매를 유도하는 것이다. 예를 들어 세종문화회관의 회원이나 뮤지컬 전용 멤버십(예: 뮤지컬 팬클럽)은 연회비를 받고 가입시킨 뒤, 그 대가로 **할인과 사전 예매 기회** 등을 제공한다. 이러한 **관객 로열티 프로그램**은 단기적 매출보다 **장기적 관계 구축**에 초점을 둔 마케팅 전략이라 할 수 있다.

유통 채널: 티켓 판매와 관람 접근성

유통(Place) 측면에서는 **티켓 판매 채널**과 **공연 제공 방식**을 들 수 있다. 현대 공연예술의 티켓 유통은 거의 대부분 **온라인 예매**를 통해 이루어진다. 국내에는 인터파크 티켓, 예스24, 멜론티켓 등 주요 예매플랫폼이 있어서 관객들은 웹이나 모바일 앱으로 편리하게 티켓을 구매한다. 특히 **인터파크 티켓**은 시장 점유율이 높아, 사실상 공연 흥행의 바로미터로 여겨진다. 공연 업계에서는 "인터파크 예매 순위 1위" 등을 홍보 문구로 사용할 만큼 해당 플랫폼에서의 판매 동향을 중시한다. 이러한 온라인 예매 채널의 발전으로 **지역과 상관없이 동시에 판매**가 가능해졌고, 인기 공연의 경우 전국 어디서나 접속한 팬들이 초 단위 경쟁을 벌이는 예매 전쟁이 벌어지기도 한다.

티켓팅 환경이 온라인으로 옮겨오면서, 마케팅 역시 이에 맞춰 최적화되고 있다. 예매 시작일(오픈 날)에 맞춰 SNS 홍보를 강화하거나, 알림 서비스를 통해 팬들에게 티켓 오픈 정보를 제공하는 것이 그 예이다. 또한 모바일 이용자 편의를 위해 **앱 사용자 대상 할인 쿠폰, 간편결제 연동** 등의 서비스 마케팅도 이루어진다.

티켓 판매 데이터는 고스란히 **빅데이터로 축적**되어 이후 마케팅 전략 수립에 활용된다. 예를 들어 주요 예매사이트들은 연말에 **티켓 판매 통계**를 발표하여 어떤 장르가 인기가 있었는지, 관객 연령 분포는 어떠했는지 등의 **소비 트렌드**를 공유한다. 이를 통해 업계 전반이 관객의 선호 변화를 읽고 대응하는 데 참고하고 있다.

한편 **현장 판매와 매장 유통**도 일부 남아 있다. 공연 당일 현장 매표소에서 티켓을 구매하는 관객층(특히 중장년층)도 여전히 존재하며, 극장 회원 창구나 전화 예매를 지원하는 곳도 있다. 그러나 전체적인 추세는 **비대면 · 전자 티켓화**로 가고 있다. 최근에는 아예 **모바일 티켓**을 도입하여 관객들이 휴대폰 QR코드로 입장하도록 하거나, **블록체인 기반 티켓**으로 위변조와 부정 거래를 방지하려는 시도도 등장했다. 이러한 기술적 혁신들은 모두 **관객 편의 증대와 신뢰도 향상**을 목표로 한 유통 전략이다.

공연 유통에서 또 하나 주목할 점은 **공연 콘텐츠의 새로운 전달 방식**이다. 전통적으로 공연은 라이브로 한 번 보면 끝이었지만, 요즘은 인기 공연의 **영상화 및 스트리밍**이 늘고 있다. 공연 실황을 촬영하여 VOD나 OTT 플랫폼에서 유료로 제공하거나, 공연장에 오지 못한 지방·해외 팬들을 위해 **라이브 송출**을 진행하는 것이다. 예를 들어 국공립 단체의 공연이나 음악회 등은 종종 네이버TV, 유튜브 등으로 생중계되어 **온라인 관객**을 만난다. 뮤지컬 〈팬텀〉은 2021년 네이버를 통해 유료 생중계되어 수만 명이 동시 관람하기도 했다. 이러한 **디지털 유통**은 향후 공연예술 소비의 지평을 넓혀줄 새로운 마케팅 채널로 각광받고 있다. 다만, 온라인 관람 경험은 현장성과 상호작용이 중요한 공연예술의 본질과 차이가 있기 때문에, **현장 관객 경험을 해치지 않는 선**에서 부가적인 수익 및 홍보 창구로 활용하는 것이 바람직하다.

후원 및 제휴 마케팅: 파트너십을 통한 가치 창출

공연예술은 그 특성상 **막대한 제작비와 운영비**가 소요되지만, 좌석 수와 회차 등 **수익 창출에 한계**가 있다. 따라서 기업이나 기관의 **후원(sponsorship)**, 그리고 다양한 제휴 마케팅(partnership)은 공연예술계의 든든한 버팀목이자 중요한 마케팅 전략이 된다. 기업 후원(메세나)은 대표적인 예이다. 기업들은 문화예술 후원을 통해 **브랜드 이미지 제고와 사회공헌** 효과를 얻고, 예술단체는 재정적 지원과 관객 저변 확대를 꾀할 수 있다.

예를 들어 **현대자동차**는 2011년 오페라 〈나비부인〉 공연을 후원하면서 자사의 고급차 구매 고객들을 공연에 초청하는 특별 프로모션을 실시했다. 이는 자동차 브랜드의 고객 서비스 향상과 프리미엄 이미지 강화라는 목표와 공연 예술의 만남이 이루어진 상생 사례이다. 마찬가지로 신용카드사들은 인기 콘서트나 뮤지컬의 공식 스폰서로 참여해 자사 카드 회원에게 할인 예매나 전용 좌석 혜택을 주고, 공연장 내에 브랜드 부스를 운영함으로써 마케팅 접점을 만들기도 한다. 이러한 제휴 프로모션은 공연 티켓 판매를 촉진함과 동시에 파트너 기업에겐 고객 락인(lock-in) 효과를 제공하는 윈윈(win-win) 전략이다.

문화기관 및 지역 제휴도 활발하다. 한 예로, 국립발레단은 연간 일정 금액 이상을 기부하는 후원회원들에게 백스테이지 투어나 단원들과의 사진촬영, 리허설 관람 등의 특별한 경험을 제공하여 후원자들의 애정을 높이고 지속적인 후원을 이끌어낸다. 이러한 프로그램은 공연 단체와 관객(후원자) 사이에 친밀한 유대 관계를 형성하는 마케팅이라고 볼 수 있다.

또한 공연과 다른 업계를 연결한 제휴도 있다. 예를 들어 한 호텔은 뮤지컬 관람권과 숙박을 묶은 패키지 상품을 내놓아 관광객에게 색다른 경험을 팔고, 뮤지컬 측은 객실TV를 통한 홍보영상을 송출받는 식의 협업을 하기도 한다. 백화점이나 카페와 손잡고 공연 테마의 팝업 카페를 운영하거나, 패션 브랜드와 콜라보 굿즈를 출시하는 등 크로스오버 마케팅도 현대 공연예술 마케팅의 한 흐름이다. 또 다른 형태의 후원으로는 정부 및 지자체의 지원을 들 수 있다.

이것은 상업적 마케팅이라기보다 예술 진흥의 측면이 강하지만, 결과적으로 공연의 마케팅 예산 확보와 홍보 효과로 이어진다. 문화체육관광부나 한국문화예술위원회 등의 기관은 우수 공연에 제작비를 보조하거나, 공연 홍보 캠페인(예: 공연봄날, 문화가 있는 날 할인)을 전개하여 전체 시장 활성화를 도모한다. 이런 공공 지원을 잘 활용하는 것도 공연 기획자의 중요한 능력이며, 사회적 가치와 상업적 성공의 접점을 찾는 마케팅이라 할 수 있다.

요컨대, 파트너십을 통한 마케팅은 공연예술 분야에서 부가가치를 창출하고 위험을 분담하는 효과적인 방법이다. 공연 자체의 매력도 중요하지만, 주변에 어떤 협력자들을 끌어모으는가에 따라 성패가 갈릴 수 있다. 후원사 로고가 붙은 포스터 한 장에도 수많은 협상의 결과와 전략이 담겨 있다. 관객 입장에서는 이러한 제휴 마케팅을 통해 더 **풍성한 혜택과 경험**(할인, 경품, 부대행사 등)을 얻을 수 있으므로, 잘만 활용하면 공연에 대한 만족감과 충성도가 올라가게 된다.

지금까지 **공연예술 마케팅의 개념과 전략**을 살펴보았다. 정리하면, 공연예술 마케팅은 **고객지향적 마인드**를 바탕으로 마케팅의 기본 원리(STP, 4P 등)를 예술 분야에 창의적으로 적용하는 작업이다. 국내 뮤지컬, 연극, 콘서트 시장의 다양한 성공과 실패 경험은 **철저한 기획, 소비자 이해, 일관된 가치 전달의 중요성**을 보여준다.

뛰어난 마케팅으로 관객의 마음을 움직인 공연은 결국 **객석 점유율 상승과 매출 증대**라는 성과를 거두었고, 더 나아가 **대중의 문화향유 증진**에도 기여했다. 반대로 시장과 관객을 무시한채 예술적 자기만족에 머물렀거나, 약속한 가치를 지키지 못한 공연은 매섭게 외면받았다. 결국 **공연예술 마케팅은 예술과 관객을 연결하는 다리**이다. 이 다리가 탄탄하려면 작품의 예술성과 완성도를 기반으로, 그 가치를 잘 포장하고 전달하는 **설명력 있는 스토리텔링**, 관객과의 **진정성 있는 소통**, 그리고 경험에 **부가가치를 더하는 창의성**이 뒷받침되어야 한다. 그렇게 할 때 공연은 단순한 볼거리에서 벗어나 **관객의 삶에 특별한 의미와 감동을 주는 경험재**로 자리잡게 될 것이다. 공연예술 마케팅의 궁극적인 목표는 단순히 티켓을 파는 데 그치지 않고, **관객과 예술이 함께 성장하는 선순환**을 만들어내는 데 있다는 점을 기억해야 할 것이다.

2 ▶▶ 기업 메세나 활동의 이해와 사례 분석

2-1 메세나의 정의와 개념 변화

메세나(Mecenat)는 기업이 문화예술을 지원함으로써 사회적 기여와 문화 발전에 이바지하는 활동을 가리키는 말이다. 이 용어는 고대 로마의 정치가 가이우스 마에케나스(Gaius Maecenas, 기원전 70~8년)의 이름에서 유래했다. 마에케나스는 당대 예술가들을 아낌없이 후원하여 로마 문화의 융성을 도운 인물로, 그의 행적 때문에 **예술 후원자**를 뜻하는 보통명사로 자리잡았다.

이후 메세나는 시대에 따라 그 의미와 역할이 변화해왔다. 초기에는 주로 개인 후원자나 군주가 예술가를 보호·지원하는 개념이었으나, 현대에 들어 기업이 새로운 문화 후원 주체로 부상하면서 **기업 메세나**가 중요한 개념으로 자리매김하였다. 고대와 중세의 예술 후원은 주로 **개인적**인 차원에서 이루어졌다. 로마 황실과 귀족들, 그리고 르네상스 시대의 메디치 가문과 같은 **부유층과 권력층**이 예술가들에게 금전적 지원을 제공하고 예술 작품을 의뢰함으로써 문화예술을 발전시켰다.

이러한 전통적 후원은 후원자의 **명예와 사회적 지위**를 높이는 수단이기도 했다. 예를 들어, 르네상스 시기의 유력 가문들은 화가와 음악가를 후원하여 자신들의 권위를 과시하고 예술을 통한 도시의 문화적 위상을 높였다. 산업혁명 이후 근대에 들어서는 **기업가와 재벌**들의 예술 후원이 나타났다. 19세기 말에서 20세기 초에 철강왕 앤드류 카네기나 석유재벌 존 D. 록펠러처럼 막대한 부를 축적한 기업가들은 도서관, 미술관, 공연장 건립에 투자하거나 재단을 설립하여 체계적인 예술 지원을 시작했다. 이들은 **박애주의적** 동기에서 교육과 예술에 투자하면서 오늘날의 공익재단 모델을 개척하였다.

예컨대 미국의 카네기 재단은 도서관과 예술 기관 지원으로 유명했고, 록펠러 재단은 음악회와 현대 미술 후원에 큰 역할을 했다. 이러한 근대 초기의 기업 메세나는 **자선적 성격**이 강했으며, 후원 자체가 기업의 사회적 책임 수행으로 간주되었다.

20세기 후반으로 접어들면서 메세나의 개념은 보다 **조직적이고 전략적인 기업 활동**으로 발전하였다. 특히 1960년대 이후 세계 각국에서 기업의 사회적 책임(CSR)이 강조되고, 예술 지원이 이에 부합하는 활동으로 주목받았다.

기업들은 예술 후원이 **단순 기부를 넘어 기업 홍보와 마케팅에 도움이 될 수 있다**

는 인식을 갖기 시작했다. 이 시기 메세나의 특징은 기업이 예술 행사를 **스폰서십**(협찬) 형태로 지원하여 대중에게 기업 이미지를 알리는 방향으로 진화한 것이다.

다시 말해, **홍보 · 광고 수단**으로서 문화예술 후원을 활용한 것이다. 실제로 많은 기업들이 오케스트라나 미술 전시회를 후원하면서 기업 로고 노출, 명칭 사용 등의 대가를 얻는 **상업적 후원**이 늘어났다. 21세기에 들어 메세나의 개념은 더욱 **다층적**으로 변화하고 있다. 현대의 기업 메세나는 단순한 자선이나 협찬을 넘어, 파트너십에 기반한 상호 발전(win-win)을 지향한다. 학계에서는 이를 **메세나 패러다임의 변화**로 설명하는데, 메세나의 역사적 발전을 세 단계로 정리하면 다음과 같다:

1단계: 자선적 관점의 메세나 – 예술가 개인이나 단체를 반대급부 없이 후원하는 전통적 **후원자 모델**이다. 고대부터 근대 초까지 주로 볼 수 있었던 형태로, 문화예술을 사랑하는 후원자가 자신의 사적 자원을 투입해 예술을 지원하는 경우다. 이 단계에서 후원자는 **직접적 보상**을 기대하지 않고 예술 발전 자체에 의의를 두었다.

2단계: 협찬(스폰서십) 관점의 메세나 – 기업이 **홍보와 마케팅 목적**으로 문화예술을 지원하는 형태다. 20세기 중반부터 활발해진 이 방식에서는 기업이 공연, 전시, 축제 등을 후원하고 그 대가로 **홍보 효과**를 얻는다. 기업 로고 노출, 행사명에 기업명 삽입 등 **상업적 이익**이 결부되며, 후원은 기업의 마케팅 전략 일부로 간주된다. 이 시기에 예술 지원은 기업 이미지 제고와 브랜드 인지도 향상 수단으로 적극 활용되었으며, 기업의 **문화마케팅**이란 용어도 등장했다.

3단계: 문화투자(파트너십) 관점의 메세나 – 기업과 예술이 **동반자적 관계**를 맺어 서로에게 이익을 주는 형태로, 21세기에 강조되는 패러다임이다. 기업은 문화예술을 **투자**로 바라보고, 장기적인 관점에서 예술계와 협력하여 **공동의 가치**를 창출하려 한다.

이는 단순 지원을 넘어, 기업의 전문성(재원·경영능력)과 예술의 창의성이 만나 **새로운 부가가치**를 만드는 모델이라고 할 수 있다. 예를 들어 기업이 예술단체와 협업하여 사회공헌 프로그램을 개발하거나, 예술가와 함께 제품 디자인이나 공간디자인을 개선하는 등의 **파트너십 메세나**가 이에 해당한다. 이러한 3단계 메세나에서는 기업의 **문화마케팅**과 **CSR**이 결합되어 예술계에도 도움이 되고 기업에도 장기적 이익이 되는 **상생 전략**이 추구된다.

이처럼 메세나의 개념은 고대의 **개인 후원**에서 현대의 **기업 사회공헌 전략**으로 크게 변모하였다. 최근 학술 및 정책 담론에서는 메세나를 **기업의 사회적 책임 수행과 문화경쟁력 강화의 수단**으로 강조한다. 예술경영 분야의 전문가들은 "메세나 패러다임의 변화는 기업의 마케팅 전략적 관점으로 전환되고 있으며, 동시에 문화를 통한 기업의 사회적 책임 수행이 강조되고 있음을 시사한다"고 지적한다.

실제로 현대의 메세나 활동은 단순히 기업의 이미지 제고뿐만 아니라 **사회공익 실현**과 **문화적 가치 창출**을 동시에 추구하고 있다. 기업이 문화예술에 투자할 때, 이는 **문화기반경제**를 육성하여 국가 경쟁력을 높이는 데도 기여한다는 인식이 확산되고 있다. 국내에서도 메세나 개념 도입 이후 많은 변화가 있었다. 한국에서 '메세나'라는 용어는 1990년대 초부터 본격적으로 쓰이기 시작했는데, 1994년 설립된 **한국메세나협회**가 이 개념의 확산에 중추적 역할을 했다. 이후 메세나는 문화정책 담론에서도 중요하게 다루어져, 기업의 문화예술 지원을 **민관 협력**과 **지속가능한 문화발전**의 한 축으로 간주하게 되었다. 특히 2014년에 제정된 **문화예술후원 활성화에 관한 법률**은 문화예술 후원을 제도적으로 뒷받침하여, 기업 메세나 활동의 **법적 기반**을 마련하는 전기를 이루었다. 이러한 법제화로 인해 메세나는 더욱 투명하고 장려되는 방향으로 나아가고 있다.

요약하면, 메세나는 **시대의 흐름에 따라 진화한 예술 후원의 개념**이다. 고대의 개인 후원에서 현대의 기업 메세나에 이르기까지, 그 핵심은 **예술에 대한 지원을 통해 사회적 · 문화적 가치를 창출**하는 것이다. 다만 그 동기와 방식은 자선에서 마케팅, 그리고 파트너십으로 변모해왔다. 이러한 개념 변화를 이해하는 것은 현대 기업의 메세나 활동을 해석하는 데 필수적이다. 이제 다음으로, 오늘날 기업들이 어떤 방식으로 문화예술을 지원하고 있는지 구체적으로 살펴보고 한국, 일본, 프랑스의 사례를 비교해보겠다.

Case Study

1. 한화생명 - 전국 순회 한화생명 콘서트 -

한화생명은 2004년부터 '한화생명 콘서트'를 통해 전국 주요 도시에서 클래식과 대중음악 공연을 개최해왔다. 이 콘서트는 2024년에 100회를 맞이했으며, 누적 관객 수는 약 15만 명에 달한다. 특히, 지역 사회의 문화 소외 계층을 초청하여 문화 향유의 기회를 제공하고 있다. 예를 들어, 2024년 서울 KBS홀에서 열린 공연에는 한화생명의 주요 고객과 지역사회 취약계층 아동 및 어르신 1,500여 명이 참석했다.

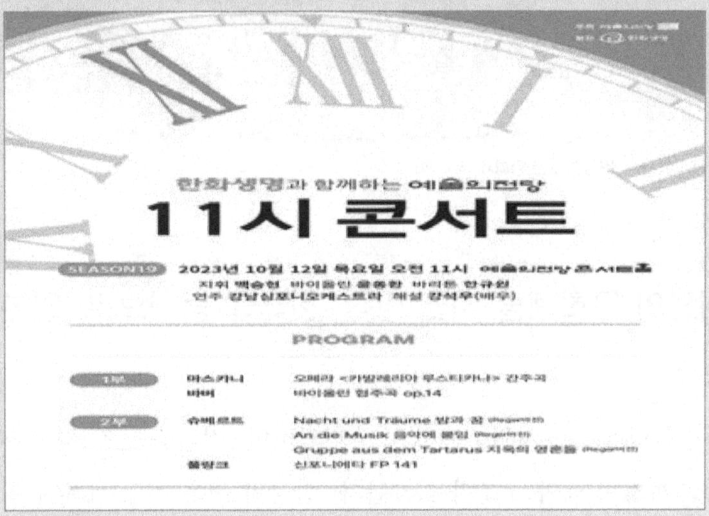

[사진: 한화생명11시 콘서트]

2. 아모레퍼시픽 - 문화예술을 통한 공유가치창출(CSV) -

아모레퍼시픽은 메세나 활동을 통해 기업의 사회적 책임(CSR)을 넘어 공유가치창출(CSV)을 실현하고 있다. 이 회사는 문화예술 마케팅, 학술연구 지원, 지역사회 발전 등 세 가지 영역에서 활동을 펼치고 있으며, 이러한 활동은 기업의 정체성과 특성을 반영하여 장기간 지속되고 있다. 예를 들어, 아모레퍼시픽은 예술가와의 협업을 통해 브랜드 이미지를 강화하고, 학술연구 지원을 통해 문화예술 발전에 기여하고 있다. 이러한 활동은 단순한 문화 지원을 넘어, 지역 사회와의 소통을 강화하고 기업의 사회적 책임을 실현하는 대표적인 메세나 사례로 평가받고 있다.

[사진: 미장센단편 영화제 제19회]

2-2 기업의 문화예술 지원 방식: 한국을 중심으로, 일본·프랑스 비교

기업이 문화예술을 지원하는 방식은 다양하며, 직접적 금전 지원부터 조직 설립에 이르기까지 형태와 구조가 다채롭다. 한국의 경우 기업 메세나 활동은 주로 다음과 같은 방식으로 이루어진다: **후원(메세나), 협찬(스폰서십), 기부, 문화재단 설립 및 운영**. 이러한 기본 틀 위에서 기업의 특성에 따라 예술단체와 **결연 프로그램**을 맺거나, 정부·민간이 공동 출연하는 **매칭펀드**에 참여하는 등 세부적인 실행 형태가 나타난다.

우선, **후원**과 **기부**는 가장 전통적인 방식이다. 기업이 예술가나 예술단체에 금전적 지원을 제공하되 별도의 대가를 요구하지 않는 경우를 흔히 **메세나 후원**이라 부른다. 이는 순수한 **공익적 기부**에 가깝지만, 기업 입장에서는 **세제 혜택**과 **사회공헌 실적**으로 이어지는 동기가 있다. 한국에서는 기업이 문화예술단체에 기부하면

「조세특례제한법」 등에 따라 일정 한도 내에서 비용으로 인정받아 **법인세 공제** 혜택을 받는다.

구체적으로, 문화예술 분야에 대한 기부금은 **지정기부금**으로 분류되어 **소득금액의 10% 한도 내**에서 손금 산입(비용처리)이 가능하다. 이는 기업의 일반 기부에 준하는 세제 지원으로, 기업들은 이러한 혜택을 활용하여 예술단체에 후원을 진행해왔다. 협찬(스폰서십)은 기업이 공연이나 전시, 축제 등 문화행사를 지원하고 **홍보 기회를 얻는** 방식이다.

예를 들어 기업이 클래식 음악회나 미술전의 **메인 스폰서**가 되어 행사 경비를 부담하면, 행사의 명칭에 기업명을 넣거나 현장에서 브랜드 노출을 시키는 대가를 얻는다. 한국에서도 다수의 기업이 **영화제, 비엔날레, 공연축제** 등에 협찬사로 참여하여 **마케팅 효과**를 누리고 있다. 이러한 협찬 활동은 문화마케팅의 일환으로 간주되며, 기업의 후원이 **상업적 이익**과 연결된다는 점에서 순수 기부와 구별된다. 다만 한국에서는 **협찬금** 자체에는 별도의 추가 세액공제는 없고, 통상 홍보 목적으로 지출된 비용으로 처리된다.

반면 프랑스 등에서는 협찬과 메세나(기부)를 법적으로 구분하여 세제상 차등을 두고 있는데, 이에 대해서는 후술한다. **문화재단 설립**은 한국 대기업들이 선호하는 문화예술 지원 구조 중 하나다. 기업이 출연하여 별도의 재단법인을 만들고, 이를 통해 전문적이고 지속적인 문화사업을 펼치는 형태이다. 예컨대 삼성의 삼성문화재단, 현대차의 현대자동차정몽구재단, LG의 LG연암문화재단, SK의 SK문화재단 등이 모두 기업 주도의 문화재단이다.

이러한 재단들은 기업으로부터 기금을 받아 **미술관 운영, 음악 콩쿠르 개최, 젊은 예술가 지원** 등 다양한 프로그램을 수행한다. 기업 문화재단을 통한 지원은 **전문성**과 **지속성**이 높다는 장점이 있다. 한국메세나협회의 조사에 따르면, 국내 기업들의 문화예술 지원금 중 상당 부분이 이러한 **재단을 통한 지원**으로 집행되고 있다. 2023년 조사 기준으로 기업(및 기업 재단)이 직접 집행한 문화예술 지원금은 약

1,967억 원으로, 전체의 94%에 달하며 나머지는 공공기관을 통한 간접지원이었다. 이는 재단 운영이 한국 기업 메세나의 핵심 축임을 보여준다.

기업-예술단체 결연과 매칭펀드도 한국에서 특화된 지원 방식이다. 결연은 특정 기업이 특정 예술단체와 **자매결연**을 맺고 장기간 지속적으로 후원하는 것으로, 한국메세나협회가 2000년대 초부터 적극 주선해왔다. 매칭펀드는 기업의 지원금에 정부나 공공재단이 동일한 금액을 매칭하여 지원 효과를 배가하는 제도로, 문화체육관광부와 한국문화예술위원회가 **예술지원 매칭펀드 사업**을 운영하고 있다.

이를 통해, 기업이 1억 원을 예술단체에 후원하면 정부도 1억 원을 추가 지원하는 식의 **민관 공동후원 모델**이 실행된다. 이러한 프로그램들은 기업들의 참여 유인을 높이고 후원의 **양적 확대**를 가져왔으며, 예술계에는 보다 안정적인 재원을 제공하는 역할을 한다. 한국의 기업 메세나 활동은 **대기업** 뿐만 아니라 **중견 · 중소기업**으로도 확산되는 추세다. 지역 기반 중견기업들이 지역 문화행사를 지속 후원하거나, 산업 특화 중소기업들이 관련 예술분야(예: 패션기업의 디자인 공모 지원 등)를 후원하는 사례도 늘고 있다.

정부에서는 **문화예술후원 우수기관 인증제도**를 통해 모범적인 메세나 기업들을 선정·홍보하고 세제 인센티브 등을 제공함으로써 저변 확대를 도모한다. 이러한 한국의 메세나 구조를 **일본 및 프랑스와 비교**하면 몇 가지 차이점과 공통점을 발견할 수 있다.

일본의 기업 메세나 구조와 지원 방식

일본은 한국과 유사하게 20세기 후반부터 기업의 문화예술 지원이 활발해졌다. 1960년대 고도성장기 이후 일본 기업들은 **기업시민**으로서 사회에 기여해야 한다는 인식이 높아졌고, 이익의 일부를 사회환원하는 움직임이 나타났다.

특히 1970~80년대에 접어들며 기업의 사회공헌 활동 일환으로 **예술문화 지원**이 증가했고, 이는 일본에서 '메세나'라는 용어가 정착되는 계기가 되었다. 1980년대 말, 일본 경제단체연합회(経団連)는 기업들에게 경상이익의 1% 이상을 사회공헌에 사용하도록 권장하는 **1% 클럽**을 발족시켰다. 이러한 민간 자율 캠페인과 더불어, **1990년 사단법인 기업메세나협의회**(기업네세나협회, Association for Corporate Support of the Arts)가 설립되면서 일본에서도 본격적으로 **메세나 운동**이 제도화되었다. 이 협의회는 일본 기업의 예술 지원을 장려하고 정보 교류를 촉진하는 핵심 조직으로, 1990년 출범 당시부터 '메세나'라는 개념을 기업인들과 대중에게 적극 홍보했다. 협의회 설립 후 **'메세나' 라는 단어가 일반적으로 알려지게 됐다**고 평가될 정도로, 일본 내 메세나 인식 확산에 큰 역할을 했다. 일본 기업들의 문화예술 지원 방식은 한국과 유사하면서도 **제도적 지원장치** 측면에서 독특한 점이 있다. 일본에서는 **기업메세나협의회가 주도하는 세제 지원제도**가 존재한다.

구체적으로, 기업이 협의회가 인정한 예술문화 프로그램에 기부를 하면 **특정공익증진법인**에 대한 기부로 간주되어 세제상 우대조치를 받는 구조가 마련되어 있다. 이는 협의회 산하 위원회가 예술활동을 심사해 **지원 인정**을 부여하고, 기업이나 개인이 협의회를 통해 해당 활동에 기부하면 세금 감면을 제공하는 방식이다. 요컨대, **기업메세나협의회를 매개로 한 간접기부**에 추가 인센티브가 있는 셈이다.

이러한 제도는 일본 정부(문부과학성)가 민간의 문화지원을 촉진하기 위해 도입한 것으로, 일본 메세나의 중요한 특징이다. 일본의 사례를 연구한 국내 보고에 따르면 "일본 역시 기업메세나협의회를 통해 문화예술단체들을 지원할 경우 조세감면 혜택을 받을 수 있도록 하고 있다. 기업메세나협의회가 일단 기부금을 수령한 후 문화예술 활동에 대해 기부금을 '조성금'으로 교부하는 형식"으로 운영된다고 한다.

일본 기업들의 문화예술 지원 내용은 **대기업 문화재단 운영, 예술상 및 페스티벌 개최, 지역 문화사업 후원** 등 다양하다. 예를 들어 전자기업 소니는 **소니뮤직재단**을 통해 청소년 음악 지원사업을 펼치고, 화장품 회사 시세이도는 **시세이도 예술재단**과 자체 미술관을 운영하며 미술상을 주관한다. 자동차 제조사 도요타는 **도요타 무**

용 작품상(Toyota Choreography Award) 등을 제정하여 현대무용 창작을 지원하고 있는데, 이 상은 2001년 시작되어 신진 안무가들을 발굴하는 일본 현대무용계의 중요한 등용문이 되었다.

맥주회사 아사히는 **아사히 아트 페스티벌**을 통해 전국의 아트 NPO 및 시민그룹 20여 곳이 참여하는 다원예술 축제를 2002년부터 개최하고 있다. 이처럼 **기업별 특색 있는 프로그램**들이 많으며, 예술지원 분야도 클래식 음악, 전통예술, 현대미술, 연극 등 광범위하다. 일본 기업들은 자국 문화예술 진흥뿐만 아니라 해외 유수 예술기관(예: 뉴욕현대미술관 전시 후원 등)에 대한 지원도 하여 국제적인 문화공헌을 하기도 한다. 일본의 기업 메세나 활동은 **메세나 어워드** 등을 통해 우수 사례를 시상하며 경쟁을 촉진한다. 기업메세나협의회는 매년 뛰어난 메세나 활동을 펼친 기업이나 기업재단을 선정해 시상하고 있는데, 이를 통해 기업들 사이에 **벤치마킹**과 **노력 강화**를 유도한다.

전체적으로 볼 때 일본의 기업 메세나는 협의회 설립 이후 양적·질적으로 성장하여, 2000년대 중반 기준 협의회 회원만 180여 개 단체에 이르렀다. 다만 1990년대 중반 이후 버블경제 붕괴와 장기불황 속에서도 기업들의 메세나 참여는 비교적 꾸준히 유지되었으나, 메세나 활동 예산은 경기에 따라 감소 추세도 보였다는 분석이 있다. 최근에는 ESG경영의 확산과 함께 메세나를 ESG활동(특히 S: 사회 부문)의 하나로 재해석하는 움직임도 나타난다.

프랑스의 기업 메세나 구조와 지원 방식

프랑스는 전통적으로 **공공 부문의 예술지원**이 강한 나라지만, 1980년대 이후 민간(기업 및 개인)의 문화예술 후원을 활성화하기 위한 정책적 노력이 이루어졌다. 프랑스에서 '메세나(mécénat)'는 본래 불어로 **예술 후원** 일반을 뜻하며, 1970년대 말부터 기업의 예술지원 활동을 가리키는 용어로 흔히 사용되었다. 1979년 프랑스에서는 기업들의 문화예술 지원을 장려하기 위해 ADMICAL(프랑스 상공업 메세나 진흥협회)이 창설되었는데, 이 단체는 정부 지원이 미치지 못하는 새로운 예술 창작활동을 기업이 돕도록 독려하기 위해 설립되었다.

ADMICAL은 기업 대상 교육·홍보, 관련 법률·제도 연구와 개선안 제시 등의 역할을 수행하며, 프랑스 메세나 운동의 민간 중심 축이었다. 프랑스 정부는 1987년 처음으로 메세나 활성화를 위한 법률을 제정했다.「메세나 진흥에 관한 법률」(1987)은 기업 및 개인의 기부금에 대한 세제 개선과 공익재단 설립 절차 간소화 등을 포함한 내용으로, 민간 후원을 촉진하려는 첫 입법이었다. 이어 **2003년 8월 1일 제정된 '메세나, 협회 및 재단에 관한 법률'**, 이른바 아야공 법(Loi Aillagon)은 프랑스 기업 메세나의 결정적 전기를 마련했다.

이 법은 당시 문화통신부 장관이던 장 자크 아야공(Jean-Jacques Aillagon)의 이름을 따서 불리며, **개인과 법인 기부에 대한 세제 혜택을 대폭 강화**한 것이 핵심이다 아야공 법에 따라 프랑스에서는 기업이 문화예술 공익 목적에 기부할 경우, **기부액의 60%를 법인세에서 세액공제**받을 수 있게 되었다. 다만 이 공제에는 기업 매출액의 0.5% 또는 2만 유로 중 더 큰 금액을 한도로, 연간 200만 유로까지는 60%를 공제하되 그 초과분은 40% 공제하는 등 세부 기준이 있다. 이처럼 **세계에서 가장 강력한 수준의 세제 혜택**을 제공함으로써 프랑스는 기업 메세나 참여를 크게 독려하였다.아야공 법 시행 후 프랑스의 기업 메세나 규모는 비약적으로 성장했다. 프랑스 문화통신부 자료에 따르면, 법 시행 이듬해인 2004년 약 10억 유로이던 연간 메세나 후원금 총액이 2012년경 30억 유로에 달해 **약 3배 증가**한 것으로 나타났다.

후원에 참여하는 기업의 수와 규모도 크게 늘어나, 메세나가 기업 문화로 자리잡는 효과가 있었다. 2018년에는 이 법 시행 15주년을 맞아 "One project, one mécénat(한 프로젝트, 한 메세나)" 캠페인을 전개하는 등 지속적인 장려 노력이 이어졌으며, 메세나 활동이 **문화유산 보존, 예술 창작 지원, 예술교육 확산** 등 다양한 영역에서 확산되었다.

프랑스 기업들의 문화예술 지원 방식은 기부(mécénat)와 스폰서십(parrainage)

으로 구분된다. 프랑스 법률상 메세나(기부)는 **대가를 수반하지 않는 무상 지원**으로서 세액공제 혜택(60% 등)을 받지만, 스폰서십은 **상업적 홍보 목적의 후원**으로 간주되어 일반 사업 비용 처리만 되고 별도 세액공제는 없다. 이 구분은 기업이 **순수한 공익 기여인지, 광고성 협찬인지**를 명확히 하여 세제 지원의 **엄격한 기준**을 적용하려는 취지다.

따라서 프랑스 기업들은 세제 혜택을 극대화하기 위해 **메세나 형태의 지원**을 선호하며, 협찬을 하더라도 이를 가능하면 공익적 성격으로 기획하여 메세나로 인정받고자 하는 경향이 있다. 실제로 많은 기업이 **기업재단**을 설립하여 예술가, 전시, 공연 등을 지원하고, 그 지원을 대중에게 홍보하더라도 내용상 공익성을 띠도록 신경쓴다. 프랑스에서 두드러지는 기업 메세나 사례로는 대기업들의 **문화재단 운영**을 들 수 있다. 예를 들어 화장품 기업 로레알은 로레알 재단을 통해 미술과 과학 분야에 기여하고, 에너지 기업 토탈은 토탈 재단으로 문화유산 보존 사업을 후원한다. 럭셔리 그룹 LVMH는 2014년 파리에 거대 미술관 **루이 비통 재단 미술관**(Fondation Louis Vuitton)을 개관하여 현대미술 전시와 신진 예술가 지원에 힘쓰고 있다. LVMH는 이 프로젝트에 막대한 투자를 했지만, 프랑스의 관대한 메세나 세제 덕분에 상당 부분 세금공제를 받았다. 또한 은행, 보험사 등 금융권에서도 예술재단을 통해 오케스트라, 미술전을 지원하며 기업 이미지를 높이는 전통이 있다.

예컨대 BNP파리바 은행은 **BNP파리바 재단**을 통해 재즈 음악과 현대무용을 지속적으로 후원해오고 있다. 이처럼 프랑스 기업들은 메세나를 **자사의 정체성과 연계된 전략적 CSR**로 인식하며, 동시에 세제 혜택이라는 **실리**도 챙기는 이중의 동기가 존재한다. 제도적으로도 프랑스는 기업의 메세나 참여를 촉진하기 위한 다양한 장치를 마련했다. 2010년대에는 **중소기업 메세나 활성화**를 위해 간소한 절차의 소액 기부 장려, **현물 기부에 대한 세제 인정** 등도 도입되었다. 또한 기업 메세나 활동에 라벨(label)을 부여하여 우수 메세나 기업을 홍보하고, **지역 단위**로 기업-문화 매개 조직을 육성하여 지방 기업들도 지역 문화에 기여하도록 유도했다. 이러한 노력의 결과, 프랑스에서는 대기업 중심이던 메세나에서 중견 · 중소기업으로 저변이 확대되고 있는 추세다.

한국·일본·프랑스 지원 구조 비교와 기부 기준

세 나라 모두 기업 메세나를 장려하고 있지만, 접근 방식과 지원 구조에는 차이가 있다. 이를 요약하면 다음과 같다: 법 · 제도 측면: 프랑스는 강력한 세제지원 법률을 통해 민간 기부를 이끌어내는 정책 주도형 모델이다. 일본은 민간 협의회 주도로 기업들의 자발적 참여를 독려하고 정부가 세제 인센티브를 부분적으로 지원하는 민관 협력형 모델이다.

한국은 2010년대 중반까지는 법적 기반이 미약했으나 2014년「문화예술후원활성화법」 제정 이후 공공 주도의 지원체계 구축을 시작한 상태로, 세제 혜택은 일반 기부 수준에 머물러 있는 상황이다. 현재 한국도 프랑스 법을 벤치마킹하여 기업 메세나에 대한 세액공제 확대를 검토했으나, 2009년과 2012년 국회에서 추진된 이른바 '메세나법'(기업 매출액 0.5% 한도 내 기부액 10% 세액공제안)은 통과되지 못했다. 대신 문화예술후원법을 통해 후원매개단체 인증제 등을 도입하여 민간 후원 활성화 기반을 마련하는 쪽으로 방향을 잡았다.

지원 주체와 구조: 한국과 일본은 기업별 문화재단이 중요한 역할을 한다. 한국의 삼성문화재단, 일본의 스미토모재단 등 다수의 기업재단들이 전문적으로 예술사업을 전개한다.

반면 프랑스는 기업 자체의 직접 후원이 흔하며, 물론 기업재단도 있지만 기업이 재단 없이 직접 기관에 기부하는 경우도 많다. 일본은 기업메세나협의회라는 중앙 허브를 통해 기업-예술계를 연결하고 공동사업을 펼치는 반면, 한국은 한국메세나협회와 한국문화예술위원회 등이 각기 일부 역할을 담당하여 분산적 구조를 보인다. 한편 프랑스의 ADMICAL과 문화부는 민간 후원을 국가 문화정책의 일부로 포섭하여 체계적인 데이터 수집과 홍보를 수행한다는 점이 특징이다.

구분		2017년	2018년	2019년	2020년	2021년	합계	연평균증가율(CAGR)
개인	일시	789	1,528	4,132	1,087	1,120	8,656	9.1%
	정기	234	209	271	309	271	1,294	3.7%
	소계(A)	1,024	1,736	4,402	1,396	1,391	9,950	8.0%
단체	일시	21,338	21,434	26,111	16,807	16,792	102,482	Δ5.8%
	정기	92	105	151	55	31	433	Δ24.0%
	소계(B)	21,429	21,540	26,261	16,862	16,823	102,914	Δ5.9%
합계(A+B)		22,453	23,276	30,663	18,258	18,214	112,864	Δ5.1%

세제 혜택: 앞서 언급했듯 **프랑스는 기업 기부액의 60% 세액공제**(한도 내)를 부여하여 혜택이 매우 크다. 일본은 기업메세나협의회를 통한 지정기부에 대해 **법인세 손비 인정** 등의 혜택을 주고, **문화재단에 기부**할 경우도 일정 부분 손비 인정이 된다.

한국은 **법인 소득 10% 한도 손금산입**이 기본이며, 메세나협회 또는 문화예술후원매개단체를 통한 기부에 대해서도 비슷한 수준의 공제가 적용된다. 한국메세나협회에 따르면, "한국: 소득금액의 10% 한도 내에서 지원액을 손금산입; 프랑스: 매출액의 0.5% 한도로 60% 세액공제" 등으로 차이가 난다. 이 차이로 인해 기업들의 참여 수준에서 격차가 발생하는데, 프랑스에서는 세제 혜택 덕분에 많은 중소기업까지 메세나에 나서는 반면 한국은 **대기업 위주**로 후원이 이루어지는 경향이 있었다고 지적된다.

지원 분야와 문화정책 연계: 한국과 일본은 **전통예술**과 **현대예술** 모두 기업 후원의 대상이 되지만, 한국 기업들은 한때 서양 클래식 음악과 미술 지원에 치중한다는 평이 있었다. 그러나 최근에는 인디음악, 연극, 무용, 전통국악 등으로 다변화되고 있다.

일본은 기업별 선호 분야가 뚜렷하여, 자동차회사들은 산업디자인·공예, 전자회사들은 음악·영상 등 자신들과 연관성 있는 분야에 특화하는 경향이 있다. 프랑스 기업들은 **문화유산 보존, 시각예술, 예술교육** 지원이 두드러진다.

이는 프랑스 정부가 문화유산과 예술교육에 대한 민간 후원을 특히 장려하기 때문이며, 실제로 기업들이 성곽이나 미술관 개보수 사업에 참여하면 추가 혜택을 주는 등의 프로그램이 있다. 요컨대, 각국의 메세나 활동은 **국가 문화정책과 기업 문화의 맥락** 속에서 다른 색채를 띤다. 정리하면, 일본은 **민간 중심 네트워크와 정부의 한정적 인센티브**가 결합된 모델이고, 프랑스는 **정부 주도 강력 인센티브와 민간 참여 확대** 모델이며, 한국은 이 두 **가지를 참고하여 제도화 초기 단계**에 있다. 중요한 공통점은 세 나라 모두 **기업 메세나를 긍정적으로 인식**하고 있고, 기업의 문화지원이 **사회 전체의 문화 복지와 경쟁력 향상**에 기여한다고 본다는 점이다. 이러한 인식 하에 각국은 법·제도 개선과 모범 사례 확산을 통해 더 많은 기업들이 문화예술 후원에 나서도록 독려하고 있다. 다음 절에서는, 이러한 배경을 바탕으로 한국 기업들의 메세나 활동 **구체적 사례**를 살펴보고, 특히 금융권과 IT 등 새로운 산업 분야에서의 메세나 사례 2~3개를 분석하겠다. 또한 기업이 예술을 통해 얻는 **사회적 · 경영적 효과**가 무엇인지 고찰할 것이다.

3 ▶▶ 기업 메세나 사례 분석: 금융권과 신(新) 산업을 중심으로

우선 **금융권** 기업들의 문화예술 지원 사례를 알아보고, 이어서 **IT/스타트업 등 신 산업 분야**에서의 독특한 메세나 사례를 탐구한다. 각각의 사례에서 기업이 예술 지원을 통해 얻게 된 **사회적 효과와 경영적 이익**도 함께 분석한다.

3-1 금융권 기업의 메세나 사례

금융산업은 전통적으로 문화예술 후원에 적극적인 분야 중 하나다. 은행, 증권, 보험 등 금융기업들은 **브랜드 이미지 제고와 고객 서비스**의 일환으로 예술 지원을 활용해왔다. 국내 금융권에서 선도적으로 메세나를 펼친 사례로 신한은행과 KB 금융그룹을 들 수 있다.

신한은행: 신진예술가 지원과 클래식 육성

신한은행은 금융권에서는 최초로 조직적 문화예술 후원 프로그램을 도입한 은행으로 평가받는다. 2003년부터 시작된 '신한 영 아티스트 페스타(Shinhan Young Artist Festa)' 프로그램이 대표적이다.

이 프로그램을 통해 신한은행은 매년 공모를 통해 선정된 신진 미술작가들에게 전시 기회를 제공하고 전시 관련 비용을 지원해왔다. 서울 강남에 위치한 신한갤러리에서 선정 작가들의 전시회를 열고, 작품 제작비, 홍보, 도록 제작 등 전 과정에 걸쳐 후원하는 것이다.

2003년 이래 2024년까지 약 22년간 292명의 젊은 작가를 발굴하여 총 167회의 전시를 개최한 기록을 가지고 있어, 한국 미술계에 실질적인 등용문 역할을 했다는 평가를 받는다.

이러한 장기 프로그램은 지속적 메세나 활동의 모범으로 꼽히며, 신한은행의 메세나가 단발 이벤트가 아니라 구조화된 사회공헌임을 보여준다. 신한은행은 또한 클래식 음악 인재 육성에도 힘쓰고 있다.

2009년 신한은행이 국내 금융권 최초로 제정한 '신한음악상'은 유망한 청소년 클래식 연주자를 선발하여 장학금과 해외연수 기회를 지원하는 프로그램이다. 신한음악상은 매년 바이올린, 피아노, 성악 등 부문에서 재능 있는 영뮤지션을 발굴해 후원함으로써 한국 클래식계 저변을 확대하고 있다. 올해로 15회 이상 지속되며 수상자들이 국제무대에 진출하는 등 성과를 내어, 기업이 음악분야 인재 양성에 기여한 사례로 꼽힌다. 이외에도 신한은행은 사내 합창단 운영, 로비 음악회 개최, 문화소외지역 어린이를 위한 음악회 후원 등 다각적인 문화나눔을 실천하고 있다.

신한은행 사례의 의미는 금융기업이 예술을 통해 젊은 세대와 소통하고 기업 이미지를 혁신한 점이다. 2000년대 초반 은행권에선 이례적이었던 젊은 미술가 지원은 신한은행을 진취적이고 친문화적인 브랜드로 부각시켰다. 실제로 신한은행 관계자는 "은행들은 젊은 작가 후원이나 미술 전시 등을 통해 고객들에게 자사의 이미지를 친근하고 고급스럽게 보이게 하는 계기로 삼는다"고 밝히며, 선진국 은행들의 사례처럼 예술 지원이 은행권의 트렌드로 자리잡았다고 설명했다. 즉, 신한은행의 메세나 활동은 브랜드 고급화와 고객층 확대에 기여하여 경영 전략 측면에서도 효과적이었다. 또한 신한은행은 이러한 공로로 여러 차례 한국메세나대상 등에서 수상하여 사회적 신뢰도를 높이는 성과를 거두었다.

KB금융그룹: 아트 마케팅과 사회공헌의 조화

KB금융그룹(국민은행)은 최근 아트 & 컬처 마케팅에 적극적으로 나서고 있는 금융사다. 한편으로는 대중과 고객을 대상으로 한 예술 마케팅을 펼치면서, 다른 한편으로는 취약계층 청년 예술가 지원과 같은 공익 프로젝트를 운영하여 이중의 효과를 추구한다. KB금융은 2023년 국내 최대 미술시장인 키아프 서울(KIAF Seoul) 아트페어에 리드파트너(메인 스폰서)로 참여하였다. 이를 통해 미술계에 대한 대규모 후원과 함께, 자사의 VIP 고객 대상 특별 프로그램을 운영하는 등 마케팅과 후원을 접목시켰다.

예컨대 계열사인 KB국민은행의 자산관리 브랜드 '골드앤와이즈(GOLD&WISE)' 고객들을 위해 삼성미술관 리움과 협업하여 뮤지엄 데이 행사를 개최하고, 유명 전시 투어를 제공하였다. 이러한 행사는 금융과 예술을 결합한 새로운 고객 서비스로 호평을 받았으며, 예술 향유 기회를 제공받은 고객들의 만족도 제고와 브랜드 차별화에 기여했다.

동시에 KB금융은 사회적 약자층 예술지원에도 힘썼다. 2024년 초에 배우 김남길과 함께 '함께나길' 프로젝트를 진행했는데, 이는 보호종료아동(자립준비청년) 중 예술 꿈나무들을 후원하는 캠페인이었다. KB는 이들의 그룹전을 열고 창작지원금과 멘토링을 제공하여, 어려운 환경의 청년 예술가들이 커리어를 시작하도록 도왔다.

이처럼 **문화예술을 통한 사회공헌 활동**은 기업의 ESG 경영 측면에서 높은 평가를 받았으며, 예술계에도 새로운 인재 발굴 통로를 마련해주는 긍정적 효과를 낳았다. KB금융의 사례는 **전략적 문화마케팅과 순수예술 후원을 균형**있게 실행한 점이 특징이다. 미술품 컬렉션을 활용한 VIP마케팅, 아트페어 후원 등은 **단기적인 브랜드 각인 효과**를 주었고, 취약계층 예술가 지원은 **장기적인 사회 가치 창출**로 이어졌다.

이러한 활동을 통해 KB는 금융업의 딱딱한 이미지를 탈피하고 **문화적 소양을 지닌 금융 파트너**로서 자리매김하고자 하였다. 그 결과 고객들로부터 **호감도 상승**과 **프리미엄 이미지 강화**라는 경영적 효과를 얻었다는 평이다. 또한 내부적으로도 임직원들이 문화행사에 참여하고 자부심을 느끼는 등 **조직 문화 향상**에도 기여했다.

그 밖에도 다른 금융사 사례로 **하나금융그룹**은 발달장애 예술가 지원 프로젝트인 '하나 아트버스'를 2022년부터 운영하여 장애인 미술공모전 및 작품전시를 지원하고 있고, **IBK기업은행**은 본점 로비를 활용한 **'IBK 아트스테이션'** 전시와 발달장애인 미술가 육성사업(드림윙즈) 등을 펼치고 있다. 외국계 은행인 한국씨티은행도 시각장애인으로 구성된 **한빛예술단**과 함께 로비 음악회를 개최하는 등 금융권 전반에 문화예술 후원이 확산되어 있다. 이러한 사례들은 금융권에서 예술 지원이 **보편적인 사회공헌** 개념으로 인식되고 있음을 보여준다. 글로벌 금융사 UBS 등이 예술시장 보고서 발간, 비엔날레 후원 등에 적극적인 것처럼, 국내 금융사들도 문화예술 지원을 통해 **국제적 이미지 제고**와 **고객 신뢰 확보**라는 두 마리 토끼를 잡고 있다.

3-2 신(新) 산업 분야 기업의 메세나 사례

전통적인 제조업이나 금융업뿐만 아니라, **IT, 스타트업, 소비재 등 신 산업 분야**에서도 참신한 메세나 사례가 등장하고 있다. 이들 기업은 업의 특성과 젊은 기업문화에 맞게 독특한 방식으로 문화예술을 지원하며, 새로운 **트렌드**를 만들고 있다.

KT&G 상상마당: 담배기업의 복합문화공간 운영

KT&G는 담배 제조업이라는 보수적인 이미지의 기업이지만, **상상마당**이라는 복합문화예술공간을 설립·운영하여 한국 기업 메세나의 혁신을 보여준 사례로 유명하다. **KT&G 상상마당**은 2007년 서울 홍대앞에 1호점을 개관한 이후, 2010년대에 춘천, 부산 등지에 추가로 문을 연 **문화플랫폼**이다.

이 공간들은 공연장, 극장, 갤러리, 스튜디오, 아카데미, 카페 등을 갖춘 **원스톱 문화공간**으로, 젊은 예술인과 일반 대중이 어우러지는 장을 제공한다. KT&G는 상상마당을 통해 **인디밴드 공연, 독립영화 상영, 신인 사진작가 공모전, 디자인 작품 전시** 등 다양한 프로그램을 지속적으로 운영해왔다. 상상마당의 운영 철학은 "지역사회를 위한 **문화 인프라**로 삼아 문화 콘텐츠를 대중에게 제공함과 동시에 **아티스트의 창작활동을 지원**하며, 생산부터 소비에 이르는 **문화 생태계**를 구축"하는 것이다. 실제로 상상마당은 **신인 예술가 등용**에 크게 기여했다. 홍대 음악씬의 인디밴드들이 상상마당 라이브홀 무대를 통해 성장했고, 사진/영상 분야의 **KT&G상상마당 한국사진상**과 **단편영화 제작지원** 프로그램 등으로 다수의 신진예술인이 발굴되었다.

또한, 대중에게는 저렴한 비용 또는 무료로 양질의 문화경험을 제공하여 **생활 속 문화 향유**를 확산시키는 역할을 했다. 상상마당 춘천과 부산 등 지역 거점은 지역 주민과 청년들에게 창작공간, 전시와 교육의 기회를 주어 **지역문화 활성화**에도 이바지하고 있다. KT&G의 이러한 메세나 활동은 **기업 이미지 개선과 세대 소통** 측면에서 커다란 효과를 거두었다.

담배회사라는 업종 특성상 CSR에 더욱 노력해야 했던 KT&G는 상상마당 프로젝트를 통해 **젊음, 창의, 문화**의 이미지를 확보하였다. 이제 상상마당은 KT&G라는 기업명보다 독자적인 문화브랜드로 인식될 정도로 성공하였고, 이는 결국 KT&G를 **세련되고 사회공헌에 적극적인 기업**으로 대중에게 각인시켰다. 기업 평판 조사에서 KT&G는 상상마당 이후 **CSR 모범 사례**로 거론되며 긍정적 평가가 높아졌다. 또한 상상마당을 찾는 수많은 방문객이 자연스레 KT&G에 호의적인 인식을 가지게 되어 **장기적 기업 호감도 제고**에 기여했다는 분석이 있다. 무엇보다 KT&G 상상마당 사례는 **기업이 직접 문화공간을 조성하여 운영**함으로써, 단순 후원 이상의 **능동적 문화생태계 조성자**로 거듭난 점에서 메세나의 새로운 모델을 제시했다는 의의를 지닌다.

하나의 IT기업 사례: 예술과 기술의 융합

(가상의 예시로서) **A사**라는 IT 스타트업을 생각해보자. 이 스타트업은 인공지능 기술을 활용한 플랫폼 비즈니스를 영위하면서, 기업의 핵심 가치인 창의성과 혁신을 강조하고자 **디지털 아트 후원 프로그램**을 시작했다.

A사는 매년 **미디어아트 공모전**을 개최해 기술과 예술을 접목한 창작 아이디어를 모집하고, 선정된 예술가에게 작품 제작비와 기술 지원을 제공했다. 또한 자체 오피스 로비를 **디지털 갤러리**로 꾸며 신진 뉴미디어 아티스트들의 작품을 상설 전시하였다. 이처럼 **예술과 첨단기술의 융합**을 지향한 메세나 활동은 A사의 브랜드를 한층 혁신적으로 보이게 했고, 기술업계 종사자들뿐 아니라 예술계와 일반 대중에게도 호기심과 주목을 받았다.

비록 A사는 스타트업이라 지원 규모는 크지 않았지만, 특정 분야(미디어아트)에 집중하여 **기업 정체성과 부합하는 후원**을 한 덕분에 효율적인 마케팅 효과를 누렸다. A사의 임직원들 또한 사무환경 속에서 예술을 접하며 **창의적 조직문화**와 **직무 만족도 향상**을 경험했다. 이 사례는 실제 여러 IT기업에서 나타나는 경향으로, 넷플릭스나 구글 등 글로벌 IT기업들도 사옥에 예술작품을 전시하고 예술 프로젝트를 지원함으로써 직원들의 **창의적 사고를 자극**하고 기업 문화를 풍부하게 만들고 있다.

기타 신산업 분야 사례: 이외에도 **게임업계의 문화재단** 설립이나 **스타트업의 지역 문화축제 후원** 등 다양한 사례가 있다. 예를 들어 한 모바일 게임 기업은 사내에 예술창작 지원팀을 두어 게임 음악회, 캐릭터 아트전 등 독특한 이벤트를 개최했고, 이를 통해 게임 이용자와 일반 대중 모두에게 좋은 반응을 얻었다.

또 다른 예로, 공유경제 플랫폼 스타트업은 본사가 위치한 지역의 **거리예술축제**를 후원하여 지역사회에 기여하면서 서비스 홍보도 이뤄냈다. 이러한 **신산업의 메세나**는 규모면에서 전통 산업 대비 작을 수 있으나, **창의적인 아이디어와 밀접하게** 이루어지기 때문에 사회에 신선함을 준다. 또한 신생 기업들이 메세나를 통해 **지역 커뮤니티와 연대**하고 **브랜드 스토리**를 만드는 효과도 크다.

3-3 기업 메세나의 사회적·경영적 효과 분석

앞서 살펴본 사례들을 통해, 기업이 예술을 지원함으로써 얻는 다양한 **사회적, 경영적 효과**를 정리할 수 있다. **첫째, 사회적 효과**로는 **문화 진흥과 예술 생태계 강화**를 들 수 있다. 기업 후원을 통해 예술가들은 창작 기회를 얻고, 관객들은 수준 높은 문화를 향유하며, 결과적으로 사회 전체의 **문화적 풍요로움**이 증대된다. 예를 들어 신한은행의 젊은 작가 지원은 한국 현대미술계 인재 양성에 기여했고, KT&G 상상마당은 인디문화 활성화와 지역문화 발전을 가져왔다. 또한 기업 메세나는 **문화 민주화**에 기여하는데, 기업이 후원한 공연이나 전시의 티켓 할인, 무료 관람 행사가 늘어나면 **대중의 문화 접근성**이 높아진다. 기업이 예술교육 프로그램을 지원하면 미래 세대의 **문화향유 능력**이 향상되어 장기적으로 문화복지 향상으로 이어진다.

둘째, 기업의 사회적 책임(CSR) 달성이라는 효과가 있다. 문화예술 후원은 기업의 CSR 활동 중 **평판 효과**가 특히 높은 분야로 꼽힌다. 왜냐하면 예술 지원은 환경, 노동 등의 CSR 이슈에 비해 **긍정적 이미지**를 전파하기 용이하고, 대중이 체감하기 쉬운 가시적 결과물(공연, 전시 등)이 있기 때문이다. 실제로 한 연구에 따르면 기업 메세나는 **광고비보다 적은 비용으로 사회적 신뢰를 얻을 수 있어 기업들에게 선호**된다. 이는 메세나를 통한 기업 이미지 개선의 **비용 대비 효과**가 크다는 의미다.

예술을 후원하는 기업은 **문화적 소양**과 **공익적 마인드**를 갖춘 것으로 비쳐, 소비자들과 지역사회로부터 **호의와 신뢰**를 얻게 된다. 기업 입장에서는 **브랜드 가치 제고**와 **평판 리스크 관리** 측면에서 유리하다. 예컨대 KB금융이 취약계층 청년 예술가를 돕는 모습은 금융권에 대한 신뢰를 높이고 은행에 대한 친밀감을 향상시켰다.

셋째, 경영적 효과로서 **마케팅 및 브랜딩** 효과를 들 수 있다. 기업 메세나는 흔히 **문화마케팅** 전략의 일환으로 활용되며, 일반 광고로는 접촉하기 어려운 고객층과 **감성적 연결**을 맺게 해준다. 예술후원을 통해 기업은 스토리텔링 요소를 확보하고 브랜드에 **품격**과 **차별화**를 부여할 수 있다. 특히 고급 예술(클래식, 미술 등)을 후원하면 **프리미엄 브랜드 이미지를 구축**하는 데 도움이 되고, 젊고 혁신적인 예술(인디음악, 스트리트아트 등)을 후원하면 **트렌디하고 개방적인 이미지**를 어필할 수 있다. 하나은행 등의 사례에서 보듯 예술 협력은 고객에게 **친근하면서도 수준 높은 브랜드**로 인식되게 하는 효과가 있다. 또한 문화행사 협찬은 언론 노출과 소셜미디어 화제를 불러일으켜 **광고 효과**를 발휘한다.

기업이 후원한 전시나 공연이 성공하면 기업 이름도 긍정적으로 회자되어 **인지도 상승**으로 이어진다. 더욱이 요즘은 메세나 활동 자체를 기업의 ESG 보고서나 광고캠페인에 활용하여 **홍보 시너지**를 내기도 한다. **넷째, 사내 효과로 임직원 만족도 및 조직문화 향상**이 있다. 문화예술 후원 프로그램에 임직원이 참여하도록 장려하는 기업들도 많은데, 이는 직원들에게 **자부심**을 심어준다. 자신이 속한 기업이 사회와 문화를 위해 좋은 일을 한다는 인식은 **직무 보람**을 높이고 애사심을 강화한다.

예컨대 메세나 활동에 봉사자로 참여하거나, 회사가 제공하는 문화공연 관람 혜택을 누리면서 직원들은 **정서적 안정**과 **만족감**을 얻는다. 더 나아가 예술과 접촉하는 경험은 직원들의 **창의성**과 **팀워크**에도 긍정적 영향을 준다. 일례로 어떤 IT기업은 사옥 내 예술 전시를 통해 직원들이 쉬는 시간에 작품을 감상하게 했더니, 근무환경에 대한 만족도가 향상되고 창의적 아이디어 제안이 증가하는 효과를 봤다고 보고된 바 있다. 이처럼 예술은 사람들의 영감을 자극하기 때문에, 기업이 예술을 가까이 둠으로써 **혁신적인 조직문화**를 촉진할 수 있다. **다섯째, 외부 파트너십과 네트워크 확대 효과**가 있다. 기업 메세나를 하면 예술계, 문화기관, 정부 등과 **협력 관계**를 구축할 기회가 생긴다.

이는 기업에게 새로운 **비즈니스 네트워크**로도 작용할 수 있다. 예술 행사 후원에서 만난 인사들과의 교류, 정부 문화행사 참여로 인한 정책 당국과의 친밀도 상승 등은 향후 사업 전개에도 우호적 환경을 조성한다. 예를 들어 문화 분야에 꾸준히 기여한 기업은 정부로부터 **훈장, 표창** 등을 받거나 각종 위원회에 초청되어 **의견 개진의 기회**를 얻기도 한다. 이러한 제도권 네트워크 참여는 기업의 **사회적 입지 강화**로 이어진다.

또한 글로벌 기업들의 경우 국제 예술프로젝트를 후원하면서 해외 유력 인사들과 교류하고 **글로벌 브랜드**로서 입지를 다지는 경우도 있다. 마지막으로, **장기적 관점에서의 기업 지속가능성 지원**을 꼽을 수 있다. 문화예술에 대한 투자는 겉보기에 직접적 수익을 창출하지는 않지만, 기업을 둘러싼 **사회환경을 건강**하게 만들고 **미래 인재를 육성**함으로써 간접적으로 기업의 지속가능한 성장에 기여한다. 예술이 풍부한 사회는 창의적 인력이 성장하기 좋은 토양이고, 이는 혁신경제의 기반이 된다. 기업들은 자신들이 속한 사회의 문화적 수준이 높아질수록 장기적으로 **더 나은 소비자층**과 **인재풀**을 얻게 됨을 인식하기 시작했다. 그러므로 메세나를 **사회에 대한 투자**로 보고 적극 참여하는 것이며, 이는 곧 기업 자신의 미래를 위한 투자이기도 하다. Forbes지 등에서도 "기업이 예술에 투자하는 것은 결국 **자신의 사업 성공을 위한 투자**"라는 견해를 밝힌 바 있다.

물론 기업 메세나 활동이 항상 긍정적인 면만 있는 것은 아니다. 일부에서는 기업 후원이 예술의 자율성을 침해할 우려나, 과도한 마케팅성 협찬이 예술의 순수성을 해칠 가능성을 지적하기도 한다. 또한 경기 불황 시 기업들이 가장 먼저 축소하는 예산이 문화후원 분야라는 현실적인 한계도 있다. 그럼에도 불구하고 대체로 메세나 활동은 기업과 예술이 윈윈(win-win)할 수 있는 관계임이 여러 사례를 통해 입증되고 있다.

기업은 예술을 돕고 **사회적 가치**를 창출함과 동시에 **자사의 가치**도 높이고, 예술계는 안정적 지원을 받아 창작 활성화와 **저변 확대**를 이루는 선순환이 형성되는 것이다. 결론적으로, 기업 메세나는 **예술경영과 기업경영의 접점**에서 탄생한 중요한 개념으로, 시대의 흐름 속에서 그 의미와 방식이 확장되어 왔다. 한국을 비롯한 여러 국가에서 기업 메세나는 이제 선택이 아닌 **필수적인 사회공헌 영역**으로 자리 잡아가고 있다. 앞으로도 더 많은 기업들이 메세나에 참여하도록 장려하고, 정부의 지원정책과 세제 혜택을 개선하며, 기업-예술계 간 **창의적 파트너십**을 개발하는 노력이 요구된다. 이를 통해 문화예술과 산업이 함께 발전하며 **풍요로운 문화사회**와 **지속가능한 경제**를 만들어갈 수 있을 것이다.

참고문헌

강수정. (2018). 공연예술 기획의 실제. 예술과경영.

김민정. (2020). 지역문화와 공연기획: 지방공공극장의 역할과 전략. 문화예술연구, 35(2), 45-68.

김인정. (2023). 티켓 가격과 관객의 경험 가치 간의 관계 분석. 공연예술경영, 11(3), 73-94.

문화체육관광부. (2023). 2022 문화예술 관람 실태조사 보고서. 서울: 문화체육관광부.

서울예술단. (2023). 창작가무극 제작보고서 2022. 서울: 서울예술단.

이수현. (2021). 공공극장의 기획자 양성과정 연구: 일본 사례를 중심으로. 공연예술경영, 9(3), 23-50.

정하영. (2022). 뮤지컬 산업의 대관 구조와 민간 제작사의 전략 분석. 문화산업연구, 27(4), 101-127.

Bennett, S. (1997). Theatre Audiences: A Theory of Production and Reception. Routledge.

Kotler, P., & Keller, K. L. (2016). Marketing Management (15th ed.). Pearson Education.

Kotler, P., & Scheff, J. (1997). Standing Room Only: Strategies for Marketing the Performing Arts. Harvard Business School Press.

Kolb, B. M. (2013). Marketing for Cultural Organizations: New Strategies for Attracting Audiences (3rd ed.). Routledge.

Zeithaml, V. A., Bitner, M. J., & Gremler, D. D. (2018). Services Marketing: Integrating Customer Focus Across the Firm (7th ed.). McGraw-Hill Education.

경남발전연구원. (2013). 메세나 지원기업 세제혜택 늘려야 daesanart.comdaesanart.com경남도민일보.

김동욱. (2025). 미술관되고 젊은 예술가 후원하는 은행들. 브릿지경제 viva100.comviva100.com.

김소영. (2006). 21세기형 메세나 '문화마케팅'.《Korean Culture & Arts Journal》 2006년 1월호, 13-17쪽 arko.or.krarko.or.kr.

김세연. (2023). 국내 기업의 문화예술 지원 10년간의 추이 및 현황 분석. 한국문화예술위원회 아츠스퀘어 웹진 thearts.arko.or.krthearts.arko.or.kr.

기무라 노리코. (2006). 삶과 문화를 튼튼하게 해주는 사단법인 기업메세나협의회.《Korean Culture & Arts Journal》 2006년 1월호, 27-30쪽 arko.or.krarko.or.kr.

신한금융희망재단. (2023). 문화예술 지원사업: 신한은행 신한음악상 소개 shinhanfoundation.or.kr.

예술경영지원센터. (2012). 프랑스 문화 메세나 관련 동향 조사. 한국문화정보원(KOCIS) 해외 문화동향 kocis.go.krkocis.go.kr.

한국메세나협회. (2015). 기업 문화재단 발전방안 연구 – 해외 문화재단 운영 정책 비교 arko.or.krarko.or.kr.

한국메세나협회. (2023). 2023년도 기업의 문화예술 지원 현황 조사 (발표자료) thearts.arko.or.kr.

KT&G. (2023). KT&G 상상마당: 국내 대표 복합 문화예술 공간 소개 ktng.com.

Association pour le Développement du Mécénat Industriel et Commercial (ADMICAL). (2021). Le mécénat d'entreprise en France: 2020 survey results. ADMICAL.

Korea Culture & Information Service. (2019). French "Aillagon Law" and Cultural Sponsorship Outcomes. KOCIS Policy Report kocis.go.krkocis.go.kr.

Mecenat Association (Japan). (2020). Mécénat Activities Needed in Japan Today. Association for Corporate Support of the Arts (Kigyo Mecenat Kyogikai) arko.or.krarko.or.kr.

Yang, H. M., et al. (1995). Corporate Mecenat Activation Plan. Korea Arts & Culture Education Service.thefreelibrary.com.

Zheng, W. (2018). Sponsoring the Arts Builds Business. Forbes Agency Council. (Retrieved from Forbes.com)forbes.com.

강수정. (2018). 공연예술 기획의 실제. 예술과경영.

김민정. (2020). 지역문화와 공연기획: 지방공공극장의 역할과 전략. 문화예술연구, 35(2), 45–68.

김형규. (2017, 12월 3일). 존중 받는 창작활동…프랑스에 '배고픈 예술가'는 없다. 경향신문. https://www.khan.co.kr

박정배. (2015). 공연 기획 입문. 커뮤니케이션북스.

박철호. (2019). 한국 공연예술 대관제도의 구조와 개선 방향. 예술경영학회지, 12(1), 89–112.

서울예술단. (2023). 창작가무극 제작보고서 2022. 서울예술단.

유시안. (2022, 6월 7일). 일본의 공연장, 특이한 체제. 브런치 스토리. https://brunch.co.kr

이수현. (2021). 공공극장의 기획자 양성과정 연구: 일본 사례를 중심으로. 공연예술경영, 9(3), 23–50.

정하영. (2022). 뮤지컬 산업의 대관 구조와 민간 제작사의 전략 분석. 문화산업연구, 27(4), 101–127.

예술경영지원센터. (2009). 공연기획·제작자를 위한 기술행정 (문화예술 기획·경영 전문인력 양성사업 매뉴얼 09-03). 서울: 예술경영지원센터.

공연장안전지원센터. (2016). 공연장 외 공연 재해대처계획 작성 안내서. 문화체육관광부. https://gdma1999.weebly.com

Bennett, S. (1997). Theatre audiences: A theory of production and reception. Routledge.

Kawasaki, Y. (2015). Regional cultural policy and public theatres in Japan. Asian Theatre Journal, 32(1), 1–20. https://doi.org/10.1353/atj.2015.0000

Ministry of Culture, Sports and Tourism. (2022). Annual report on cultural policy. MCST.

Pavis, P. (2003). Analyzing performance: Theater, dance, and film. University of Michigan Press.

Smith, J. A. (2019). The role of the producer in contemporary theatre. Theatre Journal, 71(2), 123–140.

UNESCO. (2021). Culture and public policy: A global perspective. UNESCO Publishing.

Arts Council Korea (한국문화예술위원회). (2020). 2020년 코로나19 피해 긴급예술지원 결과보고. 한국문화예술위원회.

greenfund.org. (n.d.). 기부금 세액공제 안내.

Korea Culture & Tourism Institute. (2021). Performing Arts Market Analysis Before and After COVID-19. KCTI.

강원특별자치도청. (2024). 전문예술법인·단체 지정현황 (최종 업데이트: 2024년 11월 5일). 강원특별자치도청 문화관광체육국 문화예술과.

김갑수. (2023). 공연예술의 비용 질병, 극복할 수 없는 것인가? 충청매일 [칼럼].

김인춘. (2001). 한국의 비영리영역: 문화예술 부문. 연세대학교 동서문제연구원 동서연구, 13(1), 191–214.

문화체육관광부. (2011, 5월 24일). 전문예술단체도 기부금품 직접 모집 [보도자료].

문화체육관광부. (2019, 8월 29일). 2020년 문체부 예산 6조원 첫 돌파…한류·실감 콘텐츠 육성 [보도자료]. 연합뉴스. https://www.yna.co.kr/view/AKR20190829004800005

문화체육관광부. (2020, 12월 2일). 2021년도 문체부 예산 6조 8,637억 원으로 확정 [보도자료]. 문화체육관광부 홈페이지.

박현정. (2024, 5월 27일). 코로나19 여파 지자체 문화예술 예산 감소. 전북일. https://www.jjan.kr/article/20240525580047

삼성문화재단. (n.d.). 사업 소개. https://www.samsungfoundation.org

예술경영지원센터. (2020). 2019 문화예술 사회적경제 실태조사 요약보고서. 서울: 예술경영지원센터.

이웅. (2019, 8월 29일). [2020예산] 문체부 6조원 첫 돌파…한류·실감 콘텐츠 육성. 연합뉴스. https://www.yna.co.kr/view/AKR20190829004800005

임순현. (2024, 11월 29일). 작년 공연시장 매출 사상 첫 1조원 돌파…2022년 대비 46% ↑. 연합뉴스. https://www.yna.co.kr/view/AKR20241129052400005

장재원. (2023, 7월 5일). 팬데믹 종식에 기업 메세나 늘었다…작년 문화예술 2073억 지원. 뉴데일리. https://www.newdaily.co.kr/site/data/html/2023/07/05/2023070500012.html

전석재. (2020, 3월 24일). "코로나19 시절보다 심하다"…오영훈 제주도정 문화예술 잔혹사. 제주의소리. https://www.jejusori.net/news/articleView.html?idxno=250933

정유진. (2022, 7월 5일). 메세나협, '2021년 기업의 문화예술 지원 현황 조사' 결과 발표. 핸드메이커. https://www.handmk.com/news/articleView.html?idxno=12764

정현구. (2023, 1월 30일). 지역문화재단 재원의 문제점. 전국시민의소리. https://www.gnsiminsori.com/news/articleView.html?idxno=17976

통계개발원. (2020). [문화와 여가] 코로나19 이후 영화 및 공연 관람의 변화. 한국의 사회동향 2020. 통계청.

한국메세나협회. (2023). 2022년도 기업의 문화예술 지원 현황 조사. 한국메세나협회.

한국문화관광연구원. (2022). 코로나19 전후 공연시장 변화 비교 분석. 한국문화관광연구원.

한국예술문화단체총연합회. (2020). 코로나19 피해 현황 긴급 조사 결과. (재인용: 충북문화재단 보고서).

효성에프엠에스. (2021, 7월 5일). 비영리단체를 설립하고 싶다면? 특징, 설립 절차, 운영 노하우 소개. 효성CMS 블로그.

Ahearne, J. (2009). Cultural policy explicit and implicit: A distinction and some uses. International Journal of Cultural Policy, 15(2), 141–153. https://doi.org/10.1080/10286630902806080

Bennett, T. (1995). The Birth of the Museum: History, Theory, Politics. London: Routledge.

Bennett, T. (2001). Differentiating cultural policy. International Journal of Cultural Policy, 7(2), 199–212.

Dubois, V. (2011). Cultural policy: Towards a government of culture. London: Palgrave Macmillan.

European Commission. (2010). Green Paper: Unlocking the potential of cultural and creative industries. Brussels: EU Publications.

Gray, C. (2007). Commodification and instrumentality in cultural policy. Cultural Trends, 16(3), 209–224.

Hesmondhalgh, D. (2013). The cultural industries (3rd ed.). London: Sage.

Japan Arts Council. (n.d.). Mission and activities. Retrieved from https://www.ntj.jac.go.jp

McGuigan, J. (2004). Rethinking cultural policy. London: Open University Press.

NPR / The Guardian. (2020). France's Intermittents du Spectacle system. Retrieved from https://www.npr.org / https://www.theguardian.com

OECD. (2005). Culture and Local Development. Paris: OECD Publishing.

The Art Newspaper. (2022). France's Culture Pass for Youth. Retrieved from https://www.theartnewspaper.com

UNESCO. (2005). Convention on the Protection and Promotion of the Diversity of Cultural Expressions. Paris: UNESCO Publishing.

UNESCO. (2012). Cultural governance in Germany: Policy monitoring report. Retrieved from https://www.unesco.org

gdrc.org. (n.d.). Urban Heritage Strategies of Japan: Digital Archive of Cultural Heritage. Retrieved from https://www.gdrc.org

culturalpolicies.net. (2016). France cultural industries regulation. Retrieved from https://www.culturalpolicies.net

culturalpolicies.net. (2023). Germany country profile. Retrieved from https://www.culturalpolicies.net

Coalition Française. (2013). Music industry support in France. Retrieved from https://www.coalitionfrancaise.org

경기문화재단. (2023). 문화예술 정책과 지역문화의 과제. 수원: 경기문화재단 정책연구실.

김정수. (2018). 문화정책의 이해 (3판). 서울: 커뮤니케이션북스.

문화체육관광부. (2018). 문화비전 2030: 사람이 있는 문화. 서울: 문화체육관광부.

문화체육관광부. (2023). 2023 문화예술정책 백서. 세종: 문화체육관광부 정책기획과.

문화체육관광부. (2023). 2023 지역문화진흥 연감. 세종: 문화체육관광부.

서울문화재단. (2023). 2023 사업계획서 및 예산안.

유진룡. (2011). 문화정책의 이론과 실제. 서울: 학고재.
전북문화관광재단. (2022). 문화도시 전주 사례연구.
지역문화진흥원. (2023). 문화재단 연감. 서울: 지역문화진흥원.
한국문화예술교육진흥원. (2022). 지역문화예술교육센터 운영 매뉴얼.
한국문화예술위원회. (2022). 문예진흥기금 운영현황. 서울: 예술위 자료실.
한국콘텐츠진흥원. (2023). K-콘텐츠 산업백서 2023. 서울: 한국콘텐츠진흥원.
한양대학교 문화정책대학원. (2010). 한국 문화정책의 60년. 서울: 한양대 출판부.
Alexander, J. (1996). Managing conflict in public organizations. San Francisco: Jossey-Bass.
Alexius, S., & Cisneros Örnberg, J. (2015). Mission(s) impossible? Configuring values in the governance of state-owned enterprises. Voluntas, 26(4), 1560–1584.
Arendt, H. (1958). The Human Condition. University of Chicago Press.
Belfiore, E., & Bennett, O. (2010). The Social Impact of the Arts: An Intellectual History. Palgrave Macmillan.
Belfiore, E., & Bennett, O. (2007). Rethinking the social impacts of the arts. International Journal of Cultural Policy, 13(2), 135–151.
Bennett, T. (2010). Culture, Class, Distinction. Routledge.
Billis, D. (2010). Hybrid Organizations and the Third Sector. Palgrave Macmillan.
Caulkin, S. (2006). It's the audience, stupid. The Guardian.
Chong, D. (2010). Arts Management. Routledge.
Cordery, C. J., Sim, D., & Van Zijl, T. (2016). Differentiated regulation: The case of charities. Accounting & Finance, 56(1), 131–165.
Chandler, A. D. (1962). Strategy and structure: Chapters in the history of the industrial enterprise. Cambridge, MA: MIT Press.
DCMS (UK Department for Culture, Media and Sport). (2015). Measuring Cultural Value: Final Report from the AHRC Cultural Value Project.
Daft, R. L. (2020). Management (13th ed.). Boston, MA: Cengage Learning.
Drucker, P. F. (1954). The practice of management. New York, NY: Harper & Brothers.
ESCO. (n.d.-a). Quadrennial Periodic Reports. Retrieved from
Eikenberry, A. M., & Kluver, J. D. (2004). The Marketization of the Nonprofit Sector. Public Administration Review, 64(2), 132–140.

Freeman, R. E. (1984). Strategic Management: A Stakeholder Approach. Boston: Pitman.

Fung, A. (2006). Varieties of participation in complex governance. Public Administration Review, 66(s1), 66-75.

Fayol, H. (1949). General and industrial management (C. Storrs, Trans.). London: Pitman. (Original work published 1916)

Gray, C. (2002). Managing cultural policy: Pitfalls and prospects. International Journal of Cultural Policy, 8(1), 1 – 15.

Habermas, J. (1962). The Structural Transformation of the Public Sphere. MIT Press.

Holden, J. (2004). Capturing Cultural Value: How culture has become a tool of government policy. Demos.

Holden, J. (2006). Cultural Value and the Crisis of Legitimacy. Demos.

Hooghe, L., & Marks, G. (2003). Unraveling the central state, but how? American Political Science Review, 97(2), 233 – 243.

KCTI. (2022). 문화산업 유통인프라 전략보고서. 서울: 한국문화관광연구원.

McCarthy, K. F., Ondaatje, E. H., Zakaras, L., & Brooks, A. (2001). The performing arts in a new era. RAND Corporation.

McCarthy, K. F., Ondaatje, E. H., Zakaras, L., & Brooks, A. (2004). Gifts of the muse: Reframing the debate about the benefits of the arts. RAND Corporation.

McGuigan, J. (2005). Neo-liberalism, culture and policy. International Journal of Cultural Policy, 11(3), 229 – 241.

McLean, P. D. (2006). The art of the network: Strategic interaction and patronage in Renaissance Florence. Duke University Press.

Mulcahy, K. V. (1994). Cultural patronage in comparative perspective. The Journal of Arts Management, Law, and Society, 24(4), 241 – 259.

Mintzberg, H. (1973). The nature of managerial work. New York, NY: Harper & Row.

f. Robbins, S. P., & Coulter, M. (2022). Management (15th ed.). Hoboken, NJ: Pearson.

NPO Management Review. (2018). 공익 조직의 이해관계자 참여 관리 전략 보고서. 서울: 한국NPO학회.

Oakley, K. (2004). Developing the evidence base for support of cultural and creative industries. Cultural Trends, 13(2), 13 – 23.

Rentschler, R. (2002). The entrepreneurial arts leader: Cultural policy, change and reinvention. University of Queensland Press.

Throsby, D. (2001). Economics and culture. Cambridge University Press.

UNESCO. (2005). Convention on the protection and promotion of the diversity of cultural expressions.

UNESCO. (2017). Operational guidelines on the implementation of the convention in the digital environment. Paris: UNESCO. Retrieved from [URL 필요].

과학기술정보통신부·한국문화예술교육진흥원. (2020). 2020 문화예술교육 실태조사. 서울: 저자.

곽수경. (2016). 문화예술의 공공성 개념 재고찰: 예술지원 제도를 중심으로. 예술경영연구, 41, 1–24.

김경화. (2020). 사회참여 예술의 공공성 재구성: 커뮤니티 아트를 중심으로. 문화정책논총, 34(2), 145–169.

김성우. (2019). 문화예술 향유의 사회적 의미. 문화정책연구, 33(2), 45–72.

김정현. (2020). 문화예술 향유 결정요인의 분석: 경제자본과 문화자본의 관점을 중심으로. 예술경영학연구, 13(1), 87–112.

김승진. (2020). 비영리법인의 설립과 운영에 관한 법적 고찰: 사단법인과 재단법인의 비교를 중심으로. 한국비영리법학회, 23(1), 45–67.

문화체육관광부. (2020). 문화예술 공공성 강화방안 연구보고서.

문화체육관광부. (2021). 제4차 문화예술정책 기본계획(2023~2027). 세종: 문화체육관광부.

문화체육관광부. (2023). 문화예술기관 회계 운영 매뉴얼. 서울: 문화체육관광부.

법제처. (2023). 공익법인의 설립·운영에 관한 법률. 국가법령정보센터.

법제처. (2024). 민법 제32조 비영리법인의 설립. 국가법령정보센터. https://www.law.go.kr

법무부. (2022). 비영리법인 설립·운영 가이드라인. https://www.moj.go.kr

서울문화재단. (2019). 다빈치 크리에이티브 프로젝트 백서. 서울: 서울문화재단.

서울문화재단. (2021). 예술로 돌봄 정책백서. 서울: 서울문화재단.

서울시 도시공간개선단. (2018). 플랫폼창동61 운영보고서. 서울: 서울특별시.

이선철, 외. (2013). 문화예술 공공성의 이론과 실제. 커뮤니케이션북스.

이선철. (2019). 예술과 시민의 공동창작: 참여형 문화예술교육 사례 분석. 문화예술교육연구, 14(1), 75–98.

전주시 팔복예술공장. (2020). 운영상 분석 보고서. 전주: 전주시문화재단.

한국문화관광연구원. (2017). 문화예술의 사회적 가치 연구. 서울: KCTI.

한국문화예술위원회. (2016). 공공예술의 새로운 패러다임 연구.

한국문화예술위원회. (2023). 신나는 예술여행 평가보고서. 진주: 한국문화예술위원회.

한국문화예술위원회. (2020). 온라인 예술 콘텐츠 제작 및 유통 지원사업 결과보고서. 진주: 한국문화예술위원회.

Kim, S. Y. (2021). 문화예술의 혼합재적 성격에 따른 정책적 접근 분석. 문화정책연구, 28(1), 101 – 128.

김선희. (2014). 공공도서관의 사회적 가치와 커뮤니티 기능. 문헌정보학연구, 48(2), 57 – 79.

윤희윤. (2013). 국내 공공도서관의 보편성과 특수성 담론. 한국문헌정보학회지, 47(1), 5 – 25.

Bennett, O. (2015). Cultural policy review of books: Public value in the cultural sector. Palgrave Macmillan.

Bennett, T., & DiMaggio, P. (1996). Culture and power: A sociology of the arts. Cambridge University Press.

서울시 공원녹지국. (2022). 시민참여형 공원 관리 사례집. 서울: 서울특별시.

김경희. (2013). 공론장 이론의 정치적 이해: 아렌트, 하버마스, 월쩌를 중심으로. 정치사상연구, 19(1), 1 – 30.

문화체육관광부. (2020). 2020 문화산업백서. 세종: 문화체육관광부.

한국개발연구원 경제교육정보센터. (2015). 공공재를 공급하는 정부의 경제적 유인은? Retrieved from

박통희. (2019). 공공성 개념의 근대적 구성요소와 동태적 모형. 행정논총, 58(3), 103 – 130.

DCMS (UK Department for Culture, Media and Sport). (2015). The cultural white paper. London: DCMS.

지방자치법. (2021년 전부개정 법률 제18476호). 국가법령정보센터.

Salamon, L. M. (2003). The resilient sector: The state of nonprofit America. Brookings Institution Press.

성북구 정책연구센터. (2020). 숙의민주주의 시민참여 사례연구 보고서. 서울: 성북구청.

서울특별시. (2022). 민주주의 서울 시민참여 플랫폼 현황 보고서. 서울: 서울특별시.

정태인. (2012). 공공경제, 공공성과 정의의 경제학. 새로운사회를여는연구원.

최우용. (2018). 비영리사단법인과 재단법인의 운영구조 차이에 관한 연구. 공공정책연구, 34(2), 101 – 119.

Salamon, L. M., & Anheier, H. K. (1997). Defining the nonprofit sector: A cross-national analysis. Manchester University Press.

Towse, R. (2010). A textbook of cultural economics. Cambridge University Press.

Ministère de la Culture. (2021). Rapport annuel: Pass Culture et mècènat. Paris: Gouvernement français.

이지법률정보시스템. (2023). 비영리법인의 종류 및 설립절차 안내. https://www.easylaw.go.kr

예술경영지원센터. (2023). 예술나무 기부 보고서. 서울: KAMS.

서울연구원. (2021). 서울 공원정책의 역사와 과제. 서울: 서울연구원.

Hansmann, H. (1980). The role of nonprofit enterprise. The Yale Law Journal, 89(5), 835-901.

김경희. (2013). 공론장 이론의 정치적 이해: 아렌트, 하버마스, 월쩌를 중심으로. 정치사상연구, 19(1), 1-30.

Throsby, D. (2001). Economics and culture. Cambridge University Press.

대한민국 헌법. (1948, 개정 1987).

Ahearne, J. (2009). Cultural policy explicit and implicit: A distinction and some uses. International Journal of Cultural Policy, 15(2), 141-153.

UNESCO. (2005). Convention on the protection and promotion of the diversity of cultural expressions. Paris: UNESCO.

Salomonsen, H. H. (2020). Collaborative governance and cultural institutions. Cultural Trends, 29(4), 321-336.

Ostrander, S. A., & Schervish, P. G. (1990). Giving and getting: Philanthropy as a social relation. In Critical issues in American philanthropy (pp. 67-98). Jon Van Til (Ed.).

Musgrave, R. A., & Musgrave, P. B. (1989). Public finance in theory and practice (5th ed.). McGraw-Hill.

Toepler, S. (2006). Caveat venditor? Museum merchandising, nonprofit commercialisation, and the case of the Metropolitan Museum in New York. Voluntas, 17(2), 95-109.

Charity Commission UK. (2015). The essential trustee: What you need to know, what you need to do.

서울특별시. (2023). 2023년 공공도서관 운영 현황 공개자료. 서울: 서울특별시 정보공개포털.

U.S. Internal Revenue Service. (2022). Tax-exempt status for your organization. Retrieved from

박통희. (2019). 공공성 개념의 근대적 구성요소와 동태적 모형. 행정논총, 58(3), 103-130.

Holden, J. (2006). Cultural value and the crisis of legitimacy. London: Demos.

Lincoln Center for the Performing Arts. (2022). Annual Report 2022. Retrieved from https://www.lincolncenter.org/

Kennedy Center. (2023). Performance & Program Archive. Retrieved from https://www.kennedy-center.org/

Barbican Centre. (2023). Annual Review 2022/23. London: City of London Corporation.

Sydney Opera House Trust. (2023). Annual Report 2022–2023. Retrieved from https://www.sydneyoperahouse.com

Smithsonian Institution. (2023). Hirshhorn Museum and Sculpture Garden Annual Report 2022. Washington, DC: Smithsonian.

【저자 약력】

김승준

현) 수원대학교 호텔관광학부 겸임교수
　　한국이코모스 정회원
　　화성시 축제자문위원
　　국가유산청 궁능유적본부 자문위원
전) 국무조정실 정부업무평가위원
　　경주문화엑스포 전문위원
　　한국마사회 운영부장
　　여수엑스포 빅오쇼 프로듀서 및 운영 자문위원
　　삼성에버랜드 파크기획팀장

〈학력〉
경기대학교 관광학 박사
국민대학교 경영학 석사
연세대학교 삼성e-MBA
오클랜드 대학교 예술경영학 Diploma
중앙대학교 작곡과

전드린

무사시노음악대학교 음악학사
무사시노음악대학교 대학원 음악석사
성균관대학교 대학원 예술학협동과정 박사과정 재학 중

예술의 역사와 함께하는 문화예술경영

초판 인쇄 2025년 8월 11일
초판 발행 2025년 8월 15일

지은이 김승준, 전드린
펴낸이 최준규

총괄기획 박노일
편 집 이상민

펴낸곳 피앤씨 에듀
경기도 고양시 일산동구 백석로 119 214-904
등록번호 제 2017-000078호
전 화 070)7550-3758 팩 스 02)6280-3758
홈페이지 www.pncmedia.co.kr 이메일 pnc@pncmedia.co.kr
ISBN 979-11-88782-84-0 93320

정 가 24,000원